路 基 路 面 工 程

（上）
路基工程

（第3版）

何兆益　杨锡武　主编
廖正环　主审

重庆大学出版社

内 容 提 要

本书分为上、下两册共 15 章,上册主要内容为:路基工程总论、一般路基设计、路基边坡稳定性设计、挡土墙设计、土质路基施工、石质路基爆破施工,下册主要内容为:路面工程总论、行车荷载、环境因素、路面基(垫)层、沥青类路面、路面材料的力学性质、沥青路面设计、水泥混凝土路面、水泥混凝土路面设计、路面的评定与养护管理等。

本书为高等院校土木工程类公路与城市道路工程、桥梁与隧道工程、机场工程专业的教材,也可供公路与城市道路工程、市政工程等部门相关专业的工程技术人员学习和参考。

图书在版编目(CIP)数据

路基路面工程.上,路基工程/何兆益,杨锡武主编.—2 版.—重庆:重庆大学出版社,2012.2(2020.8 重印)
土木工程专业本科系列教材
ISBN 978-7-5624-2399-7

Ⅰ.①路… Ⅱ.①何… ②杨… Ⅲ.①路基—道路工程—高等学校—教材②路面—道路工程—高等学校—教材
Ⅳ.①U416

中国版本图书馆 CIP 数据核字(2011)第 275119 号

路基路面工程

(上)

路基工程

(第 3 版)

何兆益　杨锡武　主编

责任编辑:曾令维　　版式设计:曾令维
责任印制:张　策

*

重庆大学出版社出版发行
出版人:饶帮华
社址:重庆市沙坪坝区大学城西路 21 号
邮编:401331
电话:(023) 88617190　88617185(中小学)
传真:(023) 88617186　88617166
网址:http://www.cqup.com.cn
邮箱:fxk@ cqup.com.cn(营销中心)
全国新华书店经销
重庆荟文印务有限公司印刷

*

开本:787mm×1092mm　1/16　印张:12.5　字数:312 千
2015 年 11 月第 3 版　　2020 年 8 月第 14 次印刷
印数:28 501—29 500
ISBN 978-7-5624-2399-7　定价:36.00 元

土木工程专业本科系列教材
编审委员会

前言

　　《路基路面工程》是高等院校土木工程类的公路与城市道路工程、机场工程和桥梁与隧道工程等专业方向的一门重要专业课。本书是根据我国最新颁布的公路工程技术标准及有关规范编写的。全书分为上下两册,上册主要介绍路基工程的基本概念,路基设计理论和方法,主要内容包括:路基工程总论,一般路基设计,路基边坡稳定性设计,挡土墙设计,土质路基施工与路基石方爆破等;下册主要介绍路面设计理论和方法,主要内容包括:行车荷载,环境因素和路面材料特性,路面基层,沥青类路面,水泥砼路面,沥青路面与水泥砼路面设计等。

　　本课程是一门理论与实践并重,实践性较强的课程。教学中应辅以生产实习、实验和课程设计等教学手段,以培养学生综合运用理论知识解决工程实际问题的能力。

　　本书由何兆益、杨锡武主编,杨锡武负责路基工程部分,并编写第1、2、3、4、5章,冯晓编写第6章;何兆益负责路面工程部分,并编写第7、12、15章,方琴编写第8、9、10、11章,叶巧玲编写第13、14章。全书由何兆益统稿,廖正环教授主审。

　　限于编者水平,本书不足和错误之处在所难免,敬请使用本书的单位或个人多提宝贵意见,来信请寄重庆交通学院道路工程系(邮编400074),以便再版时修改。

编　者
2011 年 10 月

目录

第 1 章
路基工程总论

1.1 概 述

1.1.1 路基工程特点

路基是按照路线位置和一定技术要求修筑的带状构造物,是路面的基础,承受由路面传递下来的行车荷载。它贯穿公路全线,与桥梁、隧道相连,构成公路的整体。

作为公路建筑的主体,路基工程具有以下特点:工程数量大、耗费劳力多、涉及面广、投资高等。以平原微丘区三级公路为例,每公里土石方数量约 8 000~16 000m³,而山岭重丘区三级公路每公里土石方数量可达 20 000~60 000m³ 以上,据建国以来的部分资料分析,一般公路的路基修建投资占公路总投资的 25%~45%,个别山区公路可达 65%。路基是带状的土工建筑,路基施工改变了原有地面的自然状态,挖、填、借、弃土涉及当地生态平衡、水土保持和农田水利等自然环境。因此,路基设计和施工必须与当地农田水利建设和环境保护相配合。路基工程对工期影响大,在工程地质和水文条件复杂的路段,不但工程技术问题多,施工难度大,增加工程投资,而且常成为影响全线工期的关键。路基工程质量对公路的质量和运营具有十分重要的影响,路基质量差,将引起路面沉降变形和破坏,增加养护维修费用,影响行车舒适、安全和道路的服务水平。因此,对路基的设计和施工质量必须予以重视,确保路基工程质量。

1.1.2 路基设计的一般要求

路基除断面尺寸应符合设计标准外,还应满足下列基本要求:

(1)具有足够的整体稳定性

路基是直接在地面上填筑或挖去一部分地面建成的。路基建成后,改变了原地面的天然平衡状态。在工程地质不良地区,修建路基则可能加剧原地面的不平衡状态;开挖路堑使两侧边坡土体失去支承力,可能导致边坡坍塌或滑坡;天然坡面特别是陡坡面上的路堤,可能因自重而下滑。对于上述种种情况,都必须因地制宜地采取一定措施来保证路基的整体稳定性。

(2)具有足够的强度

公路上的行车荷载,通过路面传递给路基,对其产生一定压力,路基自重及路面的重量也给予路基和地基一定压力。这些压力都可使路基产生一定的变形,使路面变形而遭到破坏,直接影响路面的使用品质。因此,要求路基应具有足够的强度,以保证外力作用下,不致产生超过容许范围的变形。

(3)具有足够的水温稳定性

路基在地面水和地下水作用下,其强度将显著地降低。特别是在季节性冰冻地区,由于水温状况的变化,路基将发生周期性冻融作用,使路基强度急剧下降。因此,对路基不仅要求其具有足够的强度,而且还应保证在最不利的水温状况下,强度不至于显著地降低,以使路面处于正常稳定状态,亦即要求路基具有足够的水温稳定性。

1.1.3 路基设计与施工的基本内容

从工程性质和结构特点来说,路基是一种由土石修筑而成的土工建筑物。它的结构形式虽然简单,但由于是设在地面之上,暴露于大气中,受地形、地质、水文和气候等自然因素的影响极大,如果设计、施工不当,容易产生各种经常性的病害,导致路面遭到破坏,影响交通和行车安全,或耗费大量投资进行修复。同时,公路建设还与其他人类经济活动密切相关,因此路基设计、施工还必须妥善处理好与周围环境及农田水利基本建设的关系。

为了搞好路基工程,消除病害,路基设计与施工必须做到严格掌握技术标准,精心设计,精心施工,确保工程质量。其具体内容应包括以下几个主要方面。

(1)设计

①做好沿线自然情况的勘察工作,收集必要的设计资料,作为路基设计的依据。

②根据路线纵断面设计确定的填挖高度,结合沿线地质、水文调查资料,进行路基主体工程(路堤、路堑、半挖半填路基及有关工程等)设计。一般路基,可根据规范规定,按路基典型断面直接绘制路基横断面图。对下列情况须进行单独设计:工程地质、水文条件复杂或边坡高度超过规范规定高度的路基;修筑在陡坡上的路堤;在各种特殊条件下的路基,如浸水路堤,采用大爆破施工的路基及软土或震害严重地区的路基等。

③根据沿线地面水流及地下水埋藏情况,进行路基排水系统的总体布置,以及地面和地下排水结构物的设计与计算。

④路基防护与加固设计,包括坡面防护、冲刷防护与支挡结构物等的布置与计算。

⑤路基工程其他设施的设计,包括取土坑、弃土堆、护坡道、碎落台及辅道等的布设与计算。

(2)施工

①进行现场调查,研究和核对设计文件。编制施工组织计划,确定施工方案,选择施工方法,安排施工进度。完成施工前的组织、物质和技术准备工作。

②开挖路堑,填筑路堤,修建排水及防护加固结构物,进行路基主体工程及其他工程的施工。

③按照设计要求,对各项工程进行检查验收,绘制路基施工竣工图。

1.2　土基的受力与强度

1.2.1　路基的受力与路基工作区

(1)路基的受力

路基在工作过程中,同时受到由路面上传递下来的车辆荷载,以及路基和路面的自重作用,图 1-1 为土质路基受力时,不同深度 Z 范围内的应力分布图。

其中,σ_1 为车轮荷载在土基内部任一点产生的竖向压应力,把车轮荷载简化为集中荷载时,σ_1 可按布辛奈斯克(J. Boussinesq)公式进行计算,即:

$$\sigma_1 = \frac{P}{Z^2} \cdot \frac{3}{2\pi\left[1+(\frac{r}{Z})^2\right]^{5/2}} \qquad (1\text{-}1)$$

为使用方便,式(1-1)可简化为:

$$\sigma_1 = K \cdot \frac{P}{Z^2} \qquad (1\text{-}2)$$

式中:P——车辆荷载,kN;

　Z——荷载下的垂直深度,m;

　K——应力系数,$K = \dfrac{3}{2\pi\left[1+(\frac{r}{Z})^2\right]^{5/2}}$。

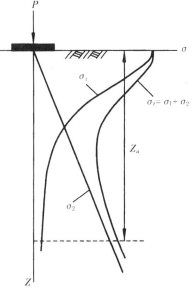

图 1-1　土基中沿深度的应力分布示意图
σ_1—车辆荷载引起的应力;
σ_2—土基自重引起的应力;
σ_z—应力之和

土基自重引起的压应力 σ_2 用下式计算:

$$\sigma_2 = \gamma \cdot Z \qquad (1\text{-}3)$$

式中:γ——土的容重,kN/m³。

因此,土基中任一点受到的竖向压应力 σ_z 为:

$$\sigma_z = \sigma_1 + \sigma_2 = K \cdot \frac{P}{Z^2} + \gamma Z$$

(2)路基工作区

由式(1-2),(1-3)两式可见,车辆荷载产生的垂直应力 σ_1 随深度的增加而减小,自重应力 σ_2 则随深度的增加而增大,因此,车轮荷载在土基中产生的应力 σ_1 与土基自重应力之比 $\dfrac{\sigma_1}{\sigma_2}$ 亦随之急剧变小。如果此比值减小到一定数值,例如 $\dfrac{\sigma_1}{\sigma_2} = 0.1 \sim 0.2$,即在某一深度 Z_a 处,行车荷载在土基中产生的应力仅为土基自重应力的 $\dfrac{1}{5} \sim \dfrac{1}{10}$,与土基自重引起的应力 σ_2 相比,车辆荷载在 Z_a 以下土基中产生的应力已经很小,可忽略不计。把车辆荷载在土基中产生应力作用的这一深度范围叫路基工作区。

据此可以得到路基工作区深度 Z_a 的计算式：

$$\sigma_1 = \frac{1}{n}\sigma_2 \tag{1-4}$$

或

$$K \cdot \frac{P}{Z_a^2} = \frac{1}{n}\gamma \cdot Z_a$$

$$Z_a = \sqrt[3]{\frac{KnP}{\gamma}} \tag{1-5}$$

表 1-1 是用式(1-5)计算的几种国产车型的 Z_a 值，其中 $\gamma = 18\text{kN/m}^3$，$\frac{1}{n} = \frac{1}{5} \sim \frac{1}{10}$。

表 1-1　路基工作区深度

车　型	$P = \frac{1}{2}$(后轴重)/kN	作用深度 Z_a/m	
		$1/n = 1/5$	$1/n = 1/10$
黄河 JN—150	$\frac{1}{2}$(101.60)	1.9	2.4
解放 CA—10B	$\frac{1}{2}$(60.85)	1.6	2.0
交通 SH—141	$\frac{1}{2}$(55.1)	1.6	2.0
跃进 NJ—130	$\frac{1}{2}$(38.3)	1.4	1.7
北京 BJ—130	$\frac{1}{2}$(27.18)	1.2	1.6
上海 SH—130	$\frac{1}{2}$(23.00)	1.2	1.5
红旗 CA—773	$\frac{1}{2}$(15.75)	1.0	1.3
天津 TJ620	$\frac{1}{2}$(12.5)	1.0	1.2

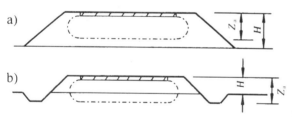

图 1-2　路堤高度与应力作用区深度的关系示意图
a) $H > Z_a$;b) $H < Z_a$

由于路基、路面材料不同,路面材料的强度和刚度及容重比土基大,路基工作区的实际深度随路面强度和厚度的增加而减小。因此,要精确计算 Z_a ,须将路面折算为与路基同性质的当量厚度的整体后,再进行计算。

根据上述路基工作区的概念,当路堤填筑高度 $H > Z_a$(图 1-2a)时,车辆荷载作用深度位于填筑高度内,路堤应按规定要求分层填筑与压实,Z_a 内尤其应注意填筑质量;对于 $H < Z_a$(图 1-2b)的矮路堤,此时不但要对填土充分压实,而且要保证工作区内原地面下部土层具有足够的强度和稳定性,采取必要的措施,使天然地基下部土层和路堤同时满足路基工作区的设计要求。

1.2.2　土基的强度指标

土基是路面结构的支承体,车轮荷载通过路面传到土基。因此土基的强度和变形特性对路面结构的整体强度和刚度有很大影响。在路面结构的总变形中,土基的变形占很大部分,约为 $70\%\sim95\%$。路面结构的破坏,除其本身原因外,也主要由于土基过大变形所引起。因此,研究土基的强度和变形特性对路面设计具有重要意义。

(1)土基的应力——应变特性

在一定应力范围内,理想线弹性体的应力与应变关系呈线性特性。当应力消失时,应变亦随之消失,恢复到初始状态。由于路基土的内部结构非常复杂,包括固相、液相和气相。固相又由不同矿物成分、不同粒径的颗粒组成。因此路基土在应力作用下的变形特性同理想线弹性材料有很大区别。

图 1-3 是用压入承载板试验所得的土基竖向变形 l 与压力 p 之间的关系曲线,图中的曲线变化大致可分 3 个阶段。

Ⅰ阶段——弹性变形阶段 在此阶段内,卸载后,变形可以恢复,土基受到弹性压缩,应力与应变的关系曲线呈近似直线。

Ⅱ阶段——塑性变形阶段 在此阶段内,外力增大,变形发展较快,卸载后,变形不能完全恢复。其中,能够恢复的变形,叫弹性变形;不能恢复的变形,叫塑性变形(或残余变形)。在此阶段范围内,应力应变关系曲线呈曲线。

Ⅲ阶段——破坏阶段 应力继续增大,变形急剧增大,土体已失去抵抗变形的能力,表明土体已破坏。

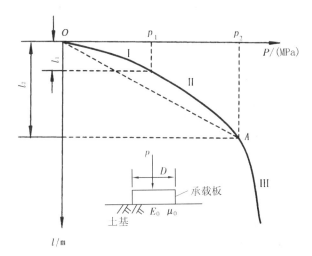

图 1-3 土基的应力-应变关系曲线

土基在外力作用下表现出的这种应力应变特性叫土基的非线性。非线弹性体的土基的弹性模量 E 并不是一个常数。在重复荷载作用下土基将产生变形累积,使路面产生变形和破坏。

(2)表征土基强度的指标

路基在外力作用下,将产生变形,路基强度是指路基抵抗外力作用的能力,亦即抵抗变形的能力。在一定应力作用下,变形愈大,土基强度愈低;反之,则表明土基强度愈高。根据土基简化的力学模型不同,以及土体破坏的原因不同,国内外表征土基强度的指标主要有以下几种。

1)弹性模量 E_0

把土基简化为一弹性半空间体,用弹性模量 E_0 表征其应力应变特性,并作为土基的强度指标。为模拟车轮印迹的作用,通常以圆形承载板压入土基的方法测定其弹性模量 E_0(图 1-3)。

根据弹性力学原理,用圆形承载板测试计算土基回弹模量的公式为:

$$E_0 = \frac{\pi}{4} \frac{pD}{l}(1-\mu_0^2) \tag{1-6}$$

式中:E_0——土基的弹性模量,MPa;

l——承载板的沉降值,m;

D——承载板的直径,m;

μ_0——土的泊松比,一般取 0.35;

p——承载板压力,MN。

由于承载板测试弹性模量的野外测试速度较慢,因此工程中常用标准汽车作卸载试验,根据测得的回弹变形(回弹弯沉 l_0)计算土基回弹模量值,公式为:

$$E_0 = \frac{pd}{l_0}(1-\mu_0^2)\times 0.712 \qquad (1-7)$$

式中:p——标准试验车的轮胎压力,kPa;

d——试验车轮迹当量圆直径,cm;

μ_0——土基的泊松比,取 0.35;

l_0——土基不利季节的计算弯沉值,cm,取平均值加两倍方差。

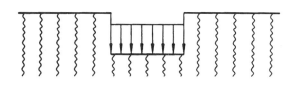

图 1-4 文克勒地基力学模型

与用承载板作加载测试相比,两者结果相差不大,但后者测试工作大为简化。

2)土基反应模量 K_0

在刚性路面设计中,除用弹性模量表征土基强度外,亦常用土基反应模量 K_0 作为指标。该力学模型假设地基上任一点的反力与该点的挠度成正比,而与其他点无关,即土基相当于由互不联系的弹簧组成(图 1-4)。这种地基力学模型首先由捷克工程师文克勒(E. Winkler)提出,因此,又叫文克勒地基。地基反应模量 K_0 为压力 p 与沉降 l 之比,即:

$$K_0 = \frac{p}{l}(\mathrm{N/cm^3}) \qquad (1-8)$$

地基反应模量 K_0 值,用承载板试验确定。承载板的直径规定为 76cm。测试方法与回弹模量测试方法相类似,但采用一次加载法,施加的荷载由两种方法控制:当地基较为软弱时,用 0.127cm 的沉降控制承压板的荷载;若地基较为坚硬,沉降难以达到 0.127cm 时,以单位压力 $p=0.07$MPa 控制承载板的荷载。

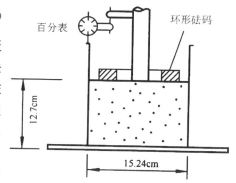

图 1-5 CBR 试验装置示意图

3)CBR(California Bearing Ratio)值(加州承载比)

加州承载比是早年由美国加利福尼亚州提出的一种评定土基及其他路面材料承载力的指标。承载能力以材料抵抗局部荷载压入变形的能力表征,并采用高质量标准碎石为标准,它们的相对比值即为 CBR 值。

试验时,用一个端部面积为 19.35cm² 的标准压头,以 0.127cm/min 的速度压入土中。记录每贯入 0.254cm(0.1in)时的单位压力,直到总深度达到 1.27cm 为止,此时的贯入单位压力与达到该贯入深度时的标准压力之比即得土基的 CBR 值,即:

$$CBR = \frac{p}{p_s} \times 100 \qquad (1\text{-}9)$$

式中：p——对应于某一贯入度的土基单位压力，MPa；

　　　p_s——与土基贯入度相同的标准单位压力（见表 1-2），MPa。

表 1-2　标准压力值

贯　入　度/cm	0.254	0.508	0.762	1.016	1.270
标准压力/MPa	7.03	10.55	13.36	16.17	18.23

CBR 试验设备有室内试验与室外试验两种。室内 CBR 试验装置如图 1-5 所示。试件按路基施工时的含水量及压实度要求在试筒内制备，并在加载前浸泡在水中饱水 4d。为模拟路面结构对土基的附加应力，在浸水过程中及压入试验时，在试件顶面施加环形砝码，其重量根据预计的路面结构重量确定，但不得小于 45.3N。试件浸水至少淹没顶部 2.54cm。CBR 值的野外试验方法基本与室内试验相同，但其压入试验直接在土基顶面进行。

以上三项指标，都表征特定力学模型下土基的应力与应变关系。但由于土基是非线弹性体，其强度还随土质、密实度、水温状况及自然条件而变，因此，在应用各项指标进行路面设计和对土基强度进行评价时，必须与路面结构设计方法相配合，把路基路面的设计力学模型与具体条件和要求联系起来。

4）抗剪强度指标

土的抗剪强度指土体抵抗剪切破坏的能力。土的抗剪强度对分析土坡稳定以及挡土墙后土压力计算具有十分重要的意义。

土的抗剪强度通常用库仑公式表示：

$$\tau = c + \sigma\tan\phi \qquad (1\text{-}10)$$

式中：τ——土的抗剪强度，kPa；

　　　σ——剪切破坏面上的法向总应力，kPa；

　　　c——土的单位粘聚力，kPa；

　　　ϕ——土体的内摩阻角。

c、ϕ 值即为土的抗剪强度指标，它反映了土体抗剪强度的大小，是土体非常重要的力学指标。

土的抗剪强度测试有多种方法。若用三轴压缩试验测定，在一定围压下进行轴向加载，可以模拟土体受荷时发生的应力情况。如果试验时可以完全控制排水，水分可以从孔隙流出或排出，则土的性质完全可以按库仑公式（1-10）表示。

1.3　路基的破坏形式与原因分析

路基在各种自然因素及行车荷载作用下，常发生变形，最后导致破坏。其破坏形式多种多样，原因也错综复杂。常见的破坏形式主要有以下几种：

1)路堤的变形破坏,包括:

①路堤沉陷;

②边坡溜方及滑坡;

③路堤沿地基滑动。

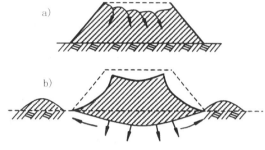

图 1-6　路堤沉陷示意图
a)堤身下陷;b)地基下陷

2)堑的变形破坏,包括:

①边坡剥落和碎落;

②边坡滑坍和崩塌。

3)特殊地质水文条件下的破坏

1.3.1　路堤的变形破坏

(1)路堤沉陷

路堤沉陷的特征是路基表面作竖向位移。路基因填料选择不当,填筑方法不合理,压实不足时,在荷载和水、温的综合作用下,路基将产生堤身向下沉陷的变形破坏,如图 1-6 所示。所谓填筑方法不合理,包括不同土质混杂,未分层填筑和压实,土中含有未打碎的大土块或冻土块等。填石路堤因石料规格不一,性质不均,或就地爆破堆积,乱石中空隙很大,在一定期限内(例如经过一个雨季)亦可能产生明显的下沉。此外,原地面比较软弱,例如,遇到软土地基、垃圾堆等填筑前未换土或压实,地基下沉,亦可能引起路堤下陷。冻融作用也常使路基产生不均匀变形。路堤的这类不均匀沉陷,将导致路面变形破坏(图 1-7),影响道路的正常运营。

图 1-7　由于路堤沉降导致路面破坏

(2)边坡溜方及滑坡

溜方是指边坡上薄的表层土,被水浸泡后沿边坡向下滑移的破坏现象。它可能是由于水流冲刷边坡引起的(图 1-8)。

滑坡是路堤边坡土体在重力作用下沿某个滑动面发生剪切破坏。其主要原因有以下几方面:

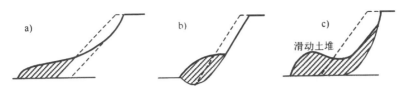

图 1-8　路堤边坡的破坏

a)、b)为溜方;c)滑坡

图 1-9　坡脚被水冲刷后导致的路堤滑坡

①边坡过陡;

②不正确地应用倾斜层次的方法填筑;

③含水量过大,土体粘聚力和内摩阻力降低;

④坡脚被水冲刷(图 1-9)。

(3)路堤沿山坡滑动

在较陡的山坡上填筑路基,如果原地面未经清除杂草,凿毛或人工挖台阶,坡脚又未进行必要的支撑,特别是受水的润滑时,填方与原地面之间的抗剪力很小,在自重和荷载作用下,路基整体或局部有可能沿原地面向下移动(图 1-10)。此种破坏虽不普遍,但

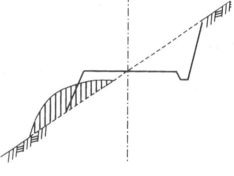

图 1-10　路堤沿山坡滑动示意图

亦不应忽视,如果不针对其产生破坏原因采取措施,路基稳定性就得不到保证,导致路基的破坏。

1.3.2　路堑的变形破坏

(1)边坡剥落和碎落

剥落是指路堑边坡表土层或风化岩层表面,在大气的干湿或冷热循环作用下,表面发生胀缩,使零碎薄层成片状从坡面上剥落下来的风化现象(图 1-11),而且老的脱落后,新的又不断产生。泥质页岩、绿泥岩等松软岩层的路堑边坡易发生这种破坏。路堑边坡剥落的碎石堆积在坡脚下,堵塞边沟,影响路基稳定和妨碍交通。

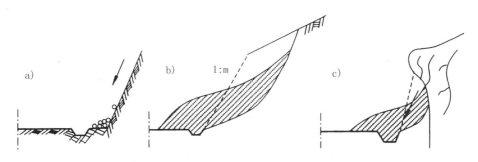

图 1-11 路堑边坡破坏示意图
a)碎落；b)滑坍；c)崩塌

碎落是岩石碎块的一种剥落现象，其规模与危害程度比剥落严重。产生的主要原因是路堑边坡较陡(大于 45°)，岩石破碎，风化严重，在胀缩、震动及水的浸蚀与冲刷作用下，块状碎石沿坡面向下滚落。如果落下的岩块较大(直径＞40cm)，以单个或多块落下，此种碎落现象称为落石或坠落。落石的石块较大，降落速度极快，所产生的冲击力可使路基结构物遭到破坏，亦会威胁到行人和行车的安全，有时还会引起其他路基病害。

(2)边坡滑坍和崩塌

滑坍是指路基边坡土体或岩石，沿着一定滑动面整体向下滑动，其规模与危害程度，较碎落更为严重，有时滑动体可达数百方以上，造成严重堵车。产生滑坍的主要原因是边坡较高，坡度较陡(＞50°)，缺少应有的支挡与加固。挖方岩层对公路成顺向坡，岩层倾角在 50°～75°之间，夹有软弱和透水的薄层或岩石严重风化等，在水的浸蚀和冲刷作用下，形成滑动面致使边坡失去平衡产生滑坍。

崩塌是整体岩块在重力作用下倾倒、崩落。主要原因是岩体风化破碎，边坡较高，是比较常见且危害较大的路基病害之一。它与滑坍的主要区别在于崩塌无固定滑动面，亦无下挫现象，即坡脚线以下无移动现象。崩塌体的各部分相对位置，在移动过程中完全打乱，其中较大石块翻滚较远，边坡下部形成倒石堆或岩堆。

1.3.3 特殊地质水文条件下的破坏

公路通过不良地质和水文地带，或遇较大自然灾害，如滑坡、岩堆、泥石流、雪崩、岩溶(即喀斯特地区)、地震及特大暴雨和严重冰冻等，均能导致路基结构的严重破坏(图 1-12)。

1.3.4 路基破坏原因综合分析

由上面路基变形破坏形式及原因分析可知，路基破坏的原因是多方面的，各种变形破坏既有各自特点，又往往具有共同原因，大致可归纳为以下几个方面。

①不良的工程地质和水文地质条件　如地质构造复杂，岩层走向及倾角不利，岩性松软，风化严重，土质较差，地下水位较高以及其他特殊不良地质灾害等。

②不利的水文与气候因素　如降雨量大，洪水猛烈(图 1-12)、干旱、冰冻、积雪或温差特大等。

③设计不合理　如断面尺寸不合要求，包括边坡取值不当，挖填布置不合要求，最小填土高度不足，未进行合理的防护、加固和排水设计等。

图 1-12 猛烈洪水冲刷导致的路基破坏

④施工不合规定 如填筑顺序不当,土基压实不足,盲目采用大型爆破以及不按设计要求和操作规程施工,工程质量不合标准等。

上述原因中,地质条件是影响路基工程质量和产生病害的基本前提,水是造成路基病害的主要原因。为此,必须强调设计前应详细地进行地质与水文的勘察工作,针对具体条件及各种因素的综合作用,采取正确的设计方案与施工方法,消除和尽可能减少路基病害,确保路基工程达到规定的质量要求。

1.4 公路自然区划与土基干湿类型

1.4.1 公路自然区划

由于我国地幅辽阔,各地气候、地形、地貌、水文地质条件等相差很大,而自然条件与公路建设密切相关,各种自然因素对公路构造物产生的影响和造成的病害也各不相同,因此,在不同地区的路基路面设计中应考虑的问题亦各有侧重,例如,季节性冰冻地区的道路病害主要是冻胀和翻浆;而干旱地区主要病害则是路基的干稳性问题。因此,如何根据各地自然条件特点对路线勘测、路基路面的设计、筑路材料选择、施工方案的拟定等问题进行综合考虑是十分必要的。有关部门根据我国各地自然条件及其对公路建筑影响的主要特征,提出了中国公路自然区划,绘制成《中国公路自然区划图》,相应地列出了各自然区的气候、地形、地貌、地质等特征,以及自然区内的公路工程特点,常见公路病害和路基路面设计的有关参数,供各地在公路设计与建筑中参考使用。

根据影响公路工程的地理、地貌及气候的差异特点,公路自然区划按以下三项原则进行划分:

①道路工程特征相似性原则 即在同一区划内,在同样自然条件下筑路具有相似性,例如,北方不利季节主要是春融时期,有翻浆病害,南方不利季节在雨季,有冲刷、水毁等病害。

②地表气候区域差异性原则 即地表气候是地带性差异与非地带性差异的综合结果。通

常,地表气候随当地纬度而变,如北半球,北方寒冷,南方温暖,这称为地带性差异。除此之外,还与高程变化有关,即沿垂直方向变化,如青藏高原,由于海拔高,与纬度相同的其他地区相比,气候更加寒冷,称为非地带性差异。

③自然气候因素既综合又有主导作用的原则　即自然气候的变化是各种因素综合作用的结果,但其中又有某种因素起主导作用。例如,道路冻害是水和热综合作用的结果,但在南方,有水而没有寒冷气候的影响,不会有冻害,说明温度起主导作用;西北干旱地区与东北潮湿区,同样都有负温,但前者冻害轻于后者,说明水起主导作用。

根据1987年交通部《公路自然区划标准》(JTJ 003—86)的规定,我国公路自然区划分为三个等级。

一级区划首先将全国划分为多年冻土、季节冻土和全年不冻土三大地带,再根据水热平衡和地理位置,划分为冻土、温湿、干湿过渡、湿热、潮暖、干旱和高寒七个一级区。二级区划是在一级区划基础上以潮湿系数为主进一步划分。三级区划是在二级区划内划分更低一级的区划或类型单元。一、二级区划的具体位置与界限,见《中华人民共和国公路自然区划图》。

(1)**一级自然区划**

根据不同地理、气候、地貌界限的交错和重叠,全国七个一级区的代号与名称为:

Ⅰ——北部多年冻土区;

Ⅱ——东部温润季冻区;

Ⅲ——黄土高原干湿过渡区;

Ⅳ——东南湿热区;

Ⅴ——西南潮暖区;

Ⅵ——西北干旱区;

Ⅶ——青藏高寒区。

(2)**二级区划**

二级区划是在一级区划范围内进一步划分,其主要依据是潮湿系数 K。所谓潮湿系数是指年降雨量 R 与年蒸发量 Z 之比,即 $K = R/Z$,据此划分为6个潮湿等级:

$K > 2.0$	1级	过	湿
$2.0 > K > 1.5$	2级	中	湿
$1.5 > K > 1.0$	3级	润	湿
$1.0 > K > 0.5$	4级	润	干
$0.5 > K > 0.25$	5级	中	干
$0.25 > K$	6级	过	干

同时结合各大区的地理、气候特征(如雨季、冰冻深度)、地貌类型和自然病害等因素,将全国分为33个二级区和18个二级副区。

全国公路自然区划一、二级区名称,见表1-3。

(3)**三级区划**

划分方法有两种,一是以水热、地理和地貌为依据,分为若干个具有相似性的区域单元;另一种是以地表的地貌、水文和土质为依据分为若干个类型单元。三级区划未列入全国性的区划中,由各省区结合当地自然情况自行划分。

各级区划的范围不同,在公路工程中的应用亦各有侧重,一级区划主要为全国性的公路总体规划和设计服务;二级区划主要为各地的公路路基路面设计、施工、养护提供较全面的地理、气候依据和有关参数,如土基和路面材料的回弹模量,路基临界高度,土基压实标准等。

1.4.2　土基干湿类型划分

(1)路基潮湿的来源

引起路基湿度变化的水源主要有(图 1-13):

表 1-3　公路自然区划名称表

Ⅰ北部多年冻土区	Ⅳ$_{6a}$武夷副区
Ⅰ$_1$连续多年冻土区	Ⅳ$_7$华南沿海台风区
Ⅰ$_2$岛状多年冻土区	Ⅳ$_{7a}$台湾山地副区
Ⅱ东部湿润季冻区	Ⅳ$_{7b}$海南岛西部润干副区
Ⅱ$_1$东北东部山地湿冻区	Ⅳ$_{7c}$南海诸岛副区
Ⅱ$_{1a}$三江平原副区	Ⅴ西南潮暖区
Ⅱ$_2$东北中部山前平原重冻区	Ⅴ$_1$秦巴山地润湿区
Ⅱ$_{2a}$辽河平原冻融交替副区	Ⅴ$_2$四川盆地中湿区
Ⅱ$_3$东北西部润干冻区	Ⅴ$_{2a}$雅安乐山湿润副区
Ⅱ$_4$海滦中冻区	Ⅴ$_3$三西、贵州山地过湿区
Ⅱ$_{4a}$冀热山地副区	Ⅴ$_{3a}$滇、南、桂西润湿副区
Ⅱ$_{4b}$旅大丘陵副区	Ⅴ$_4$川、滇、黔高原干湿交替区
Ⅱ$_5$鲁豫轻冻区	Ⅴ$_5$滇西横断山地区
Ⅱ$_{5a}$山东丘陵副区	Ⅴ$_{5a}$大理副区
Ⅲ黄土高原干湿过渡区	Ⅵ西北干旱区
Ⅲ$_1$山西山地、盆地中冻区	Ⅵ$_1$内蒙草原中干区
Ⅲ$_{1a}$雁北张宣副区	Ⅵ$_{1a}$河套副区
Ⅲ$_2$陕北典型黄土高原中冻区	Ⅵ$_2$绿洲、荒漠区
Ⅲ$_{2a}$榆林副区	Ⅵ$_3$阿尔泰山地冻土区
Ⅲ$_3$甘东黄土山地区	Ⅵ$_4$天山、界山山地区
Ⅲ$_4$黄渭间山地、盆地轻冻区	Ⅵ$_{4a}$塔城副区
Ⅳ东南湿热区	Ⅵ$_{4b}$伊犁河谷副区
Ⅳ$_1$长江下游平原润湿区	Ⅶ青藏高寒区
Ⅳ$_{1a}$盐城副区	Ⅶ$_1$祈连、昆仑山地区
Ⅳ$_2$江淮丘陵山地润湿区	Ⅶ$_2$柴达木荒漠区
Ⅳ$_3$长江中游平原中湿区	Ⅶ$_3$河源山原草甸区
Ⅳ$_4$浙闽沿海地中湿区	Ⅶ$_4$羌塘高原冻土区
Ⅳ$_5$江南丘陵过湿区	Ⅶ$_5$川藏高山峡谷区
Ⅳ$_6$武夷南岭山地过湿区	Ⅶ$_6$藏南高山台地区
	Ⅶ$_{6a}$拉萨副区

①大气降水,通过路面、路肩和边坡渗入路基;
②边沟水及排水不良时的地表积水,以毛细水的形式渗入路基;
③靠近地面的地下水,借助毛细作用上升到路基内部;
④在土粒空隙中流动的水汽凝结成的水分。

各种水源对路基的影响,因路基所在地的地形、地质与水文等具体条件而不同,同时亦随路基结构、断面尺寸、排水设施及施工方法而变化。

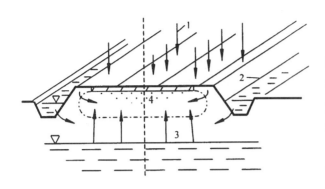

图 1-13 路基潮湿来源示意图
1—大气降水；3—由地下水上升的毛细水；
2—地面水；4—水蒸气凝结的水

(2)路基干湿类型划分

路基的强度与稳定性不但与土质有关，而且与干湿状态密切相关，并在很大程度上影响路面结构及厚度的确定。因此，土基干湿类型确定对路面结构设计具有重要意义。

在路基路面设计中，把路基干湿类型划分为四类：干燥、中湿、潮湿和过湿。由于土的稠度较准确地表示了土的各种形态与湿度的关系，稠度指标综合了土的塑性特性，包含了液限与塑限，全面直观地反映了土的软硬程度，物理概念明确，因此，用稠度作为划分土基干湿类型的指标。

土的平均稠度 $\overline{w}_c$ 按下式计算：

$$\overline{w}_c = \frac{w_1 - w_m}{w_1 - w_p} \tag{1-11}$$

式中：w_1——土的液限含水量(%)；

w_p——土的塑含水量(%)；

w_m——在最不利季节，路槽底以下 80cm 深度内土的平均含水量(%)。

表 1-4 为路基土稠度 w_c 与路基干湿类型的关系。表 1-5 为各自然区划的土基干湿类型分界稠度。在应用中，可根据求得的路槽底以下 80cm 深度范围内路基土的平均稠度 $\overline{w}_c$，并与表 1-5 进行比较，即可确定土基的干湿类型。

表 1-4　路基干湿类型

路基干湿类型	路基平均稠度 $\overline{w}_c$ 与分界相对稠度的关系	一　般　特　性
干　燥	$\overline{w}_c < w_{c1}$	路基干燥稳定，路面强度和稳定性不受地下水和地表积水影响，路基高度 $H > H_1$
中　湿	$w_{c1} \leqslant \overline{w}_c < w_{c2}$	路基上部土层处于地下水或地表积水影响的过渡带区内，路基高度 $H_2 < H \leqslant H_1$
潮　湿	$w_{c2} \leqslant \overline{w}_c < w_{c3}$	路基上部土层处于地下水或地表积水毛细影响区内，路基高度 $H_3 < H \leqslant H_2$
过　湿	$\overline{w}_c \geqslant w_{c3}$	路基极不稳定，冰冻区春融翻浆，路基经处理后方可铺筑路面，路基高度 $H < H_3$

注：①H 为不利季节路床表面距地下或地表积水位的高度；
　　②地表积水指不利季节积水 20d 以上；
　　③H_1、H_2、H_3 分别为干燥、中湿和潮湿状态的路基临界高度，见表 1-6。

表 1-5　各自然区划土基干湿分界稠度

自然区划 \ 分界稠度	砂 性 土				粘 性 土				粉 性 土				附　注
	w_{c0}	w_{c1}	w_{c2}	w_{c3}	w_{c0}	w_{c1}	w_{c2}	w_{c3}	w_{c0}	w_{c1}	w_{c2}	w_{c3}	
Ⅱ$_{1,2,3}$	1.87	1.91	1.05	0.91	1.29/1.20	1.20/1.12	1.03/0.94	0.86/0.77	1.12	1.04/0.96	0.96/0.89	0.81/0.73	粘性土:分母适用于Ⅱ$_{1,2}$区;粉性土:分母适用于Ⅱ$_{2a}$区
Ⅱ$_4$、Ⅱ$_5$	1.87	1.05	0.91	0.78	1.29	1.20	1.03	0.86	1.12	1.04	0.89	0.73	
Ⅲ	2.00	1.19	0.97	0.79					1.20	1.12/1.04	0.96/0.89	0.81/0.73	分子适用于粉土地区 分母适用于粉质亚粘土地区
Ⅳ	1.73	2.32	1.05	0.91	1.20	1.03	0.94	0.77	1.04	0.96	0.89	0.73	
Ⅴ					1.20	1.08	0.86	0.77	1.04	0.96	0.81	0.73	
Ⅵ	2.00	1.19	0.97	0.78	1.29	1.12	0.98	0.86	1.20	1.04	0.89	0.73	
Ⅶ	2.00	1.32	1.10	0.91	1.29	1.12	0.98	0.86	1.20	1.04	0.89	0.73	

注：w_{c0}——干燥状态路基常见下限稠度；
　　w_{c1}、w_{c2}、w_{c3}——分别为中湿、潮湿和过湿状态的分界稠度。

对于新建道路,路基尚未建成,不能得到路槽底以下 80cm 范围内土基的平均含水量,这时土基的干湿类型可用路基临界高度为标准来确定。

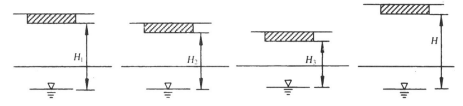

图 1-14　路基临界高度(相对于地下水)与路基干湿类型关系示意图
H—最不利季节路槽底距地下水位的高度；
H_1、H_2、H_3—分别为路基分别处于干燥、中湿、潮湿状态时的临界高度,m

路基临界高度是指在最不利季节,当路基分别处于干燥、中湿或潮湿状态时,路槽底距地下水位或长期地表积水水位的最小高度(如图 1-14)。若以 H 表示路槽底距地下水位的高度,当路基的高度 H 变化时,平均含水量 w_m 将变化,土的平均稠度亦随之改变,路基的干湿状态随之改变,路基的干湿状态相应地变化。路基高度、临界高度、土的平均稠度 $\overline{w}_c$ 与路基干湿类型的关系如表 1-4 所示。

路基临界高度与当地气候(温度、湿度、日照等)、土质及对土基状态的要求密切相关。根据各地区多年调查资料,经综合评比得到的路基临界高度如表 1-6 所列。当应用中缺乏实际资料时,可参考表 1-6 的路基临界高度(H_1、H_2、H_3)确定土基干湿类型。

表 1-6 路基临界高度参考值/m

	水的分类 / 临界高度 / 自然区划	地下水			地表长期积水		
		H_1	H_2	H_3	H_1	H_2	H_3
砂性土	II_{1}						
	II_{2}						
	II_{3}	1.9～2.2	1.3～1.6				
	II_{4}						
	II_{5}	1.1～1.5	0.7～1.1				
	III_{1}						
	III_{2}	1.3～1.6	1.1～1.3	0.9～1.1	1.1～1.3	0.9～1.1	0.6～0.9
	III_{3}	1.3～1.6	1.1～1.3	0.9～1.1	1.1～1.3	0.9～1.1	0.6～0.9
	III_{4}						
	III_{1a}						
	III_{2a}	1.4～1.7	1.0～1.3				
	IV_{1}，IV_{1a}						
	IV_{2}						
	IV_{3}						
	IV_{4}	1.0～1.1	0.7～0.8				
	IV_{5}						
	IV_{6}	1.0～1.1	0.7～0.8				
	IV_{6a}						
	IV_{7}				0.9～1.0	0.7～0.8	0.6～0.7
	V_{1}，V_{2}，V_{2a}(紫色土)						
	V_{3}						
	V_{1}，V_{2}，V_{2a}(黄壤土，现代冲积土)						
	V_{4}，V_{5}，V_{5a}						
	VI_{1}	(2.1)	(1.7)	(1.3)	(1.8)	(1.4)	(1.0)
	VI_{1a}	(2.0)	(1.6)	(1.2)	(1.7)	(1.3)	(1.1)
	VI_{2}	(1.9)	(1.5)	(1.1)	(1.7)	(1.2)	(0.9)
	VI_{3}	(2.1)	(1.7)	(1.3)	(1.9)	(1.5)	(1.1)
	VI_{4}	(2.2)	(1.8)	(1.4)	(1.9)	(1.5)	(1.2)
	VI_{4a}	(1.9)	(1.5)	(1.1)	(1.6)	(1.2)	(0.9)
	VI_{4b}	(2.0)	(1.6)	(1.2)	(1.7)	(1.3)	(1.0)
	VII_{1}	(2.2)	(1.9)	(1.6)	(2.1)	(1.6)	(1.3)
	VII_{2}						
	VII_{3}	(2.3)	(1.9)	(1.6)	(2.1)	(1.6)	(1.3)
	VII_{4}	(2.1)	(1.6)	1.3	(1.8)	(1.4)	(1.0)
	VII_{5}	(3.0)	(2.4)	(1.9)	(2.4)	(2.0)	(1.6)
	VII_{6a}						

续表

水的分类 临界高度 自然区划		地 下 水			地 表 长 期 积 水		
		H_1	H_2	H_3	H_1	H_2	H_3
粘 性 土	II_1	2.9	2.2				
	II_2	2.7	2.0				
	II_3	2.5	1.8				
	II_4	2.4~2.6	1.9~2.1	1.2~1.4			
	II_5	2.1~2.5	1.6~2.0				
	III_1						
	III_2	2.2~2.75	1.7~2.2	1.3~1.7	1.75~2.2	1.3~1.7	0.9~1.3
	III_3	2.1~2.5	1.6~2.1	1.2~1.6	1.6~2.1	1.2~1.6	0.9~1.2
	III_4						
	III_{1a}						
	III_{2a}						
	IV_1, IV_{1a}	1.7~1.9	1.2~1.3	0.8~0.9			
	IV_2	1.6~1.7	1.1~1.2	0.8~0.9			
	IV_3	1.5~1.7	1.1~1.2	0.8~0.9	0.8~0.9	0.5~0.6	0.3~0.4
	IV_4	1.7~1.8	1.0~1.2	0.8~1.0			
	IV_5	1.7~1.9	1.3~1.4	0.9~1.0	1.0~1.1	0.6~0.7	0.3~0.4
	IV_6	1.8~2.0	1.3~1.5	1.0~1.2	0.9~1.0	0.5~0.6	0.3~0.4
	IV_{6a}	1.6~1.7	1.1~1.2	0.7~0.8			
	IV_7	1.7~1.8	1.4~1.5	1.1~1.2	1.0~1.1	0.7~0.8	0.4~0.5
	V_1, V_2, V_{2a} （紫色土）	2.0~2.2	0.9~1.1	0.4~0.6			
	V_3	1.7~1.9	0.8~1.0	0.4~0.6			
	V_1, V_2, V_{2a} （黄壤土，现代冲积土）	1.7~1.9	0.7~0.9	0.3~0.5			
	V_4, V_5, V_{5a}	1.7~1.9	0.9~1.1	0.4~0.6			
	VI_1	(2.3)	(1.9)	(1.6)	(2.1)	(1.7)	(1.3)
	VI_{1a}	(2.2)	(1.9)	(1.5)	(2.0)	(1.6)	(1.2)
	VI_2	(2.2)	(1.8)	(1.5)	(1.9)	(1.6)	1.1
	VI_3	(2.4)	(2.0)	(1.6)	(2.1)	(1.7)	(1.4)
	VI_4	2.4	2.0	1.6	(2.2)	(1.7)	(1.3)
	VI_{4a}	(2.2)	(1.7)	(1.4)	(1.0)	(1.4)	(1.1)
	VI_{4b}	(2.3)	(1.8)	(1.4)	(2.0)	(1.6)	(1.2)
	VII_1	2.2	(1.9)	(1.5)	(2.1)	(1.6)	(1.2)
	VII_2	(2.3)	(1.9)	(1.6)	1.8	1.4	1.1
	VII_3	(2.3)	(1.9)	(1.6)	(2.0)	(1.6)	(1.3)
	VII_4	(2.1)	(1.6)	(1.3)	(1.8)	(1.4)	(1.1)
	VII_5	(3.3)	(2.6)	(2.1)	(2.4)	(2.0)	(1.6)
	VII_{6a}	(2.8)	<u>2.4</u>	<u>1.9</u>	2.5	2.0	1.6

续表

自然区划	地 下 水 H_1	H_2	H_3	地 表 长 期 积 水 H_1	H_2	H_3
II_1	3.8	3.0	2.2			
II_2	3.4	2.6	1.9			
II_3	3.0	2.2	1.6			
II_4	2.6～2.8	2.1～2.3	1.4～1.6			
II_5	2.4～2.9	1.8～2.3				
III_1	2.4～3.0	1.7～2.4				
III_2	2.4～2.85	1.9～2.4	1.4～1.9	1.9～2.4	1.4～1.9	1.0～1.4
III_3	2.3～2.75	1.8～2.4	1.4～1.8	1.8～2.3	1.4～1.8	1.0～1.4
III_4	2.4～3.0	1.7～2.4				
III_{1a}	2.4～3.0	1.7～2.4				
III_{2a}	2.4～3.0	1.7～2.4				
IV_1, IV_{1a}	1.9～2.1	1.3～1.4	0.9～1.0			
IV_2	1.7～1.9	1.2～1.3	0.8～0.9			
IV_3	1.7～1.9	1.2～1.3	0.8～0.9	0.9～1.0	0.6～0.7	0.3～0.4
IV_4						
IV_5	1.9～2.1	1.3～1.5	0.9～1.1			
IV_6	2.0～2.2	1.5～1.6	1.0～1.1			
IV_{6a}	1.8～2.0	1.3～1.4	0.9～1.1			
IV_7						
V_1, V_2, V_{2a}（紫色土）	2.3～2.5	1.4～1.6	0.5～0.7			
V_3	1.9～2.1	1.3～1.5	0.5～0.7			
V_1, V_2, V_{2a}（黄壤土,现代冲积土）	2.3～2.5	1.4～1.6	0.5～0.7			
V_4, V_5, V_{5a}	2.2～2.5	1.4～1.6	0.5～0.7			
VI_1	(2.5)	(2.0)	(1.6)	(2.3)	(1.8)	(1.3)
VI_{1a}	(2.5)	(2.0)	(1.5)	(2.2)	(1.7)	(1.2)
VI_2	2.6	2.2	1.6	2.3	1.6	1.2
VI_3	(2.6)	(2.1)	(1.6)	(2.4)	(1.8)	(1.4)
VI_4	(2.6)	(2.2)	1.7	2.4	1.9	1.4
VI_{4a}	(2.4)	(1.9)	1.4	2.1	1.6	1.1
VI_{4b}	(2.5)	1.9	1.4	(2.2)	(1.7)	(1.2)
VII_1	(2.5)	(2.0)	(1.5)	(2.4)	1.8	1.3
VII_2	(2.5)	(2.1)	(1.6)	(2.2)	(1.6)	(1.1)
VII_3	(2.6)	2.1	1.6	(2.3)	(1.8)	(1.3)
VII_4	(2.3)	(1.8)	(1.3)	(2.1)	(1.6)	(1.1)
VII_5	(3.8)	(2.2)	(1.6)	(2.9)	(2.2)	(1.5)
VII_{6a}	(2.9)	(2.5)	1.8	(2.7)	2.1	1.5

（左侧竖排标注：粉性土）

注：①H_1——干燥状态路基临界高度；

H_2——中湿状态路基临界高度；

H_3——潮湿路基临界高度。

②Ⅵ、Ⅶ有横线者,表示实测资料较少,有括号者表示没有实测资料,根据规律推算的。

③缺少资料的二级区,可论证地参考相邻二级区数值。

在确定新建公路土基干湿类型时,通常要根据路基土的平均稠度、路基高度、有无地下水、地表积水影响等因素,综合论证来确定。

1.4.3　路基水温状况及对路基稳定性的影响

路基稳定性指路基在各种外界因素作用下保持其强度的性质。土基在水作用下保持其强度的性质叫水稳性,在温度作用下保持其强度的性质叫温度稳定性。路基稳定性包括两种含意:一是指路基整体在车辆荷载及自然因素作用下,不致产生过大的变形和破坏,称为路基整体稳定性;另一是指路基在水温等自然因素的长期作用下保持其强度,称为路基的强度稳定性。

路基的整体稳定性,一方面取决于路基土的强度,另一方面还取决于路基与基底的结合情况(路堤),或边坡岩层的稳定性(路堑)。

气候的变化使土基内的温度和湿度产生坡差,从而引起水分迁移。由于气候有季节性变化,土基内水分的变迁亦有明显的季节性,使土基的湿度、密实度和强度在一年内亦发生季节性变化。把土基强度最低的季节,称为最不利季节。

我国南方地区,气候因素的变化幅度不如北方大,且自然水系和农田灌溉沟渠密布,土基的湿度在一年内的季节性变化并不突出。一般情况下,其最不利季节为雨季。

北方地区,由于负温差的影响,土基下层较暖的水分将向上层较冷的土层移动,产生积聚和冻结,引起冻胀。春融时,冻结的水分融化,土基又因过湿而发生翻浆。因此,土的湿度、密实度和强度在一年内出现极为显著的季节性变化。其最不利季节为春融季节。

根据水温状况对路基强度的影响,在进行路基设计时,必须充分考虑当地的自然环境条件,采取有效措施,保证路基在各种气候条件下具有足够的强度和稳定性。

1.4.4　保证路基强度和稳定性的措施

为保证路基强度和稳定性,必须深入进行调查研究,细致分析各种自然因素与路基的关系,抓住主要问题,采取有效措施。一般措施如下:

①合理选择路基断面形式,正确确定边坡坡度。

②选择强度和水温稳定性良好的土填筑路堤,并采取正确的施工方法。

③充分压实土基,提高土基的强度和水稳性。

④搞好地面排水,保证水流畅通,防止路基过湿或水毁。

⑤保证路基有足够高度,使路基工作区保持干燥状态。

⑥设置隔离层或隔温层,切断毛细水上升,阻止水分迁移,减少负温差的不利影响。

⑦采取边坡加固与防护措施,以及修筑支挡结构物。

1.5 路基土的分类与工程性质

1.5.1 路基土的分类

由不同粒径土粒组成的土,其工程性质不同,如用来修筑路基,不仅效果不同,且对路基的强度和稳定性影响很大。为了工程实践的需要,应把各种土按其工程特性进行归类合并和定名,并使这种分类和定名规范化。

我国公路用土依据土的颗粒组成特征、土的塑性指标和土中有机质的存在情况,分为巨粒土、粗粒土、细粒土和特殊土 4 类,并进一步细分为 11 种土。土的颗粒组成特征用不同粒径粒组在土中的百分含量表征。表 1-7 是《公路土工试验规程》(JTJ051—85)和《公路路基设计规范》(JTJ013—86)中制定的公路路基土的分类方法。表中将土分成砂土、砂性土、粉性土、粘性土及重粘土 5 大类,各类土又分成若干亚类。各类土的具体分类方法、分类指标、分类符号,参见《公路土工试验规程》(JTJ051—85)。

1.5.2 路基土的工程性质

采用不同土组修筑的路基,其表现出的工程性质亦各不相同。下面分别对各土组的主要工程性质加以介绍。

砂土没有塑性,具有良好的透水性,毛细水上升高度很小(仅 0.2~0.3m),具有较大的内摩阻系数。采用砂土修筑的路基,强度高,水稳定性好。但砂土的粘结性小,易松散,压实困难,车辆通过时容易产生较深车辙。为了克服这一缺点,可添加一些粘性大的土(粘土类土),以改善路基的使用质量。

表 1-7 公路路基土分类对照表

土组	土 名	老土名	分类符号	颗粒组成(按重量%计) 砂粒(2~0.074mm)	粘粒(<0.002mm)	塑性指数 I_P	液限 w_L(%)
砂 土	粗砂:粒径 2~0.5mm 颗粒占 50% 以上 中砂:粒径 0.5~0.25mm 颗粒占 50% 以上 细砂:粒径 0.25~0.074mm 颗粒占 50% 以上	粗 砂:>0.5mm 者 多于 50% 中 砂:>0.25mm 者 多于 50% 细 砂:>0.1mm 者 多于 75% 极细砂:>0.1mm 者 少于 75%	—	>80	0~3	<2	<16
砂性土	粉质低液限砂土	粉质砂土	SLM	50~80	0~3	>2	16~28
砂性土	低液限粘土	粗亚砂土 细亚砂土	CL	>50 粗砂多于细砂 >50 细砂多于粗砂	3~10 3~10	>2 >2	16~28 16~28
粉性土	粉质低液限粘土	粉质亚砂土	CLM	20~50	0~10	>2	16~28
粉性土	粉 土	粉 土	ML MI	<20	0~10	>2	16~28
粉性土	粉质中液限粘土	粉质轻亚粘土 粉质重亚粘土	CIM	<45 <40	10~20 20~30	>10 >18	28~38 38~50
粘性土	中液限粘土	轻亚粘土 重亚粘土	CI	>45 >40	10~20 20~30	>10 >18	28~38 38~50
粘性土	高液限粘土	轻粘土	CH	<70	30~50	>26	50~70
重粘土	很高液限粘土	重粘土	CV	<45	>50	>40	>70

注:1)表中各土组的颗粒组成均以小于 2mm 的作为 100% 计;

2)定名时应根据粒径分组由大到小,以优先符合者定名;

3)表中 $\bar{I}_p$ 和 w_L 系按交通部现行《公路土工试验规程》中液、塑限联合试验的新土名所决定,即 100g 锥重测得的塑性指数和液限;

4)如采用老土名,应同时注明相应的新土名及其分类符号;

5)新、老塑性指数及相对含水量关系式:

①新老塑性指数关系式

$$\bar{I}_p = 0.67 I_p - 0.26$$
$$I_p = 0.7(w_L - 12.17)$$
$$I_p = 8 + 0.56c$$

式中:$\bar{I}_p$——76g 平衡锥的塑性指数;

I_p——100g 锥的塑性指数;

w_L——100g 锥的液限;

c——<0.002mm 的粘土含量,%。

②新、老液限关系式

$$w_y = 6.5 + 0.66 w_L$$

式中:w_y——76g 平衡锥的液限。

③新、老相对含水量关系式

$$w_x = \frac{\bar{w}}{w_L}$$

$$\bar{w}_x = \frac{\bar{w}}{w_y} = \frac{\bar{w}}{6.5 + 0.66 w_L}$$

式中:$\bar{w}$——路槽底面以下 80cm 深度内的算术平均含水量,%;

w_x——相对含水量(按 100g 锥);

$\bar{w}_x$——相对含水量(按 76g 锥)。

公路路基各土组的分类体系、分类符号和标准详见《公路土工试验规程》(JTJ051—85)。

砂性土是修筑路基的良好材料。它既含有一定数量的粗颗粒,使路基获得足够的强度和水稳定性,又含有一定数量的细颗粒,使其具有一定粘结性,不致过分松散。砂性土遇水干得快,不膨胀,干时有足够粘结性,飞尘少。因此,雨天不泥泞,晴天不扬尘。其粒径组成接近最佳级配,因而用砂性土修筑的路基在行车荷载作用下易被压实,并易形成平整坚实的路基表面。

粉性土是最差的筑路材料。因其含有较多粉土粒,干时稍有粘结,飞尘大,浸水后很快被湿透,易成流体状态(稀泥)。粉性土毛细水上升高度大,可达 0.9～1.5m,在季节性冰冻地区很容易使路基产生湿度累积,造成严重的冻害现象,故一般称为翻浆土。如遇粉土,特别是水文地质条件不良时,应采取一定措施改善其工程性质。

粘性土透水性差,粘结力大,因而干时坚硬,不易挖掘。它具有较大的可塑性、粘结性和膨胀性,毛细现象也很显著,用来筑路比粉土好,但不如砂性土。浸水后,粘性土能比较长时间地保持水分,因而承载力很小。对粘性土如加以充分压实和设有很好的排水措施,筑成的路基亦能获得稳定。

重粘土是指塑性指数大于 27 的粘土类。一般情况下,其工程性质与粘性土相似,但受粘土矿物成分影响较大。例如含高岭土为最好,伊利土次之,蒙脱土最差。重粘土不透水,粘结力特强,干时很坚硬,很难挖掘,膨胀性和塑性都很大。

除上述土类外,还有一些具有特殊性质或含有害物质的土类,如泥炭、硅藻土、腐植土或含有石膏等易溶盐类的土等,这些土均不宜用于填筑路基。如实在需要,必须在设计和施工上采取适当措施。

1.5.3 路基土的工程分级与野外鉴定

在施工中,路基土石按其开挖难易程度分为 6 级,如表 1-8 所示。

表 1-8 土、石工程分级

| 土、石等级 | 土、石类别 | 土、石名称 | 钻 1m 所需时间 | | 爆破 1m³ 所需炮眼长度/m | | | 开挖方法 |
			湿式凿岩一字合金钻头净钻时间/min	湿式凿岩普通淬火钻头净钻时间/min	双人打眼(人工)	路 堑	隧道导坑	
I	松 土	砂类土、腐殖土、种植土、中密的粘性土及砂性土、松散的水分不大的粘土、含有 30mm 以下树根或灌木根的泥炭土						用铁锹挖,脚蹬一下到底的松散土层
II	普通土	水分较大的粘土、密实的粘性土及砂性土、半干半硬状态的黄土、含有 30mm 以上的树根或灌木根的泥炭土、碎石类土(不包括块石土及漂石土)						部分用镐刨松,再用锹挖,以脚蹬锹需连蹬数次才能挖动
III	硬 土	硬粘土、密实的硬黄土、含有较多的块石土及漂石土;各种风化成土块的岩石						必须用镐先整个刨过才能用锹
IV	软 石	各种松软岩石、盐岩、胶结不紧的砾泥质页岩、砂岩、煤、较坚实的泥灰岩、块石土及漂石土、软的节理多的石灰岩	7 以内		0.2 以内	0.2 以内	2.0 以内	部分用撬棍或十字镐及大锤开挖,部分用爆破法开挖
V	次坚石	硅质页岩、砂岩、白云岩、石灰岩、坚实的泥灰岩、软玄武岩、片麻岩、正长岩、花岗岩	15 以内	7~20	0.2~1.0	0.2~0.4	2.0~3.5	用爆破法开挖
VI	坚 石	硬玄武岩、坚实的石灰岩、白云岩、大理岩、石英岩、闪长岩、粗粒花岗岩、正长岩	15 以上	20 以上	1.0 以上	0.4 以上	3.5 以上	用爆破法开挖

根据各土组的分类标准,通过土的颗粒分析及必要时塑性指数和液限试验,即可划分土类。但在路基设计中通常仅需判别土组即可,并且判别方法宜简便、快速。表 1-9 列出了路基用土的野外鉴定方法。

表 1-9 土的野外鉴定方法

土组	土名	用手搓捻时的感觉	用肉眼及放大镜观察时的情况	土 的 状 态		
				干 时	潮湿时	潮湿时将土搓捻的情况
砂土	粗 砂	感到是粗糙的砂粒	看到比较粗的砂居多	疏 散	无塑性	不能搓成土条
	中 砂	感到是不太粗的砂粒	看到砂粒不太粗	疏 散	无塑性	不能搓成土条
	细 砂	感到是细的砂粒	看到细的砂粒多	疏 散	无塑性	不能搓成土条
	极细砂	感到是极细的砂粒	看到极细的砂粒多	疏 散	无塑性	不能搓成土条
砂性土	粉质砂土	在手掌上揉搓时沾有许多粉土粒	看到砂粒而夹有粉土粒	疏 散	无塑性	不能搓成土条
	粗亚砂土	含砂粒较多,湿润时用力可握成土团,干后有少量粘土沾在手上不易去掉	看到砂粒而夹有粘土粒	土块用手挤及在铲上抛掷时易破碎	无塑性	不能搓成土条
	细亚砂土	感到含细颗粒较多	看到砂粒而夹有粘土粒	没 胶 结	无塑性	难搓成细土条,搓至直径 3～5mm 即断
粉性土	粉质亚砂土	有干粉末感	明显看出砂粒少粉土粒多	没胶结,干土块用手轻压即碎	流动的溶解状态	摇动易使土球成为饼状,不能搓成细土条
	粉 土	有干粉末感	看到粉土粒更多	没胶结,干土块用手轻压即碎	流动的溶解状态	摇动时易使土球成为饼状,不能搓成土条
	粉质轻亚粘土	感到砂粒多,土饼易于压碎	可以看到细的粉土颗粒	土块不硬,用锤打时易成细块	有塑性、粘着性	不能搓成长的细土条
	粉质重亚粘土	感到砂粒多,土块易压碎	可以看到细的粉土颗粒	土块不硬,用锤打时易成细块	有塑性、粘着性、惟塑性程度较大	不能搓成长的细土条,搓成细土条稍长
粘性土	轻亚粘土	感到有砂粒,湿润后有粘土沾手,土块易压碎	明显看出细粒粉末中有砂粒	干土块压碎时,常要用力	塑性与粘着性低微	不能搓成长的细土条
	重亚粘土	干时用手揉搓感觉不到砂粒,土块难压碎	可以看到细的粉土颗粒	土块不硬,用锤打时易成细块	塑性与粘着性较大	揉搓时可以得1～2mm 直径的细土条,将小土球压成扁块时,周边不易发生破裂
	轻粘土	潮湿时用手揉搓感觉不到砂粒,土块很难压碎	粘土构成的均匀细粉末物质,几乎不含大于 0.25mm 的颗粒	土块坚硬,用锤可将大土块变成小土块,但不易成粉末,干土块不易用手压碎	塑性和粘着性极大,易于沾手涂污	可以搓成小于1mm 直径的细土条,易于团成小球,压成扁块时,周边不易破裂
重粘土	重粘土	潮湿时用手揉搓感觉不到砂粒,土块很难压碎	粘土构成的均匀细粉末物质,几乎不含大于 0.25mm 的颗粒	土块坚硬,用锤可将大土块变成小土块,但不易成粉末,干土块不易用手压碎	塑性和粘着性极大,易于沾手涂污,惟塑性和粘着性更大	可以搓成小于1mm 直径的细土条,易于团成小球,压成扁块时,周边不易破裂

第2章
一般路基设计

一般路基指在良好的水文地质等条件下,填方高度或挖方深度不超过设计规范技术手册所允许的范围的路基。它可以结合当地的地形、地质情况直接选用长期生产实践和科学研究总结拟定的典型横断面图或设计规定,而不必进行个别论证和验算。对于超过规范规定高度的高填、深挖路基,以及特殊水文地质条件下的路基,即特殊路基,必须进行个别设计和验算,合理地选择路基断面形式,正确确定边坡坡度,以及相应的防护和加固结构措施。

为了确保路基的强度与稳定性,使路基在各种外界因素作用下,不致产生不允许的变形,路基的整体结构设计中还必须包括路基排水,路基防护与加固,以及与路基工程直接相关的附属设施(如弃土堆、取土坑、护坡道、碎落台、堆料坪和错车道等)的设计。因此,路基横断面结构形式的确定与路基排水设施及防护加固结构物的设计同是路基设计的基本内容。

2.1 路基的构造与典型横断面

2.1.1 路基典型横断面

路基的典型横断面形式有:路堤、路堑和填挖结合三种。路堤是指全部用岩土填筑而成的路基,路堑是指全部在原地面开挖而成的路基,此两者是路基的基本类型。当原地面横坡较大,且路基较宽时,路基的一侧需要填筑,另一侧需要开挖,这种由部分填筑和部分开挖后而形成的路基,叫填挖结合路基,亦叫半填半挖路基。在丘陵或山岭地区的路线上,填挖结合是路基横断面的主要形式。

(1)路堤

按填土高度不同,路堤可划分为矮路堤、高路堤和一般路堤。填土高度小于 1.0～1.5m 者属于矮路堤;填土高度大于 18m(土质)或 20m(石质)的路堤属于高路堤;填土高度在 1.5～18m 范围的路堤为一般路堤。根据路堤所处环境条件和加固类型的不同,还有浸水路堤、护脚路堤及挖沟填筑路堤等形式。图 2-1 为几种常见的路堤断面形式。

矮路堤通常在地形平坦地区,取土困难时选用。由于平坦地区地势低,水文条件较差,易受地下水和地表水的影响,设计时应满足最小填土高度要求。力求不低于干燥或中湿状态的路基临界高度,并在路基的两侧设置边沟。由于矮路堤高度通常接近或小于路基工作区的深度,施工中,除填土本身要满足规定的压实度要求外,天然地面亦应进行压实,达到规定的压实度。必要时需采取清除基底、换土,设置隔离层,排除地下水或降低地下水位等措施,以保证路基路面的强度和稳定性。

填方高度不大的一般路堤,高度在 2～3.0m 范围时,填方数量较少,全部填方或部分填方,可在两侧设置取土坑,使之与排水沟渠结合。为保护填方坡脚不受流水侵蚀,保证边坡稳定,可在坡脚与填方之间预留 1～2m 甚至 4m 以上宽度的护坡道(图 2-1b)。地面横坡较陡时,为防止填方路堤沿山波滑动,应将天然地面挖成台阶,或设置石砌护脚(图 2-1d)。

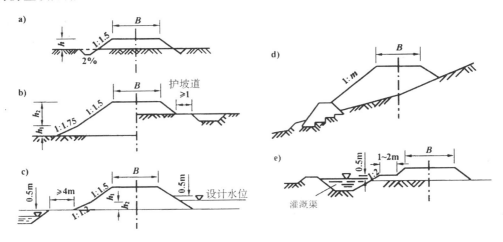

图 2-1 路堤的几种常用横断面形式

a)矮路堤;b)一般路堤;c)浸水路堤;d)护脚路堤;e)挖沟填筑路堤

高路堤的填方数量大,占地多,为使路基稳定和断面经济合理,需进行个别设计。高路堤和浸水路堤的边坡可采用上陡下缓的折线式(图 2-1b)或台阶形式,如在边坡中部设置护坡道。为防止水流侵蚀和冲刷坡面,高路堤和浸水路堤的边坡,需采取适当的坡面防护和加固措施。

(2)路堑

图 2-2 是路堑的几种常见断面形式,有全挖式、台口式和半山洞三种。

路堑开挖破坏了原地层的天然平衡状态,其稳定性主要取决于地质与水文条件,以及边坡的高度和边坡陡度,因此路堑的设计需要根据地质水文条件和边坡高度,设置成直线或折线形(图 2-2a),并选择合适的边坡坡度。

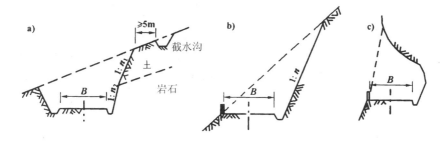

图 2-2 路堑的几种常用横断面形式

a)全挖路基;b)台口式路基;c)半山洞路基

挖方边坡的坡脚处必须设置边沟,以汇集和排除路基范围内的地表迳流。为防止大量地表水流向路基,造成坡面冲刷和边沟溢流,路堑的上方应设置一道或多道截水沟(图 2-2a)。挖方弃土可堆放在路堑下方。若边坡坡面为易风化的岩石,在坡脚处应设置 1.0～1.5m 的碎落台,或对坡面采取防护措施。

陡峻山坡上的半路堑,路中线宜向内侧移动,尽量采用台口式路基(图 2-2b),避免路基外侧的少量填方。遇有整体性的坚硬岩层,为节省石方工程,可采用半山洞路基(图 2-2c)。

如挖方路基所处土层水文状况不良,经常发生水分积聚现象,可能会导致路面的破坏,在这种情况下,路堑以下的天然土基要人工压实至规定的密实程度,必要时还应翻挖、重新分层填筑或换土,或采取加铺隔离层,设置必要的地下排水设施等措施。

(3)填挖结合路基

图 2-3 是几种填挖结合(半填半挖)路基常见的横断面形式。

位于山坡上的路基,通常取路中心的标高接近原地面标高,以减少土石方数量,避免高填深挖和保持土石方数量的横向填挖平衡。若处理得当,路基稳定可靠,是比较经济的路基横断面形式。

填挖结合路基兼有路堤和路堑两者的特点,因此均应满足前述路堤和路堑的设计要求。填方部分的原地面横坡陡于 1:5 时,土质应挖台阶或石质应凿毛(图 2-3a);填方部分的局部路段,如遇原地面的短缺口,可采用石砌护肩(图 2-3c)。如果填方量较大,可就近利用废石方砌筑护坡或护墙。石砌护坡和护墙相当于简易式挡土墙,承受一定的侧向压力,要求坚固稳定。有时为了保证路基的稳定,压缩用地宽度,可在填方部分设置路肩(或路堤)式挡土墙。石砌护肩、护坡与护墙,以及挡土墙等路基形式见图 2-3 中 c)～f);如果填方部分悬空,而纵向又有适当的基岩,则可以沿路基纵向建成半山桥路基(图 2-3g)。

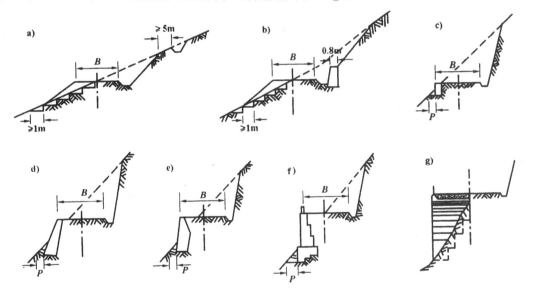

图 2-3 半填半挖路基的几种常用横断面形式
a)一般填挖路基;b)矮挡土墙路基;c)护肩路基;d)砌石护坡路基;
e)砌石护墙路基;f)挡土墙路基;g)半山桥路基

2.1.2 路基的基本构造

路基由宽度、高度和边坡坡度三者构成。路基宽度取决于公路技术等级;路基高度(包括路中心线的填挖深度,路基两侧的边坡高度),取决于路线的纵坡设计及地形;路基边坡坡度取决于土质、地质构造、水文条件及边坡高度,并由边坡稳定性和横断面经济性等因素比较确定。路基宽度、高度和边坡坡度是路基设计的基本要素,就路基稳定性和横断面经济性的要求而论,路基的边坡坡度及相应的防护、加固措施,是路基设计的基本内容。

(1)路基宽度

路基宽度为路面及两侧路肩宽度之和。技术等级高的公路(如高速公路和一级公路),路基宽度内还需设置中央带(由中央分隔带加相邻两侧路缘带组成)。路基宽度组成如图 2-4 所示。路面供机动车行驶,两侧路肩可保护路面稳定,并兼供错车、临时停车及行人和非机动车通行。路面宽度根据设计通行能力及交通量大小而定,一般每个车道宽度为 3.50~3.75m。路肩宽度由公路等级和交通情况而定,最小宽度为 0.5m,城镇近郊行人与非机动车较集中,路肩宽度应尽可能增大,一般取 1~3m,并予以铺筑硬质面层,提高路肩利用率,保证路面行车不受干扰。表 2-1 是根据 1997 年颁《公路工程技术标准》(JTJ01—97)规定的各级公路的路基宽度。

公路路基宽度因技术等级及具体要求的不同,除路面和路肩外,必要时还应包括包括分隔带、路缘带、变速车道、爬坡车道、慢行道或路用设施(如护栏、照明、绿化)等可能占用的宽度。

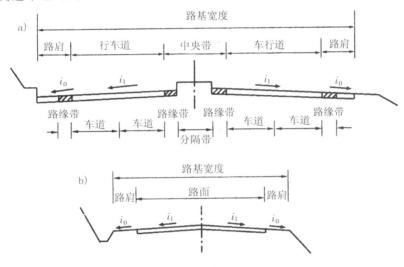

图 2-4　公路路基宽度图
a)高速公路和一级公路;b)二、三、四级公路

表 2-1　公路路基宽度

公路等级			高　速　公　路				一		二		三		四	
计算行车速度/(km·h⁻¹)			120			100	80	60	100	60	80	40	60	30	40	20
车道数			8	6	4	4	4	4	4	4	2	2	2	2	1 或 2	
路基宽度/m	一般值		42.5	35.0	27.5 或 28.0	26.0	24.5	22.5	25.5	22.5	12.0	8.5	8.5	7.5	6.5	
	变化值		40.5	33.0	25.5	24.5	23.0	20.0	24.0	20.0	17.0				4.5 或 7.0	

（2）路基高度

路基高度指路基设计标高与路中线原地面标高之差（亦称为施工高度），即路堤的填筑厚度或路堑的开挖深度。路基设计标高通常以路肩边缘为准，即路肩边缘的标高。边坡高度指填方坡脚或挖方坡顶标高与路基设计标高之差。当原地面平坦时，路基高度与边坡高度相等，而山坡地面上，两者不等，且两侧边坡高度亦不相等。

路基高度由路线纵坡设计确定。确定时，要综合地考虑地形、地质、地貌、水文等自然条件，桥涵等构造物与交叉口的控制高度，纵向坡度的平顺，土石方工程数量的平衡，以及路基的强度与稳定性等因素，以得出合理的路基高度。

由于深路堑不仅挖方工程量大，施工面狭窄，行车条件差，且边坡稳定性差。而高填方占地面积大，工程量集中，且往往同桥涵等人工构造物连成一体，受水的浸蚀和冲刷较严重。因此，从路基稳定性出发，在填挖较大的路段，要认真考虑路基的高填与深挖的可行性，并进行单独设计。

路堤的最小填筑高度，应根据临界高度，并结合沿线具体条件和排水及防护措施，按照公路等级及有关的规定确定，一般应保证路基处于干燥或中湿状态。

沿河及受水浸淹的路基，其高度一般应根据《公路工程技术标准》所规定的设计洪水频率（表 2-2），求得设计水位，再增加 0.5m 的安全高度；如果河道因路堤而压缩河床使上游有壅水，或河面宽阔而有风浪，那么还应增加壅水的高度和波浪冲上路堤的高度。沿河浸水路堤的高度，应高出上述各值之和，以保证路基不致被淹没，并据此进行路基的防护与加固。

表 2-2　路基设计洪水频率

公路等级	高速公路	一	二	三	四
设计洪水频率	1/100	1/100	1/50	1/25	视具体情况而定

（3）路基边坡坡度

确定路基边坡坡度是路基设计的基本任务。公路路基边坡的坡度，用边坡高度 H 与边坡宽度 b 之比值表示，并取 $H=1$，如图 2-5 所示，$H:b=1:0.5$（路堑坡）或 $1:1.5$（路堤边坡），通常用 $1:m$ 或 $1:n$ 表示其比率（称为边坡坡率），图中 $m=0.5$，$n=1.5$。

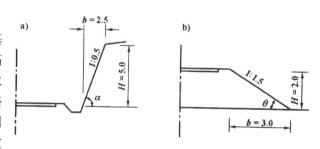

图 2-5　路基边坡坡度示意图

路基的边坡，关系到路基的稳定和工程投资。尤其是陡坡地段的路堤及较深路堑的挖方边坡，不仅工程量大，施工难度高，而且是路基稳定性的关键所在。如果地质水文条件较差，往往病害严重，持续年限很长，在水作用下导致边坡坍塌破坏，影响道路的正常运营。因此确定路基边坡坡度，对路基稳定和断面经济至为重要，在设计时，要全面考虑，力求合理。

1）路堤边坡

路堤边坡坡度与路堤填料和边坡高度有关。根据路堤填料不同，分为土质和石质两种情况。

①土质路堤边坡

一般填土路堤边坡，均采用 1:1.5，但当边坡高度超过表 2-3 的高度时，其下部边坡改用

1：1.75，以保证路基的稳定。此时的边坡取值如表 2-4 所列。

对于浸水路堤，设计水位以下部分视填料情况，边坡坡度采用 1：1.75～1：2，在常水位以下部分可采用 1：2～1：3，并视水流情况采取加固措施。

表 2-3　边坡高度表

填料种类	粉性土、粘性土	砂 性 土	碎(砾)石土
h/m	6	8	12

表 2-4　路堤边坡坡度表

填 料 种 类	边坡的最大高度/m			边 坡 坡 度		
	全部高度	上部高度	下部高度	全部高度	上部高度	下部高度
粉性土、粘性土	20	8	12	—	1：1.5	1：1.75
砂、砾	12	—	—	1：1.5	—	—
漂(块)石土、卵石土，砾(角砾)类土、碎石土	20	12	8	—	1：1.5	1：1.75
不易风化的石块	20	8	12	—	1：1.3	1：1.5

②石质路堤边坡

当公路沿线有大量天然石料或开挖路堑的废石方时，可以用来填筑路堤，填石路堤应由不易风化的较大(大于 25cm)石块砌筑，边坡坡度一般可用 1：1。但当采用易风化的岩石填筑路堤时，边坡坡度应按风化后的土质边坡设计。如风化成粘土或砂，则分别按粘性土或砂的边坡要求进行设计。

当路基全部用 25cm 左右的石块砌筑，且边坡采用码砌的路堤，其边坡坡度应根据具体情况决定，亦可参考表 2-5 采用。

表 2-5　填石路堤边坡坡度表

石 料 大 小	路堤高度/m	边 坡 坡 度	施 工 方 法
直径大于 25cm	<20	1：1	码 砌 边 坡
直径大于 40cm	<5	1：0.5	码 砌 边 坡
	5～10	1：0.67	
	10～20	1：1	

陡坡上的路基填方可采用砌石(图 2-3d)。砌石应用当地不易风化的开山片石砌筑。砌石顶宽一律采用 0.8m，基底以 1：5 的坡率向路基内侧倾斜，砌石高度 H 一般为 2～15m，墙的内外坡度依砌石高度，按表 2-6 选定。

表 2-6　砌石边坡坡度表

序　号	高　度/m	内坡坡度	外坡坡度
1	≤5	1：0.3	1：0.5
2	≤10	1：0.5	1：0.67
3	≤15	1：0.6	1：0.75

2)路堑边坡

路堑是在天然地面上开挖后形成的路基结构形式。其边坡坡度与边坡的高度、坡体土石性质、地质构造特征、岩石的风化和破碎程度、地面水和地下水等因素有关。

①土质路堑边坡

土质(包括粗粒土)路堑边坡,应根据边坡高度、土的密实程度、地下水和地面水情况、土的成因及生成时代等因素确定。一般情况下,具有一定粘性土质的挖方边坡坡度,取值为1∶0.5～1∶1.5,个别情况下,可放缓至1∶1.75,不同高度、不同密实程度的土质挖方边坡坡度可参照表2-7和表2-8确定。

表 2-7　土质挖方边坡坡度表

密 实 程 度	边 坡 高 度 /m	
	<20	20～30
胶　　结	1∶0.3～1∶0.5	1∶0.5～1∶0.75
密　　实	1∶0.5～1∶0.75	1∶0.75～1∶1.0
中　　密	1∶0.75～1∶1.25	1∶1.0～1∶1.5
较　　松	1∶1.0～1∶1.5	1∶1.5～1∶1.75

注:①边坡较矮或土质比较干燥的路段,可采用较陡的边坡坡度;边坡较高或土质比较潮湿的路段,可采用较缓的边坡坡度;
②开挖后,密实程度很容易变松的砂类土及砾类土等路段,应采用较缓的边坡坡度;
③土的密实程度的划分见表2-8。

表 2-8　土的密实程度划分表

分　级	试　坑　开　挖　情　况
较松	铁锹很容易铲入土中,试坑坑壁容易坍塌
中密	天然坡面不易陡立,试坑坑壁有掉块现象,部分需用镐开挖
密实	试坑坑壁稳定,开挖困难,土块用手使力才能破碎,从坑壁取出大颗粒处能保持凹面形状
胶结	细粒土密实度很高,粗颗粒之间呈弱胶结,试坑用镐开挖很困难,天然坡面可以陡立

②岩石路堑边坡

岩石路堑边坡,一般根据地质构造与岩石特性,对照相似工程的成功经验选定边坡坡率。岩石的种类、风化和破碎程度及边坡的高度是决定坡率的主要因素,设计时可根据这些因素参照表2-9和表2-10确定。

表 2-9　岩石挖方边坡坡度表

岩　石　种　类	风化破碎程度	边坡高度 /m	
		<20	20～30
1.各种岩浆岩 2.厚层灰岩或硅、钙质砂砾岩 3.片麻、石英、大理岩	轻度 中等 严重 极重	1∶0.1～1∶0.2 1∶0.1～1∶0.3 1∶0.2～1∶0.4 1∶0.3～1∶0.75	1∶0.1～1∶0.2 1∶0.2～1∶0.4 1∶0.3～1∶0.5 1∶0.5～1∶1.0
1.中薄层砂、砾岩 2.中薄层灰岩 3.较硬的板岩、千枚岩	轻度 中等 严重 极重	1∶0.1～1∶0.3 1∶0.2～1∶0.4 1∶0.3～1∶0.5 1∶0.5～1∶1.0	1∶0.2～1∶0.4 1∶0.3～1∶0.5 1∶0.5～1∶0.75 1∶0.75～1∶1.25
1.薄层砂、页岩 2.千枚岩、云母、绿页泥、滑石片岩及岩质页岩	轻度 中等 严重 极重	1∶0.2～1∶0.4 1∶0.3～1∶0.5 1∶0.5～1∶1.0 1∶0.75～1∶1.25	1∶0.3～1∶0.5 1∶0.5～1∶0.75 1∶0.75～1∶1.25 1∶1.0～1∶1.5

表 2-10　岩石风化破碎程度分级表

分级	外 观 特 征				
	颜色	矿物成分	结构构造	破碎程度	强度
轻度	较新鲜	无变化	无变化	节理不多,基本上是整体,节理基本不张开	基本上不降低,用锤敲很容易回弹
中等	造岩矿物失去光泽、色变暗	基本不变	无显著变化	开裂成 20～50cm 的大块状,大多数节理张开较小	有减低,用锤敲声音仍较清脆
严重	显著改变	有效生矿物产生	不清晰	开裂成 5～20cm 的碎石状,有时节理张开较多	有显著降低,用锤敲声音低沉
极重	变化极重	大部成分已改变	只具外形,矿物间已失去结晶联系	节理极多,爆破以后多呈碎石土状,有时细粒部分已具塑性	极低,用锤敲时,不易回弹

由于地表岩层和自然条件,以及路基的构造要求与形式变化极大,岩石路堑边坡率难以定型,表列数值一般条件下的经验值,运用时应结合当地的工程地质条件和水文条件,参考各地现有自然稳定山坡和人工成型稳定的山坡,加以对比选用。必要时应进行个别设计或稳定性验算,以及采取排水、护坡与加固等技术措施。

2.1.3　路基附属设施

除路基结构及排水、防护与加固等主体工程外,与一般路基工程有关的附属设施有:取土坑、弃土堆、护坡道、碎落台、堆料坪及错车道等。这些设施是路基设计的组成部分,为保证路基的强度、稳定性和行车安全,正确合理地对其设计是十分重要的。

(1)取土坑与弃土堆

路基土石方的挖填平衡,是公路路线设计的基本原则,但实际工程中往往难以做到完全平衡。土石方数量经过合理调配后,仍然会有部分借方和弃方(又称废方),为了使土石的借弃不破坏周围环境和影响路基稳定,路基土石方的借弃,要合理选择地点,即确定取土坑或弃土堆的位置。选点时要兼顾土质、数量、用地及运输条件等因素,弃之无害。借弃所形成的坑或堆,要求尽量结合当地地形,充分加以利用,并注意外形规整,弃堆稳固。对高等级公路或位于城郊附近的干线公路,尤应注意。

平坦地区,如果用土量较少,可以沿路两侧设置取土坑,并与路基排水和农田灌溉相结合。路旁取土坑,大致如图 2-6 所示,深度约 1.0m 或稍大一些,宽度依用土数量和用地允许而定。为防止坑内积水危害路基,当堤顶与坑底高差不足2.0m时,在路基坡脚与坑之间需设宽度1.0m 的护坡平台,坑底设纵横排水坡及相应设施。

河水淹没地段的桥头引道近旁,一般不设取土坑,如设取土坑要距河流中水位边界 10m 以外,并与导治结构物位置相适应。此类取土坑要求水流畅通,不得长期

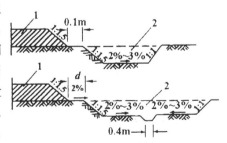

图 2-6　路旁取土坑示意图
1—路堤;2—取土坑

积水危及路基或构造物的稳定。

路基开挖的废方,应尽量加以利用,如用以加宽路基或加固路堤,填补坑洞或路旁洼地,亦可兼顾农田水利或基建等所需,做到变废为用,弃而不乱。

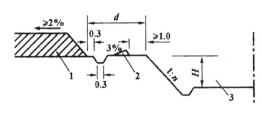

图 2-7 路旁弃土堆示意图
1—弃土堆;2—平台与三角土块;3—路堑

废方一般选择路边低洼地,就近弃堆。原地面倾斜坡度小于 1:5 时,路旁两侧均可设弃土堆,地面较陡时,宜设在路基下方。沿河路基爆破后的废石方,往往难以远运,条件许可时可以部分占用河道,但要注意河道压缩后,不致壅水危及上游路基及附近农田,或产生泥沙淤积,影响河道畅通。

图 2-7 所示为路旁弃土堆一例,要求堆弃整齐,顶面具有适当横坡,并设平台、三角土块及排水沟,宽度 d 与地面土质有关,最小为 3.0m,最大可按路堑深度加 5.0m,即 $d \geq H+5.0$m。积砂或积雪地段的弃土堆,宜有利于防砂防雪,可设在迎面一侧,并具有足够距离。

(2)护坡道与碎落台

护坡道是保护路基边坡稳定性的措施之一,设置目的是加宽边坡横向距离,减小边坡平均坡度。护坡道愈宽,愈有利于边坡稳定,最少为1.0m,宽度大,则工程数量亦随之增加,因此,确定护坡道的宽度要兼顾边坡稳定性与经济合理性。通常护坡道宽度 d,视边坡高度 h 而定,$h \geq 6 \sim 12$m 时,$d=2 \sim 4$m。

碎落台设于土质或石质挖方边坡的坡脚处,主要供零星土石碎块下落时临时堆积,保护边沟不致阻塞,亦有护坡道的作用。碎落台宽度一般为 1.0~1.5m,如兼有护坡作用,可适当放宽。碎落台上的堆积物应定期清理。

(3)堆料坪与错车道

路面养护矿质材料,可就近选择路旁适当地点堆置备用。亦可在路肩外缘设堆料坪,其面积可结合地形与材料数量而定,例如每隔 50~100m 设一个堆料坪,长 5~8m,宽 2m。高级路面或采用机械化养路的路段,可以不设,或另设集中备用料场,以维护公路外形的视觉平顺和景观优美。

单车道公路,由于双向行车会车和相互避让的需要,通常应每隔 200~500m 设置错车道一处。按规定错车道的长度不得短于 30m,两端各有长度为 10m 的出入过渡段,中间 10m 供停车用。单车道的路基宽度为 4.5m,而错车道地段的路基宽度 6.5m。错车道是单车道路基的一个组成部分,应与路基同时设计与施工。

2.2 路基排水设计

2.2.1 路基排水的目的与要求

(1)路基排水的目的与要求

路基的强度和稳定性与水的关系十分密切。路基的病害有多种,形成病害的原因亦很多,但水的作用是主要因素之一,因此,路基设计、施工和养护中,必须十分重视路基排水工程。

根据水源的不同,影响路基的水流可分为地面水和地下水两大类,与此相适应的路基排水工程可分为地面排水和地下排水。

地面水包括大气降水(雨和雪)以及海、河、湖、水渠、水库水等。地面水对路基产生冲刷和渗透,冲刷可能导致路基整体稳定性受损害,造成水毁。渗入路基土体的水分,使土体过湿而降低土基强度。

地下水包括上层滞水、潜水、层间水等。它们对路基的危害程度,因条件不同而异。轻者使路基湿软,降低路基强度,重者会引起冻胀、翻浆或边坡坍滑,甚至整个路基沿倾斜基底滑动。

路基排水设计的任务,就是针对不同的水源,设置相应的排水设施,把影响路基强度和稳定性的水排到路基范围以外适当的地点,将土基湿度降低到一定范围内,保持路基常年处于干燥状态,确保路基路面具有足够的强度和稳定性。

路基设计时,必须将影响路基稳定性的地面水排除和拦截在路基用地范围以外,并防止地面水漫流、滞积或下渗。对影响路基稳定性的地下水,则应予以隔断、疏干、降低,并引到路范围以外适当的地点。

路基施工中,首先应校核全线排水系统的设计是否完备和妥善,必要时予以补充或修改,应重视排水工程的质量和使用效果。此外,应根据实际情况,设置施工现场的临时性排水措施,保证路基土石方及附属结构在正常条件下进行施工作业,消除路基基底和土体内与水有关的隐患,保证路基工程质量。

路基养护中,对排水设施应予以补充或修改,保持排水设施的正常使用,水流畅通,并根据实际情况不断改善路基排水条件。

(2)路基排水设计的一般原则

①排水设计要因地制宜、全面规划、因势利导、综合整治、讲究实效、注意经济,充分利用有利地形和自然水系。一般情况下,地面和地下设置的排水沟渠宜短不宜长,以使水流不过于汇集,做到及时疏散,就近分流。

②各种路基排水沟渠的设置,应注意与农田水利相配合,必要时可适当增设涵管或加大涵管孔径,以防农业用水影响路基的稳定性,并做到路基排水有利于农田灌溉。路基边沟一般不用作农田灌溉渠道,两者必须合并使用时,边沟的断面应加大,并予加固,以防止水流危害路基。

③设计前必须进行调查研究,查明水源与地质条件,重点路段要进行排水系统的全面规划,考虑路基排水与桥涵布置相配合,地面排水与地下排水相配合,各种排水沟渠的平面布置与竖向布置相配合,做到综合整治,分期修建。对于排水困难和地质不良的路段,还应与路基防护与加固相配合,并进行特殊设计。

④路基排水要注意防止附近山坡的水土流失,尽量不破坏天然水系,不轻易合并自然沟溪和改变水流性质,尽量选择有利地质条件布设人工沟渠,减少排水沟渠的防护与加固工程。对于重点路段的重要排水设施,以及土质松软和纵坡较陡地段的排水沟渠,应进行必要的防护与加固。

⑤路基排水要结合当地水文条件和道路等级等具体情况,注意就地取材,以防为主,既要稳固适用,又必须讲究经济效益。

2.2.2 地面排水设施的构造与布置

常用的路基地面排水设施有:边沟、截水沟、排水沟、跌水、急流槽及渡槽与倒虹吸等。这些排水设施分别设在路基的不同部位,它们各自的排水功能和构造形式分述如下。

(1)边沟

边沟设置在挖方路基的路肩外侧或低路堤坡脚外侧,走向与路中线平行,用以汇集和排除路基范围内和流向路基的少量地面水。

边沟的排水量不大,一般不需要进行水文、水力计算,依沿线具体条件,选用标准横断面形式。边沟紧靠路基,通常不允许其他排水沟渠的水流引入,亦不能与其他人工沟渠合并使用。

边沟不宜过长,尽量使沟内水流就近排到路旁自然水沟或低洼地带,必要时增设涵洞,将边沟水引入路基另一侧排出。

边沟的纵坡(出水口附近除外)一般与路线纵坡一致,平坡路段,边沟仍应保持 0.3% ~ 0.5% 的最小纵坡。边沟出水口附近,以及排水困难路段(如回头曲线和路基超高较大的平曲线等处),边沟应进行特殊设计。

边沟的横断面形式有:梯形、矩形、三角形及流线形等,如图 2-8 所示。

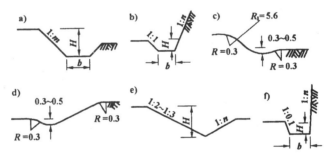

图 2-8 边沟的横断面形式示意图(单位:m)
a)、b)梯形;c)、d)流线形;e)三角形;f)矩形

土质或软弱石质边沟,一般用梯形,其底宽与深度为 0.4~0.6m,干旱地区或水流少的路段,取低限但不得小于 0.3m,降水量集中或地势低洼路段取高限或更大。梯形边沟内侧边坡一般为 1:1~1:1.5,石质或铺砌加固可取直坡,外侧边坡通常与挖方边坡一致。

石质或铺砌式边沟,常用矩形或近似梯形,以减少沟顶宽度。少雨浅挖地段土质边沟可采用三角形断面,其内侧边坡宜采用 1:2~1:3,外侧边坡坡度与挖方边坡坡度相同。三角形边沟的水流条件较差,流量较大时,沟深宜适当加大。流线形边沟,是将路堤横断面的边角修整圆滑,可以防止路基旁侧积沙或堆雪,适用于沙漠或积雪地区的路基。

边沟的出水口附近,水流冲刷比较严重,必须慎重布置和采取相应措施。

图 2-9 是路堑与高路堤衔接处的边沟排水布置图,由于边沟泄出水流流向路基坡脚,两者高差大,必须因地制宜,根据地形地质等具体条件,将出水口延伸至坡脚以外,以免边沟水冲刷填方坡脚。

边沟水流向桥涵进水口时,为避免边沟流水产生冲刷,应作适当处治,图 2-10 为在涵洞进口设置窨井。此外,还应根据地形等条件,在桥涵进口前或其他水流落差较大处,设置跌水或急流槽等结构物,将水流引入桥涵或其他指定地点。

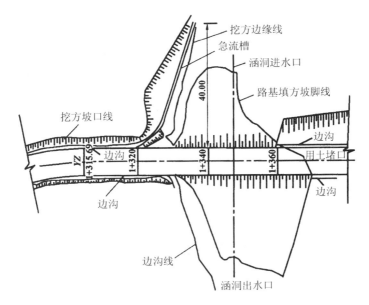

图 2-9　路堑与高路堤的边沟出口布置图

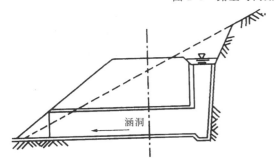

图 2-10　边沟泄水流入涵前窨井
剖面图(单级跌水)

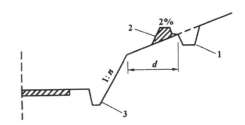

图 2-11　挖方路段截水沟示意图
1—截水沟;2—土台;3—边沟

当边沟水流流至回头曲线处,一般边沟水较满,流速较大,此时宜顺着边沟方向沿山坡设置引水沟,将水引到路基范围以外的自然沟中,或设急流槽、涵洞等结构物,将水引下山坡或路基另一侧,以免对回头曲线路段冲刷(图 2-39)。

(2)截水沟

又称天沟,一般设置在挖方路基边坡坡顶以外,或山坡路堤上方的适当地点,用以拦截并排除路基上方流向路基的地面迳流,减轻边沟的水流负担,保证挖方边坡和填方坡脚不受水流冲刷。降水量较少或坡面坚硬和边坡较低以致冲刷影响不大的地段,可以不设截水沟;反之,若降水量较多,山坡汇水面积较大,且暴雨频率较高,山坡覆盖层较松软,水土流失比较严重的地段,必要时可设置两道或多道截水沟。

图 2-11 是设置在路堑边坡上方的截水沟示意图。图中距离 d,一般为 5.0m,土质不良地段可取 10.0m 或更大。截水沟下方一侧,可堆置挖沟的土方,要求做成顶部向沟倾斜 2% 的土台。路堑上方设置弃土堆时,截水沟位置及尺寸如图 2-12 所示。

山坡填方路段可能遭到上方水流的破坏作用,此时必须设置截水沟,拦截山坡水流,保护路堤。如图 2-13 所示,截水沟与坡脚之间,应有不小于 2.0m 的间距,并做成 2% 向沟倾斜的横坡,确保路堤不受水害。

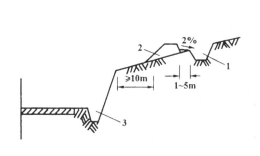

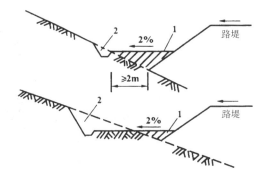

图 2-12　挖方路段弃土堆与截水沟关系图　　　　图 2-13　填方路段上的截水沟示意图
1—截水沟;2—弃土堆;3—边沟　　　　　　　1—土台;2—截水沟

截水沟的横断面形式一般为梯形,沟的边坡坡度,因土质条件而定,如图 2-14 所示,沟的底宽 b 不小于 0.5m,沟深 h 按设计流量确定,但不应小于 0.5m。

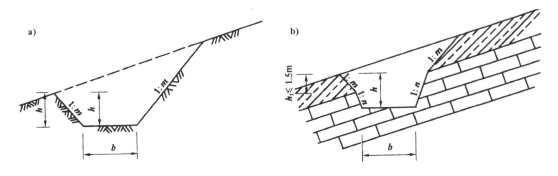

图 2-14　截水沟的横断面图
a)土沟;b)石沟

截水沟的位置,应尽量与绝大多数地面水流方向垂直,以提高截水效能和缩短沟的长度。截水沟应保证水流畅通,就近引入自然沟内排出,必要时配以急流槽或涵洞等结构物,将水流引入指定地点。

截水沟的沟底应具有 0.5% 以上的纵坡,沟底和沟壁要求平整密实,不渗水,不滞水,必要时予以加固和铺砌。截水沟长度一般以 200~500m 为宜。

(3)排水沟

排水沟的主要用途在于引水,将路基范围内各种水源的水流(如边沟、截水沟、取土坑、边坡和路基附近积水)引至桥涵或路基范围以外的指定地点。当路线受到多段沟渠或水道影响时,为保护路基不受水害,可设置排水沟,或改移渠道,以调节水流,整治水道。

排水沟的横断面形式,一般采用梯形,尺寸大小应经水力水文计算确定。用于边沟、截水沟及取土坑出水口的排水沟,由于流量较小,不需特殊计算,但底宽和深度不宜小于 0.5m,土沟的边坡坡度为 1:1~1:1.5。

排水沟的位置,可根据需要并结合当地地形条件而定,离路基尽可能远些,距离路基坡脚不宜小于 2.0m,平面上力求直捷,需转弯时亦尽量圆顺,做成弧形,其半径不小于 10~20m,连续长度宜短,一般不超过 500m。

排水沟水流进入其他沟渠或水道时,应使原水道不冲刷或淤积,一般应使排水沟与原水道两者成锐角相交,交角不大于 $45°$,有条件时可用半径 $R=10b$(b 为沟顶宽)的圆曲线向下游与其他水道相接,如图 2-15 所示。

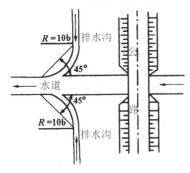

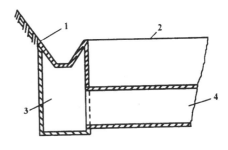

图 2-15　排水沟与水道的衔接

图 2-16　边沟与涵洞单级跌水连接图
1—边沟;2—路基;3—跌水井;4—涵洞

排水沟应具有合适的纵坡,以保证水流畅通,不致流速太大而产生冲刷,亦不可流速太小而产生淤积,因此宜通过水文水力计算而择优确定。一般情况下,可取 $0.5\%\sim1.0\%$,不小于 0.3%,亦不宜大于 3%。

为防止水流对排水沟渠的冲刷与渗漏,对边沟、截水沟和排水沟等地面排水设施的沟底和沟壁应进行加固。常用的加固形式有以下几种如表 2-11 和图 2-17 所示。

表 2-11　常用的沟渠加固类型

序号	型　式	名　称	铺筑厚/cm
1	草　皮　式	平铺草皮	
2		叠铺草皮	
3	筑　捣　式	沟底沟边夯实	
4		水泥砂浆抹平层	2～3
5		石灰、炉渣、粘土加固层	10～25
6		粘土、碎(卵)石加固层	10～15
7		石灰、炉渣、粘土、河沙加固层	10～15
8	干　砌　式	干砌片石加固层	15～25
9		干砌片石水泥砂浆勾缝	15～25
10		干砌片石水泥砂浆抹面	20～25
11	浆　砌　式	浆砌片石加固层	20～25
12		混凝土预制板加固层	6～8
13		砖砌水槽	沟底两层砖

(4)跌水与急流槽

跌水与急流槽是路基地面排水沟渠的特殊形式,用于陡坡地段,沟底纵坡可达 $45°$。由于纵坡陡,水流速快,冲刷力强,要求跌水与急流槽的结构必须稳固耐久,一般宜采用浆砌块石或砼预制块砌筑,并具有相应的防护与加固措施。

跌水的构造有单级和多级之分,沟底亦有等宽和变宽两种。单级跌水适用于排水沟渠连接处,由于水位落差较大,需要消能或改变水流方向,如路基边沟水通过涵洞排泄时,在涵洞的进口设置单级跌水(图 2-16)。较长陡坡地段的沟渠,为减小水流速度和消能,可采用多级跌水,如图 2-18 所示。多级跌水底宽和每级长度,可根据实地需要,采用各自相等的对称形,亦

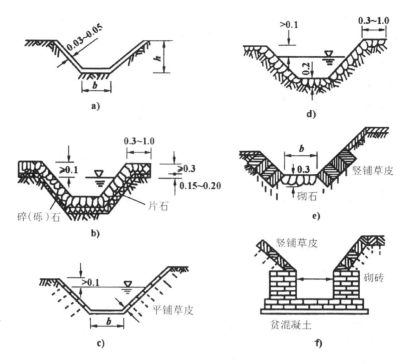

图 2-17 沟渠加固断面图(单位:m)

a)石灰三合土抹平层;b)干砌片石(碎石垫平);c)平铺草皮;
d)浆砌片石(碎石垫平);e)竖铺草皮,砌石底;f)砖砌水槽

可做成变宽或不等长度与高度。

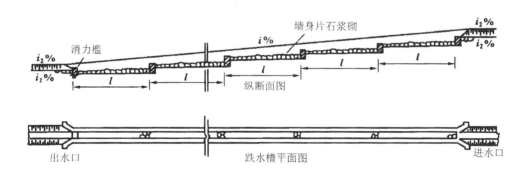

图 2-18 固定底宽多级跌水结构图

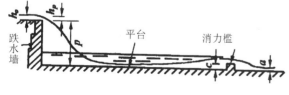

图 2-19 跌水水跃示意图

根据水力计算特点,跌水由进水口、跌水槽和出水口三部分组成,各组成部分的尺寸由水力计算而定。其中跌水槽部分由跌水墙、平台和消能设备组成(图 2-19)。一般情况下,若地质条件良好,地下水位较低,设计流量小于 $1.0 \sim 2.0 \mathrm{m}^3/\mathrm{s}$,跌水台阶(跌水墙)高度 P 最大不超过 2.0m。常用的简易多级跌水,台高 $0.4 \sim 0.5 \mathrm{m}$,跌水墙用石砌或砼结构,墙基埋深为水深 a 的 $1.0 \sim 1.2$ 倍,并不

小于 1.0m,冰冻地区应深入冻结线以下,石砌墙厚 0.25~0.30m。消力池起消能作用,要求坚固稳定,底部有 1%~2% 的纵坡,底厚 0.35~0.40m,壁高至少应比计算水深大 0.2m,壁厚与跌水墙厚度相仿。消力池末端设有消力槛,槛高 c 依计算而定,要求低于池内水深,约为跌水墙高度的 $\frac{1}{5} \sim \frac{1}{4}$,即 $c = (0.2 \sim 0.25)P$,一般取 $c = 15 \sim 20$cm。消力槛顶部厚度为 0.3~0.4m,底部预留孔径为 5~10cm 的泄水孔,以利于水流中断时排泄池内的积水。

跌水两端的土质沟渠,应注意加固,保持水流畅通,不致产生水流冲刷和淤积,以充分发挥跌水的排水效能。

急流槽的纵坡,比跌水的平均纵坡更陡,结构的坚固稳定性要求更高,是山区公路回头曲线,沟通上下线路基排水及沟渠出水口的一种常见排水设施。急流槽主体部分的纵坡依地形而定,一般可达 67%(1:1.5),如果地质条件良好,需要时还可以更陡,但结构要求更严,造价亦相应提高,设计时应通过比较确定。

急流槽的构造如图 2-20 所示。按水力计算特点,亦由进水口、急流槽(槽身)和出水口三部分组成。

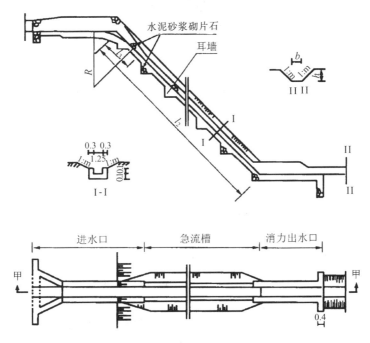

图 2-20 急流槽构造图(图中尺寸单位:m)

急流槽的进出水口与槽身连接处,若沟槽横断面不同,为了能平顺衔接,可设过渡段,出水口部分设消力池。各部分的尺寸,根据水力计算确定。急流槽的基础必须稳固,端部及槽身每隔 2~5m,在槽底设耳墙埋入地面以下,以防止滑动。在槽身较长时,宜分段砌筑,每段长 5~10m,预留伸缩缝,并用防水材料填塞。

急流槽多用浆砌片石、块石或砼砌筑。若水流通过岩石山坡,亦可利用岩石坡面挖槽。如果工程临时急需,可就近取材,采用木槽。

(5)倒虹吸与渡水槽

当水流需要横跨路基,同时受到设计标高的限制,可以采用管道或沟槽,从路基底部或上部架空跨越,前者称倒虹吸,后者为渡水槽,分别相当于涵洞和渡水桥,两者属于路基地面排水的特殊结构物,并且多半是配合农田水利所需而采用。

当路线跨越沟渠,而沟渠水位与路基标高相差不多,既不便设明涵,又不能修建架空渡槽时,采用倒虹吸是一可行的方案,图 2-21 为一倒虹吸布置方案。

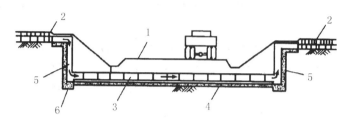

图 2-21　竖井式倒虹吸布置图

1—路基;2—原沟渠;3—洞身;4—垫层;5—竖井;6—沉淀池

倒虹吸借助上下游沟渠水位差,采用势能迫使水流降落,经路基下部管道流向路基另一侧,再上升流入下游沟渠。由于所设管道为有压管道,竖井式倒虹吸的水流成多次垂直改变方向,水流条件差,结构要求高,容易漏水和淤塞,清理和修复困难,因此应尽量不用或少用,若用则需合理设计,进行水力计算,选择最佳设计方案,保证施工质量,使用过程中经常检查维修。

倒虹吸管道有箱形和圆形两种。以砼和钢筋砼结构为主,临时性简易管道可用砖石结构,永久性或急需时亦可改用钢铁管道。管道孔径 0.5～1.5m,管道附近的路基填土厚度一般不小于 1.0m,以免行车荷载压力过于集中,严寒地区亦可赖以防冻。由于倒虹吸泄水能力有限,为便于施工和养护,管道亦不宜埋置过深,以填土高度不超过 3.0m 为宜。

倒虹吸管两端设竖井,井底标高低于管道,起沉淀泥沙和杂物作用。亦可改用斜管式或缓坡式,以代替竖井式升降管,此时水流条件有所改善,但路基用地宽度增大,管道长度增加。为减少堵塞现象,设计时要求管道内的水流速度不小于 1.5m/s,并在进口处设置沉淀池和拦泥栅,如图 2-22 所示。

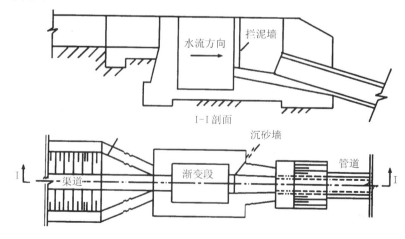

图 2-22　倒虹吸管上游进口构造图

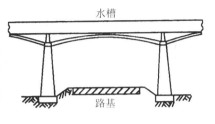

图 2-23　渡水槽图例

倒虹吸管进口处所设的沉沙池位于原沟渠与管道之间的过渡段,池底和池壁采用砌石抹面或砼,厚度 0.3～0.4m(砌石)或 0.25～0.30m(砼),池的容量以不溢水为度。水流经过沉沙池后,水中仍含有细粒泥沙或轻质漂浮物,可设网状拦泥栅予以清除,倒虹吸的出口,亦应设过渡段与下游沟渠平顺衔接,对原土质沟渠应进行适当加固。

渡水槽相当于渡水桥,如图 2-23 所示。其作用是在路基上空将两侧沟渠连接起来,以保证水流畅通。当原水道与路基设计标高相差较大,且路基两侧地形有利,或当地确有必要,可采用架设渡水槽或管道方案,沟通路基两侧的水流。

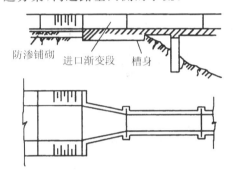

图 2-24　渡水槽进出口布置图

渡水槽的受力特点与桥梁相似,故其设计方法亦与桥梁相近。但由于其主要作用是输水,所以除在结构上应具有足够强度外,还必须考虑输水能力,进出口水流的衔接,以及防止冲刷和渗漏等。此外,渡水槽的架设应满足道路对净空和美化的要求。

渡水槽由进出水口、槽身和下部支承三部分组成,其中进(出)口段的构造如图 2-24 所示。

为节省工程造价,槽身横断面一般均较两端沟渠的横断面小,槽中水流速度相应有所提高,因此,进出口段应注意防止冲刷和渗漏。进出水口处设置过渡段,并根据土质情况,分别将槽身伸入路基两侧地面 2～5m,且出水口过渡宜长一些,以防淤积。如果主槽较短,可不设过渡段,取槽身与沟渠断面相同,沟槽直接衔接。水流断面不同时,过渡段的平面收缩角为 10°～15°,据此确定过渡段的有关尺寸。与槽身连接的土质沟渠,应予防护加固,其长度至少是沟渠水深的 4 倍。

2.2.3　地下排水设施的构造与布置

路基边坡土体中的上层滞水,或埋藏很浅的潜水称为地下水。拦截、汇集和排除地下水,或降低地下水位,使路基免遭破坏的结构物,称为地下排水结构物。公路上常用的地下排水结构物有:盲沟、渗沟和渗井等,其特点是排水量不大,主要以渗流方式汇集水流,并就近排出路基范围以外。对于流量较大的地下水,应设置专用地下管道予以排除。

由于地下排水设施埋置于地面以下,维修困难,投资大,因此要求地下排水设施牢固有效。

(1)暗沟

相对于地面排水的明沟而言,暗沟又称盲沟,具有隐蔽工程含义。根据构造特点,由于沟内分层填以大小不同的颗粒材料,利用渗水材料透水性将地下水汇集于沟内,并沿沟排泄至指定地点,此种构造相对于管道流水而言,习惯上称之为盲沟,在水力特性上属于紊流。

图 2-25 为埋置于一侧边沟下的盲沟,用以拦截流向路基的层间水,防止路基边坡滑坍和毛细水上升危及路基的强度与稳定性。

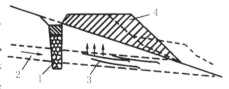

图 2-25　一侧边沟下设盲沟

1—盲沟;2—层间水;3—毛细水;
4—可能滑坡线

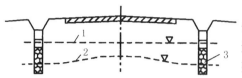

图 2-26 二侧边沟下设盲沟
1—原地下水位;2—降低后地下水位;
3—盲沟

图 2-26 为路基两侧边沟下面设置盲沟,用以降低地下水位,防止毛细水上升至路基工作区范围内,形成水分积聚而造成冻胀和翻浆,或土基过湿而降低强度。

图 2-27 是设在路基挖方与填方交界处的横向盲沟,用以拦截和排除路堑下面层间水或小股泉水,使路堤填土不受水害。

简易盲沟的沟槽内全部填满颗粒材料,沟的横断面为矩形,亦可做成上宽下窄的梯形,沟壁倾斜度约为 1∶0.2,底宽 b 与深度 h 大致为 1∶3,$h=1.0\sim1.5$m,$b=0.3\sim0.5$m。盲沟的底部和中间填以粒径较大(3~5cm)的碎石,其孔隙较大,水可在孔隙中流动。粗粒碎石两侧和上部,按一定比例分层(层厚约 10cm)填以较细粒径的粒料,逐层粒径大致按 6 倍递减。盲沟顶部和底面,一般设有厚 30cm 以上的不透水层,或顶部设有双层反铺草皮。

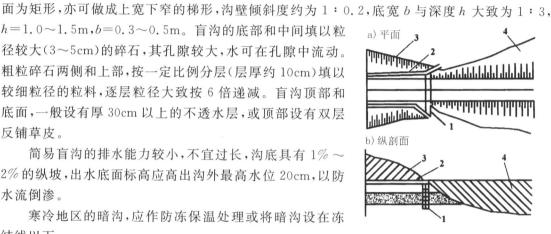

图 2-27 挖填交界处横向盲沟
1—盲沟;2—边沟;3—路堑;4—路堤

简易盲沟的排水能力较小,不宜过长,沟底具有 1%~2% 的纵坡,出水底面标高应高出沟外最高水位 20cm,以防水流倒渗。

寒冷地区的暗沟,应作防冻保温处理或将暗沟设在冻结线以下。

(2)渗沟

采用渗透方式将地下水汇集于沟内,并通过沟底通道将水排至指定地点,这种地下排水设施统称渗沟,它的作用是降低地下水位或拦截地下水,其水力特性是紊流,但构造与简易盲沟有所不同。

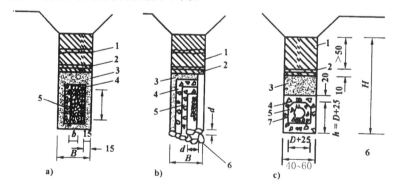

图 2-28 渗沟结构图式(单位:cm)
a)盲沟式;b)洞式;c)管式
1—粘土夯实;2—双层反铺草皮;3—粗砂;4—石屑;
5—碎石;6—浆砌片石洞;7—预制混凝土管

渗沟有 3 种结构形式,如图 2-28 所示。盲沟式渗沟与简易盲沟相似,但构造更完善。当地下水流量较大,要求埋置更深,可在沟底设洞或管,前者称为洞式渗沟,后者称为管式渗沟。

渗沟的设置位置与作用,视地下排水的需要而定,大致与前述几种简易盲沟相似,但沟的尺寸更大,埋置更深,而且要进行水力计算确定尺寸。公路路基中,浅埋的渗沟在 2～3m 以内,深埋时可达 6m 以上。

渗沟底部设洞时,底部结构相当于顶部可以渗水的涵洞,其结构如图 2-29 所示,其洞宽 b 约为 20cm,高 20～30cm;盖板用条石或砼预制板;板长约为 2b,板厚不小于 15cm,并预留渗水孔,以便渗入沟内的水汇集于洞内排除。洞身要求埋入不透水层内,如果地基软弱还应铺设砂石基础;洞身埋置在透水层中时,必要时在两侧和底部加设隔水层,以达到排水的目的。洞底设置不小于 0.5% 的纵坡,使集水通畅排除。

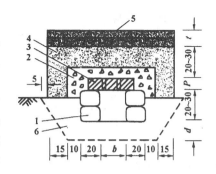

图 2-29　洞式渗沟结构示意图(单位:cm)

1—浆砌块石;2—碎砾石;3—盖板;

4—砂;5—双层反铺草皮或土工布;

6—基础

为使排除地下水的流量更大,或排水距离较长,可采用管式渗沟。渗沟底部埋设的管道,一般为陶土或砼预制管,管壁上半部留有渗水孔,渗水孔交错排列。图 2-30 为设于边沟下的管式渗沟。管的内径 D 由水力计算确定,一般为 0.4～0.6m,管底设基座。在冰冻地区,为防止冻结阻塞,除管道埋在冰冻线以下外,必要时需采取保温措施,适当增大管径。

(3)渗井

渗井的作用是汇集离地面不深处含水层中的地下水,使其渗入更深的含水层中,以降低上层的地下水位或全部予以排除,疏干路基。因此,采用渗井排水措施前必须探明路基下层是否存在透水层,能否排走汇集的地下水流。

图 2-31 为圆形渗井的结构与布置图示。

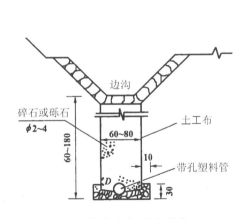

图 2-30　管式渗沟(尺寸单位:cm)

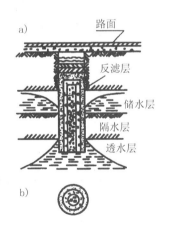

图 2-31　渗井

a)垂直剖面;b)横剖面

渗井的平面布置及孔径与渗水量按水力计算确定,一般为直径 1.0～1.5m 的圆柱形。亦可是边长为 1.0～1.5m 的方形。井深视地层构造情况而定,井内由中心向四周按层次分别填入由粗至细的砂石材料,粗料渗水,细料反滤。填充料要求筛分冲洗,施工时需用铁皮套筒分隔填入不同粒径的材料,要求层次分明,不得粗细材料混杂,以保证渗井达到预期的排水效果。

鉴于渗井施工难度较大,单位渗水面积的造价高于渗沟,一般尽量少用。当路基含水量过大,路面翻浆,其他地下排水设施不易布置,或其他技术措施造价较高,此时渗井可作为方案之一,设计时应进行分析比较,有条件地选用。

2.2.4 明渠的水文水力计算

在地形、地质条件一定时,确定排水沟渠的结构形式和尺寸的主要依据是泄水量的大小与水流特性。因此,在沟渠设计时,首先要根据降雨条件和水流特性确定流量,这一过程称为水文计算。已知设计流量,再结合其他条件和水流的力学性质,通过水力计算,即可以确定排水沟渠的结构形式和尺寸。

(1)设计流量的计算

沟渠断面上,单位时间内(以 s 计)通过的水流数量(以 m³ 计),称为流量(m³/s)。流量是路基排水设计的基本依据,其大小与汇水面积和一定频率下的径流厚度,以及汇水区域内的地形、地貌及地表植被等因素有关。设计流量的计算方法有多种,对于路基排水设施的设计流量,可采用下列简化公式计算:

$$Q_s = \varphi(h - Z)^{3/2} \cdot F^{4/5} \cdot \alpha \tag{2-1}$$

式中:Q_s——设计流量,m³/s;

$\quad F$——汇水面积,km²;

$\quad \varphi$——地貌系数,其值按地形、主河沟的平均坡度、汇水面积 F 查表 2-12;

$\quad h$——径流厚度,mm,其值按当地土质、暴雨分区、设计洪水频率(表 2-2)、汇流时间查表而得,详见公路设计手册《涵洞》(人民交通出版社,1977 年 7 月);

$\quad Z$——植物截流或洼地滞流的拦蓄厚度,如表 2-13 所示;

$\quad \alpha$——综合系数,由洪峰传播的流量折减系数 β,汇水区内降雨不均匀折减系数 γ 及小水库或湖泊影响的折减系数 δ 三者组成,即 $\alpha = \beta \cdot \gamma \cdot \delta$,详细计算可查有关设计手册。对路基排水,因汇水面积较小($F < 10\text{km}^2$),可近似取 $\alpha = 1.0$。

表 2-12 地貌系数 φ 值表

地形	按主河沟平均坡度 $I/\%$	系数 φ	地形	按主河沟平均坡度 $I/\%$	系数 φ
平地	1~2	0.05	山岭	60~100	0.13
平原	3~6	0.07		100~200	0.14
丘陵	10~20	0.09		200~400	0.15
山地	27~45	0.10		400~800	0.16

注:当汇水面积小于 10km²,汇流时间等于 30s 时。

表 2-13 径流厚度 Z 值表

地 面 特 征	Z/mm
密草高>1.5m,稀灌木丛,幼林高<1.5m,根浅茎细的旱田农作物	5
幼林高>1.5m,灌木丛	10
稀林(郁闭度 40%)	15
中等稠密林(郁闭度 60%左右)	25
密林(郁闭度 80%以上)	35
山地水稻田(梯田)、根深茎粗旱田作物(如高粱等)	10
平地水稻田	20

如果沟渠较长,流量沿长度有所变化,应予分段计算后将流量叠加,如图 2-32 所示。分段长度为 $200\sim300$m,各段的流量等于前面诸段的累计值,$Q_s = \sum Q_i$。

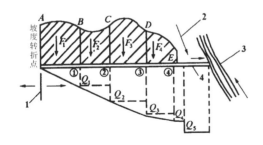

图 2-32　沟渠流量计算图

1—转坡点;2—小沟;3—沟渠;4—路线

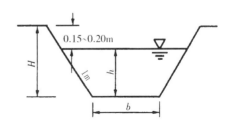

图 2-33　梯形沟渠横断面示意图

(2)水力计算

1)基本公式

对于梯形断面的沟渠(图 2-33),水力计算的基本公式及有关参数如下:

①通过流量 $Q(\text{m}^3/\text{s})$

$$Q = \omega \cdot v \qquad (2\text{-}2)$$

式中:ω——沟渠的过水断面面积,m^2;

　　　v——平均水流速度,m/s。

②过水断面面积 $\omega(\text{m}^2)$

$$\omega = bh + mh^2 \qquad (2\text{-}3)$$

式中:b——沟底宽度,m;

　　　h——水流深度,m;

　　　m——边坡坡率。

③湿周 $P(\text{m})$

$$P = b + kh \qquad (2\text{-}4)$$

式中:k——计算系数,对对称梯形边沟,$k = 2\sqrt{1+m^2}$;对不对称梯形边沟,$k = \sqrt{1+m_1^2} + \sqrt{1+m_2^2}$,对矩形边沟,$k = 2(m=0)$。

④水力半径 $R(\text{m})$

$$R = \frac{\omega}{P} \qquad (2\text{-}5)$$

⑤水流速度 $v(\text{m/s})$

在等流速情况下,水在沟渠内的流速,按下式计算:

$$v = C\sqrt{Ri} \qquad (2\text{-}6)$$

式中:i——沟底纵坡(以小数表示);

　　　C——流速系数,按下式计算:

$$C = \frac{1}{n}R^y$$

　　　y——指数,当 $R \leqslant 1.0$ 时,$y \approx 1.5\sqrt{n}$;当 $R > 1.0$ 时,$y \approx 1.3\sqrt{n}$。对于加固的沟渠,一般可取 $y = 1/6 = 0.167$;无加固的沟渠,可取 $y = 1/4 = 0.25$;

n——沟渠断面的粗糙系数,与沟渠表层材料有关,大致为0.01～0.3,常用数值见表2-14。

表2-14 粗 糙 系 数 表

沟渠表面铺砌种类	n	$1/n$	沟渠表面铺砌种类	n	$1/n$
不整齐土方边构、整齐石方边沟	0.027 5	36.5	干砌块石铺砌	0.020	50
整齐土方边沟、草皮铺砌	0.025	40	浆砌块石铺砌、粗糙混凝土铺砌	0.017	59
不整齐石方边沟	0.030	33.3	整齐混凝土铺砌	0.014	71

2)容许的最小与最大流速

为了使沟渠不致产生泥沙淤积,设计时应保证沟渠内的水流具有一定流速。沟渠的容许最小流速 $v_{\min}$(m/s),一般可按下列经验公式计算:

$$v_{\min} = \alpha R^{0.5} \qquad (2-7)$$

式中:α——与水中含土粒径有关的系数,参见表2-15;

R——同前。

表2-15 淤 积 系 数 表

土的类别	α	土的类别	α
粗 砂	0.65～0.77	细 砂	0.41～0.45
中 砂	0.58～0.64	极 细 砂	0.37～0.41

表2-16 明渠容许最大流速表

明 渠 类 别	$v_{\min}/(\mathrm{m} \cdot \mathrm{s}^{-1})$	明 渠 类 别	$v_{\min}/(\mathrm{m} \cdot \mathrm{s}^{-1})$
粗砂及亚砂土	0.8	干砌片石	2.0
亚粘土	1.0	浆砌片石及浆砌砖	3.0
粘土	1.2	石灰岩、砂岩及混凝土	4.0
草皮护面	1.6		

为使沟渠不致冲刷,应限制设计流速。各种明渠的容许最大流速由试验结果确定,一般可参见表2-16所列。表列数值(m/s)适用于水流深度 $h=0.4～1.0$m,超过此值时应乘以下列修正系数:

$h<0.4$m,　　0.85;

$h>1.0$m,　　1.25;

$h \geqslant 2.0$m,　　1.40。

(3)最佳水力横断面的水力要素计算式

在既定设计流量条件下,以容许最大流速通过时,使所得的水流横断面面积为最小,据以确定排水沟渠的横断面尺寸,称为最佳断面法。

分析上述计算公式可以得知,在固定条件下(即 Q_s,v,C 与 m 等参数不变),如果使设计沟渠的横断面具有最小湿周,则可使水流横断面面积为最小。现以对称梯形沟渠为例,推导出最佳断面的水力要素计算式。

1)水流深度 h 与水流横断面面积 ω 的关系

将式(2-3)代入式(2-4)得:

$$P = \frac{\omega}{h} + (k-m)h \tag{2-8}$$

要使 P 最小,令 $\dfrac{\mathrm{d}P}{\mathrm{d}h}=0$,即得:

$$h = \sqrt{\frac{\omega}{k-m}} \tag{2-9}$$

2)水深 h 与沟底宽 b 的关系

将式(2-9)代入式(2-3),得

$$b = (k-2m)h \tag{2-10}$$

由此可求得对称梯形沟渠的最佳宽深比 $\dfrac{b}{h}$ 与坡率的关系,见表 2-17。

表 2-17　沟渠断面最佳比值表

m	0	1/4	1/2	3/4	1	5/4	3/2	7/4	2	3
b/h	2.00	1.56	1.24	1.00	0.83	0.70	0.61	0.53	0.47	0.32

3)最佳断面时的湿周 P_0 与断面面积 ω 的关系

将式(2-9)代入式(2-8),得:

$$P_0 = 2\sqrt{\omega(k-m)} \tag{2-11}$$

4)最佳断面时的水力半径 R_0

将式(2-11)代入式(2-5),并参照式(2-9),得:

$$R_0 = \frac{\omega}{P_0} = \frac{1}{2}\sqrt{\frac{\omega}{k-m}} = \frac{h}{2} \tag{2-12}$$

5)最佳断面时的流速 v_0

令 $a = \dfrac{1}{2\sqrt{k-m}}$ 为与 m 值有关的常数,则式(2-12)可改写为:$R_0 = a\omega^{0.5}$,再代入式(2-6),得:

$$v_0 = \frac{1}{A}\omega^{0.5y+0.25} \tag{2-13}$$

式中系数 $A = \dfrac{n}{a^{y+0.5}i^{0.5}}$。

6)最佳水流横断面面积 ω

已知设计流量 Q_s 与 v_0,根据式(2-2)的关系,得:

$$\omega_0 = \frac{Q_s}{v_0} = (Q_s \cdot A)^{\frac{1}{0.5y+1.25}} \tag{2-14}$$

(4)沟渠水力计算方法与示例

排水沟渠水力计算的目的,在于合理确定断面尺寸。由于水力计算时涉及因素较多,计算条件不同,计算又要同时满足几项要求,即:①满足设计流量的需要;②流速要介于最大和最小容许值之间;③断面尺寸经济合理,便于施工与养护等。因此,计算过程需要反复试算与调整。

沟渠水力计算方法,有试算法和最佳断面法两种,由于计算的主要目的和已知条件不同,可分为几种情况,现以新沟渠的设计为例,介绍这两种计算方法与步骤。

例2-1 已知设计流量 $Q_s=1.10\text{m}^3/\text{s}$,沟底纵坡 $i=0.005$,沟渠土质为粘性土,其粗糙系数 $n=0.025$,对称梯形断面,边坡率 $m=1.5$,试确定沟底宽 b 和沟深 H。

解 1)试算法(又称选择法)

①按常用数据,假定 b 与 h 均选用 0.6m,则

由式(2-3):$\omega=0.90\text{m}^2$;

由式(2-4):$P=2.76\text{m}$;

由式(2-5):$R=0.33\text{m}$。

②计算实际流速 v

由于 $R<1.0\text{m}$,故 $y=1.5\sqrt{n}=0.24$,$C=\frac{1}{n}R^y=30.65$,所以,由式(2-6)得:$v=C\cdot\sqrt{Ri}=1.25\text{m/s}$。

③计算通过流量 Q

由式(2-2)得:

$$Q=\omega\cdot v=0.9\times1.25\text{m}^3/\text{s}=1.13\text{m}^3/\text{s}$$

④验算与结论

根据计算结果进行分析,要求对实际流速与流量进行核实。由于设计流量($Q_s=1.1\text{m}^3/\text{s}$)与实际流量($Q_s=1.13\text{m}^3/\text{s}$)两者相差小于 10%,原假设尺寸符合要求。如果相差大于 10%,则需重新假定横断面尺寸(或调整纵坡),直到符合要求为止。

验证流速时,先确定最小容许流速,现取 $a=0.6$,按式(2-7)得 $v_{\min}=\alpha R^{0.5}=0.34\text{m/s}$,由表 2-18 得知,水深未超过 1.0m 的密实粘土层,最大容许流量 $v_{\min}=1.30\text{m/s}$,本例计算结果的实际流速 $v=1.25\text{m/s}$,介于最大与最小流速之间,无须加固,符合要求,由此可确定沟的 $b=0.60\text{m}$,$H=h+\Delta h=0.6\text{m}+0.15\text{m}=0.75\text{m}$。

2)最佳断面法(又称分析法)

①计算常数

$m=1.5$,$k=2\sqrt{1+m^2}=3.61$,$y=0.20$,$n=0.025$,$i=0.005$,

$a=\frac{1}{2\sqrt{k-m}}=0.344$,则:

$$A=\frac{n}{a^{y+0.5}\cdot i^{0.5}}=0.746$$

②计算有关水力要素

由式(2-14):$\omega_0=(Q_s\cdot A)^{\frac{1}{0.5y+1.25}}=0.88\text{m}^2$

由式(2-9),$h=\sqrt{\frac{\omega_0}{K-m}}=0.65\text{m}$

由式(2-10),$b=(K-2m)\cdot h=0.40\text{m}$

③实际流速与流量

由式(2-13),$v_0=\frac{1}{A}\omega_0^{0.5y+0.25}=1.28\text{m/s}$

由式(2-2),$Q=v_0\cdot\omega_0=1.13\text{m}^3/\text{s}$

④验算与结论

因为设计流量与实际流量相差约 3%,符合要求。实际流速介于最大与最小容许流速值之间,亦满足规定。所以采用沟底宽 $b=0.40\text{m}$,沟深 $H=0.65\text{m}+0.20\text{m}=0.85\text{m}$。

2.2.5　地下排水设施的水文水力计算

为了设计地下排水结构物的尺寸及其适宜的埋置深度,需要对地下水流量、水流降落曲线等进行实地调查与计算。影响地下水的因素很多,计算繁杂。如:地下水储量有"有限"和"无限"之分,水力性质有"无压"和"有压"之分,沟底位置有"完整式"和"非完整式"之分,因这些条件的不同,计算方法亦有所不同,但就路基地下排水设施渗沟而言,一般可认为储水层(厚度与宽度)为有限与无压,并假定土质均匀和含有细小孔隙;渗沟埋设于不透水层(沟底不渗水),属完整式,按层流渗透定律,建立有关水力水文计算方法。

(1)渗流流量与流速的基本关系

根据层流渗透定律,水在土中的渗流速度 v_ϕ 与水力坡降 I 成正比,比例常数为 K。已知 v_ϕ,则地下水流量 Q 与流速的基本关系式为:

$$Q = \omega \cdot v_\phi = \omega K I \tag{2-15}$$

式中:v_ϕ——渗流速度,m/s,表示单位时间(s)内通过单位面积(m^2)的渗水量(m^3);

　　　K——渗透系数,m/s 或 m/d,表示单位时间内在一定土质中通过一定断面的水流距离,其值与土质有关,可视为常数;

　　　I——水力坡降。

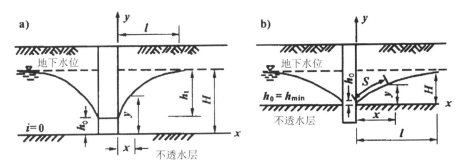

图 2-34　完整式渗沟流量计算图

(2)完整式渗沟的降落曲线方程与流量

如图 2-34 所示,对一侧渗水的单位长度(1.0m)渗沟所渗入的流量 q,按式(2-15)为:

$$q = y \cdot K \cdot \text{d}y/\text{d}x \tag{2-16}$$

对上式移项积分,并把 $x=0$ 时 $y=h_0$ 代入,即可得完整式渗沟水流降落曲线的方程:

$$y^2 = h_0{}^2 + \frac{2q}{K} \cdot x \tag{2-17}$$

求单位长度一侧沟壁渗水的流量 q 时,可取 $x=l$,$y=H$,代入式(2-17),得:

$$q = \frac{K(H^2 - h_0{}^2)}{2l} = \frac{K(H + h_0)}{2} \cdot I_0 \tag{2-18}$$

式中:l——水力影响半径,m;

I_0——平均水力坡降,近似取 $I_0 = \dfrac{H - h_0}{l}$;

H——地下水位与不透水层的高差,m;

h_0——地下水降落曲线与沟壁接触处的有效高度,m。

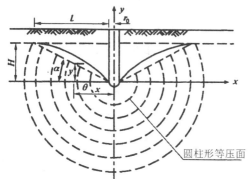

图 2-35 不完整式渗沟(含水层无限)流量计算图

设渗沟长为 L,则双壁渗水时的总流量为

$$Q = 2L \cdot q = KL(H + h_0)I_0 \qquad (2\text{-}19)$$

(3)不完整式渗沟的降落曲线方程与流量

1)含水层无限

如图 2-35 所示,渗沟置于含水层上,透水层土质均匀,水流无压,水量无限,层底为水平面。设渗沟的等压面为圆柱面,此时渗水降落曲线方程为:

$$y = \frac{q}{K \cdot \theta} \cdot \ln\frac{x}{r_0} \qquad (2\text{-}20)$$

式中:q——单侧渗沟的流量,m^3/s;

K——渗透系数;

θ——单侧断面渗流张角(以弧度计);

r_0——圆形渗沟的半径,m。

为求流量,可取 $x = l + r_0$,$y = H$,代入式(2-20)得:

$$H = \frac{q}{K\theta} \cdot \ln\left(\frac{l}{r_0} + 1\right)$$

由于 1 与 $\dfrac{l}{r_0}$ 相比较,数值很小,可略去不计,且当 α 很小时,α(弧度)$= \sin\alpha \approx \tan\alpha = \dfrac{H}{l} = I_0$,再引入修正系数 ε,则

$$q = \frac{K\theta H \cdot \varepsilon}{\ln\left(\dfrac{H}{I_0 r_0}\right)} \qquad (2\text{-}21)$$

对于沟长 L,双侧渗流的总流量计算式为

$$Q = 2L \cdot q = \frac{2HK\theta L\varepsilon}{\ln\left(\dfrac{H}{I_0 r_0}\right)} \qquad (2\text{-}22)$$

式中:θ——水力坡降曲线的张角(以弧度计);

I_0——平均水力坡降($I_0 = \dfrac{H}{L}$);

ε——修正系数,为 0.7~0.8;

r_0——圆形渗沟的半径,m;

H,K——意义同前。

2)含水层有限

如图 2-36 所示,如果含水层有限,此时流水张角 $\theta = \alpha + \beta$,并近似取 $\alpha \approx \sin\alpha \approx \tan\alpha = \dfrac{H}{l} = I_0$ 和 $\beta \approx$

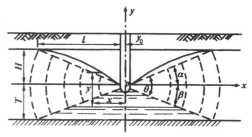

图 2-36 不完整式渗沟(含水层有限)
流量计算图

$\dfrac{T}{l}=\dfrac{T}{H}I_0$，以及 $\beta\approx\sin\beta\approx\tan\beta=\dfrac{T}{l+r_0}$ 代入式(2-22)得：

$$Q=\frac{2LI_0K(H+T)\varepsilon}{\ln(\dfrac{H}{I_0r_0})} \tag{2-23}$$

(4)渗水井的降落曲线与流量

如图 2-37 所示，埋置于透水层中的圆形竖井，水在井的下部按一定曲线向四周扩散，降落曲线上任一点的 y 值随 x 成反比变化。曲线坡降 $I=\mathrm{d}y/\mathrm{d}x$，浸水面积 $\omega=2\pi xy$，由式(2-15)得：

$$Q=\omega KI=2\pi Kxy\mathrm{d}y/\mathrm{d}x$$

对上式移项积分，并把当 $x=r_0$ 时，$y=h_0$ 代入，即可得降落曲线方程：

$$y=\sqrt{h_0{}^2-\frac{Q}{\pi K}\ln\frac{x}{r_0}} \tag{2-24}$$

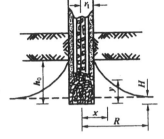

图 2-37 渗井的流量计算图

求算流量时，当 $x=R$，则 $y=H$，并且 $\ln\dfrac{R}{r_0}=2.3\lg(\dfrac{R}{r_0})$，代入式(2-24)，则得：

$$Q=1.36\frac{K(h_0{}^2-H^2)}{\lg(\dfrac{R}{r_0})} \tag{2-25}$$

渗井的孔径 D，可根据渗井的最大排水量（设计流量 Q_s），用下式估算：

$$D=\frac{Q_s}{65\pi h_0\sqrt[3]{K}} \tag{2-26}$$

式中：D——渗井直径，m；

Q_s——设计流量，m^3/d；

h_0——地下水降落曲线与井壁接触处的有效高度，自管底算起，m；

K——含水层的渗透系数，m/d，见表 2-18。

(5)几个主要参数

1)渗沟埋置深度

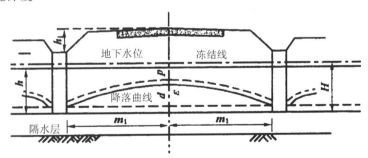

图 2-38 双面渗沟降落曲线计算图

渗沟埋深与其用途及所在位置有关，如图 2-38 所示是设在边沟下面（双侧），用以降低地下水位，并考虑冻结时的渗沟，其深度为：

$$h_2=Z+p+\varepsilon+d+h_0-h_1 \tag{2-27}$$

式中:h_2——渗沟深度,m;

$\quad\quad Z$——沿路基中线的冻结深度,m;

$\quad\quad p$——沿路基中线冻结线至毛细水上升曲线的间距(可近似取 0.25);

$\quad\quad \varepsilon$——毛细水上升高度,m;

$\quad\quad d$——路基范围内水力降落曲线的最大矢矩,m,与路基宽 m_1 及 I_0 有关,可近似取 $d = m_1 I_0$;

$\quad\quad h_0$——渗沟底部的水柱高度,m,一般取 0.30~0.40m;

$\quad\quad h_1$——自路基中线顶高计算的边沟深度,m。

2)渗沟水力降落曲线与沟壁接触处至不渗水层底的最小高度

完整式渗沟埋置在不透水层内,为了发挥渗沟的排水作用,降落曲线末端至透水层之间,应具有必要的有效高度 h_{min}。

设降落曲线在沟壁处的交角为 45°,则该处的曲线坡降 $I = dy/dx \approx 1.0$。最小高度 h_{min} 范围内单侧的流量 $q = \omega v_\phi = h_{min} \cdot K$,代入式(2-18)得:

$$h_{min} = \left(\frac{I_0}{2 - I_0}\right)H \tag{2-28}$$

式中:I_0——降落曲线的平均坡降,见表 2-21;

$\quad\quad H$——地下水位与沟底的高差,m。

3)流透系数

在地下排水设计中,渗透系数是个重要参数,其大小随土的颗粒组成,粒径与形状,以及土的结构与温度等因素而变化。

各种含水层的渗透系数 K 值,可通过试验确定,一般如表 2-18 所列。

表 2-18　土的渗透系数表

土　类	渗透系数 K/(m·d^{-1})	土　类	渗透系数 K/(m·d^{-1})
粘　　土	<0.001	细　砂	1~5
重亚粘土	0.001~0.050	中　砂	5~20
轻亚粘土	0.05~0.10	粗　砂	20~50
亚砂土	0.10~0.50	砾　石	50~150
黄　　土	0.25~0.50	卵　石	100~500
粉　砂	0.50~1.00	漂石(砂质充填)	500~1 000

4)平均水力坡降和影响半径

各种水力计算中的地下水渗透的平均坡降 I_0,可近似取降落曲线高差 h 和影响半径 R 之比($I_0 = h/R$)。h 和 R 数值,由钻孔资料确定。

不同土质的 I_0 与 R 的大致关系值如表 2-19 所列。I_0 与 K 的近似关系值见表 2-20。

(6)渗沟的水力计算

1)盲沟

一般渗沟(盲沟)内部分层填入较大粒径的矿料,填料间孔隙大,无规则,水流处于紊流状态,其渗流速度和流量的计算式为:

$$v_\phi = K_m \cdot \sqrt{i} \qquad (2\text{-}29)$$

$$Q = \omega \cdot v_\phi = \omega K_m \sqrt{i} \qquad (2\text{-}30)$$

式中：i——沟底纵坡；

K_m——紊流状态时的渗透系数，m/s，已知填料粒径 d(cm)和孔隙率 ε(%)时，按下列经验公式计算：

$$K_m = \left(20 - \frac{14}{d}\right)\varepsilon\sqrt{d} \qquad (2\text{-}31)$$

表 2-19　地下水降落曲线 I_0 与 R 值概略表

土　类	I_0	R/m	土　类	I_0	R/m
卵石、粗砂	0.002 5～0.005	300～200	亚粘土	0.05～0.12	20～10
中　砂	0.005～0.015	200～50	粘　土	0.12～0.15	10～6
细　砂	0.015～0.02	/	重粘土	0.15～0.20	6～5
粉　砂	0.015～0.05	50～20	泥　炭	0.02～0.11	/
亚砂土	0.02～0.05	/			

表 2-20　土的渗透系数(K)与平均坡度(I_0)表

土　　类	渗透系数 $K/(\text{cm} \cdot \text{s}^{-1})$	渗流平均坡度 I_0
粗　　砂	$1\times10^{-2}\sim1\times10^{-1}$	0.003～0.006
砂　　土	$1\times10^{-4}\sim1\times10^{-2}$	0.006～0.020
泥　　炭	$1\times10^{-4}\sim1\times10^{-3}$	0.020～0.120
亚砂土	$1\times10^{-5}\sim1\times10^{-3}$	0.020～0.050
亚粘土	$1\times10^{-6}\sim1\times10^{-5}$	0.050～0.100
粘　　土	$1\times10^{-7}\sim1\times10^{-6}$	0.100～0.150
重粘土	$\leqslant 1\times10^{-7}$	0.150～0.200

设每颗填料为球体，则 N 颗填料的平均粒径 d(cm)可表示为

$$d = \sqrt{\frac{6G}{\pi N \gamma_s}} \qquad (2\text{-}32)$$

式中：γ_s——填料固体颗粒的容重，kN/m³；

G——N 颗填料的重力，kN。

利用式(2-30)可求得渗沟的横断面尺寸或沟底纵坡。例如，已知设计流量 $Q_s = 0.013\text{m}^3/\text{s}$，纵坡 $i = 3.5\%$，试确定渗沟尺寸。

由式(2-30)得：

$$\omega = \frac{Q_s}{K_m \cdot \sqrt{i}} = \frac{0.13}{0.35\sqrt{0.035}}\text{m}^2 = 0.2\text{m}^2$$

若取矩形沟底宽 $b = 0.40\text{m}$，则沟的渗水高度 $h = \dfrac{\omega}{b} = 0.5\text{m}$。

如果先采用 $b=0.36\text{m},h=0.6\text{m}$,则 $\omega=b\times h=0.216\text{m}^2$,代入式(2-30),可求得沟底纵坡 $i=30\%$。

2)洞式渗沟

渗沟底部所设的排水洞,相当于顶面可以渗水的简易涵洞。其水力计算基本公式与明渠相同。洞的构造一般采用正方形横断面,边长 $0.2\sim0.3\text{m}$。洞内的水可以是满流或非满流。为减少设计中的反复试算工作量,可以采用表解法,制表步骤如下:

由前述地面排水的有关公式,得以下关系

$$v = C\sqrt{Ri} = S\sqrt{i} \tag{2-33}$$

$$Q = \omega v = \omega \cdot C\sqrt{Ri} = J\sqrt{i} \tag{2-34}$$

式中:S——流速特性系数,$S=C\sqrt{R}=\dfrac{1}{n}R^{y+0.5}$;

J——流量特性系数,$J=\omega S$。

对于石砌方洞,$n=0.020$,$y=1.5\sqrt{n}=0.212$,$R=\dfrac{\omega}{p}=\dfrac{bh}{2(b+h)}$,按满流时取不同边长($b_0 \times h_0$)列表计算 S 和 J 值,如表 2-31 所列。多数情况下为非满流,因此需要编制一定宽度和各种水深 h(非满流)与满流水深 h_0 的流速及流量的特性系数比值表,如表 2-22 所列,配合表 2-21 使用。

表 2-21　石砌方涵满流时水力单元计算表

$b_0 \times h_0 /\text{m}$	W_0 /m^2	$R=\dfrac{b_0 h_0}{2(b_0+h_0)}$	$R^{0.5}$	$R^{0.212}$	$C_0=\dfrac{1}{n}R_0^{0.212}$	$S_0=C_0\sqrt{R_0}$	$J_0=\omega_0 C_0\sqrt{R_0}$
0.2×0.2	0.04	0.050	0.223 6	0.529 9	26.495	5.924 3	0.237 0
0.3×0.3	0.09	0.075	0.273 9	0.577 4	28.870	7.907 5	0.711 7
0.4×0.4	0.16	0.100	0.316 2	0.613 8	30.690	9.704 2	1.552 7

表 2-22　各种水深的流速和流量特征系数与满流时的比值

h/h_0	0.10	0.20	0.30	0.40	0.50	0.60	0.70	0.80	0.90	0.95	0.99	1.00
S/S_0	0.458	0.672	0.815	0.919	1.000	1.064	1.116	1.159	1.196	1.212	1.224	1.000
J/J_0	0.046	0.134	0.244	0.368	0.500	0.638	0.781	0.927	1.076	1.151	1.212	1.000

例 2-2　已知 $Q_s=0.019\text{m}^3/\text{s}$,要求 $v>v_{\min}=0.6\text{m/s}$,试设计洞式渗沟的纵坡及洞的横断面尺寸 $b\times h$。

解　①取 $i=1\%$(容许最小纵坡),则:

$$J = Q_s/\sqrt{i} = 0.190$$

查表 2-21,取接近并大于 0.190 的 $J_0=0.237$,即拟选用 $b\times h=0.2\times0.2\text{m}^2$ 的方形洞。

②求有关比值

已知:$J/J_0=0.190/0.236=0.805$

由表 2-23 得知,按插入法为 $h/h_0=0.788$,$S/S_0=1.155$

③验算

通过流量：$Q_T = J\sqrt{i} = 0.805, J_0\sqrt{i} = 0.190 \text{m}^3/\text{s}$；

实际流速：$v = S\sqrt{i} = 1.155, S_0\sqrt{i} = 0.70(>0.6\text{m/s})$；

实际水深：$h_0 = 0.788 \times h = 0.16\text{m}$。

结果表明，采用 $0.2 \times 0.2 \text{m}^2$ 尺寸符合要求。如果流速小于容许值，或水深过低，可改变纵坡 i 重新计算，直到符合要求为止。

3）管试渗沟

渗沟底部设置管道，同样可用表解法使计算简化，圆管的水力特性系数，与式(2-33)及式(2-34)相同，但水力要素有所改变。

以常用的水泥砼管或陶管为例，可制表如下：取粗糙系数 $n=0.013$，$y=1.5\sqrt{n}=0.171$，令管内水深 h 与管径 D 之比为充满度(h/D)，则可按不同的充满度，编制各种孔径的圆管水力特性系数表，如表 2-23 所列。

表 2-23　圆形沟管水力计算表

h/D / S 和 J / D	150mm		200mm		300mm	
	$S/(\text{m}\cdot\text{s}^{-1})$	$J/(\text{L}\cdot\text{s}^{-1})$	$S/(\text{m}\cdot\text{s}^{-1})$	$J/(\text{L}\cdot\text{s}^{-1})$	$S/(\text{m}\cdot\text{s}^{-1})$	$J/(\text{L}\cdot\text{s}^{-1})$
0.10	3.406	3.13	4.13	6.7	5.42	19.9
0.20	5.227	13.08	6.34	28.2	8.32	83.3
0.30	6.614	29.48	8.02	63.6	10.53	187.8
0.40	7.691	50.58	9.32	109.0	12.24	322.1
0.50	8.532	75.38	10.35	168.6	13.58	479.9
0.60	9.155	101.60	11.10	218.9	14.56	646.1
0.70	9.563	126.30	11.60	272.5	15.22	804.4
0.80	9.733	147.60	11.80	318.2	15.48	939.2
0.90	9.602	160.80	11.64	346.6	15.28	1 024.0
1.00	8.532	150.80	10.35	325.2	13.58	959.9

注：本表适用于粗糙系数 $n=0.013$。

例 2-3　已知 $Q_s = 0.022\text{m}^3/\text{s}$，要求 $v > v_{min} = 0.6\text{m/s}$，用表解法求采用混凝土圆管的尺寸 D 及纵坡 i。

解　①首先拟定 $i=1.5\%$，由式(2-34)得：

$$J = Q_s/\sqrt{i} = 0.022/\sqrt{0.015}\text{m}^3/\text{s} = 0.18\text{m}^3/\text{s} = 180\text{L/s}$$

②由表 2-23 知，接近而稍大于 180 的 $J=218.9\text{L/s}$，其相对应的 $D=0.2\text{m}$，$S=11.1\text{m/s}$，$h/D=0.6$；

③验算实际流速 $v = S\sqrt{i} = 11.1\sqrt{0.015}\text{L/s} = 1.36\text{L/s} > v_{min}$，实际水深 $h = 0.6D = 0.12\text{m}$。

因此可以采用直径为 0.2m 的圆管。

2.2.6 排水系统的综合设计

(1)综合设计的意义

实践经验证明,排水系统综合设计的好坏,对路基稳定性的影响很大。特别是在多雨的山区、黄土高原地区、寒冷潮湿地带、水网密布、地基软弱的平原区,以及水文地质条件不良等情况下,修建高等级道路时,更应重视路基排水的综合设计。

前述各类排水设施,均针对某一水源,为满足某一方面的要求而设置。在实际工程中,由于自然条件、路线布置及其他人为因素的不同,情况往往比较复杂,对于某些重点路段需要进行路基排水的综合设计,以提高排水效率,发挥各类排水设施的优点,降低工程费用。

综合设计的含义,应包括地面与地下排水设施的协调配合,路基排水设施与桥涵等泄水结构物的合理布置,排水工程与防护加固工程的相互配合,以及路基排水与沿线农田水利规划及有关其他基本建设项目之间的联系,但主要目的在于确保路基的强度与稳定性。

(2)综合排水设计的基本要求

①流向路基的地面水和地下水,需在路基范围以外的地点,设置截水沟与排水沟或渗沟进行拦截,并引至指定地点,路基范围内的水源,分别采用边沟、渗沟、渗井与排水沟予以排除。路基排水一般向低洼一侧排除,必须横跨路基时,尽量利用拟设的桥涵,必要时设置涵洞、倒虹吸或渡槽。水流落差较大时,应设置跌水或急流槽。总之,因地制宜和综合治理,是路基排水综合设计的基本要求之一。

图 2-39 和图 2-40 是两个路基综合排水设计简例。

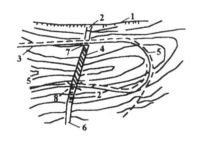

图 2-39 回头曲线路段综合排水示例
1—截水沟;2—跌水;3—路线;4—急流槽;
5—边沟;6—排水沟;7—上线涵洞;
8—下线涵洞

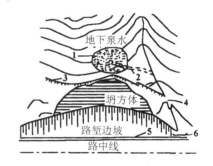

图 2-40 边坡坍方路段综合排水示例
1—渗沟;2—排水沟;3—截水沟
4—自然沟;5—边沟;6—涵洞

②对于明显的天然沟槽,一般宜依沟设涵,不必勉强改沟与合并。对于沟槽不明显的漫流,应在上游设置束流设施,加以调节,汇集成沟,导流排除。对于较大水流,注意因势利导,不可轻易改变流向,必要时配以防护加固工程,进行分流或束流。

③为了提高截流效果,减少工程量,地面沟渠宜大体沿等高线布置,尽可能使沟渠垂直于流水方向,且应力求短捷,水流通畅。沟渠转弯处要求以圆曲线相接,以减小水流的阻力。

④各种排水设施,必须地基稳固,不得渗漏或滞留,并具有适当纵坡,以控制与保持适当的流速。沟槽的基底与沟底及沟壁,必要时应予加固,不得溢水渗水,防止损害路基,引起水土流失。

⑤路基排水综合设计,必须做好事先调查研究工作,查明水源和有关现状,测绘现场图纸,进行必要的水力水文计算,作出总体规划,提出总体布置方案,逐段逐项进行细部设计计算,并进行效益分析与经济核算。

(3)排水系统总体规划图

排水系统总体规划一般是利用路线平面图和纵断面图表示。只有对特殊地质不良,路基病害和排水特别复杂的路段,才需要单独绘制精确的或较大范围的带有等高线的平面图。这里着重介绍一般路段的沿线总体规划图。

平面图上一般须标明下列主要内容:①桥涵位置、中心里程、水流方向、进出口沟底标高及其附属工程等;②需要时绘出路堤坡脚线和路堑坡顶线;③取土坑、弃土堆的位置;④其他有关工程的平面布置,如交叉道口、灌溉渠道等;⑤各种路基排水建筑物的平面布置,以及沟渠长度、排水方向、排水纵坡、出水口与分界点的位置等。

纵断面图上一般须标明下列主要内容:①桥涵位置、中心里程、孔径或跨度、沟槽断面与设计洪水位等;②沿线洪水位;③地面线、设计纵坡与路基填挖情况;④其他有关工程的位置、中心里程、控制标高等;⑤边沟排水纵坡、分界点与出水口的位置、截水沟、排水沟的位置与长度等。排水系统总体规划平面示例见图 2-41。

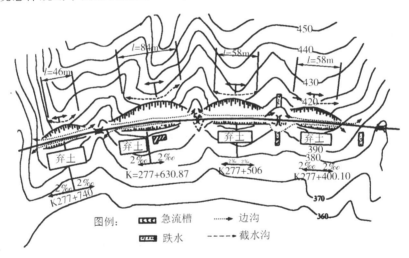

图 2-41　路基排水综合设计平面布置图例

2.3　路基边坡防护与加固设计

2.3.1　路基防护与加固工程的要求和分类

(1)路基防护和加固的目的与要求

路基在水、风、气温等自然因素的长期作用下,将发生变形和破坏,若不及时加以防治,就会引起严重的病害。为保证路基的稳定性,除做好路基排水外,必须做好路基防护与加固设计。一般,防护与加固的重点是路基边坡,特别是不良地质与水文地段及沿河路基的边坡。有时,对附近可能危害路基的河流和山坡也应进行必要的防护,以保证防护加固工程能正常地工作。

防护与加固工程是路基工程的一个组成部分,除专门用来支挡路基的结构物外,一般防护工程承受外力的能力很小,有的则完全不能承受外力的作用。因此,要求路基边坡本身基本稳定,否则不但路基得不到防护,而且连防护工程也会遭到破坏。

随着公路等级的提高,为维护正常的汽车运输,确保行车安全,以及保持公路与自然环境协调,做好路基的防护与加固,具有重要意义。

(2)防护与加固工程的分类

路基边坡的防护与加固工程,按其作用不同,可以分为坡面防护、冲刷防护与支挡工程三大类。

①坡面防护 用以防护易受自然因素影响而破坏的土质与岩质边坡。常用的类型有:种草、铺草皮、植树、抹面、勾缝、灌浆和石砌护面、护面墙等。

②冲刷防护 用于防止水流对路基的冲刷与淘刷。按其方法不同,又可分为直接防护与间接防护两种。直接防护类型有:铺草皮、植树、抛石、砌石、石笼等;间接防护类型有丁坝、顺坝等导流及调治构造物。

③支挡工程 用于防止路基变形或支挡路基土体,以保证路基稳定性。常用的类型有各种挡土墙及其他有承重作用的构造物。

为使概念明确,一般把防止冲刷和风化,主要起隔离作用的工程措施称为防护工程;把防止路基或山体因重力作用而坍滑,主要起支承作用的支挡结构物称为加固工程。事实上,它们除了具有其主要作用外,往往还兼有其他作用。如石砌护坡,主要是防止水流冲刷路基边坡,但也具有一定的加固作用;挡土墙主要是支挡路基或山体,但同样亦可以防止水流冲刷。因此,选择时,很难截然分开,而应根据具体的地质、水文条件,路基稳定性及环境的主要要求,选用经济合理的方案。

2.3.2 坡面防护

(1)植物防护

植物防护的方法有种草、铺草皮和植树。采用植物覆盖层对坡面进行防护,可以减缓地面水流速度,调节边坡土的温湿状况,以及美化路容,协调环境。植物根系深入土中后,在一定程度上对表土起到了固结作用。它对于坡高不大,边坡比较平缓的土质坡面是一种简易有效的防护措施。

①种草 适宜于边坡坡度不陡于 1:1,不浸水或短期浸水但地面径流速度不大于 0.6m/s 的土质边坡。草的品种选用应适应当地的土质和气候条件,最好是根系发达,叶茎低矮,多年生长,几种草籽混种。不宜种草的坡面,可以铺 5~10cm 厚的种植土层,土层应与原坡面结合稳固。

②铺草皮 铺草皮可用于较高较陡的边坡。当坡面冲刷比较严重,边坡较陡,径流速度大于 0.6m/s,最大速度达 1.8m/s 时,应根据具体条件(坡度与流速等),分别采用平铺(平行于坡面)、水平叠置、垂直坡面或与坡面成一半坡角的倾斜叠置草皮,还可采用片石砌成方格或拱式边框,方格或框内再铺草皮,如图 2-42 所示。

铺草皮需预先备料,草皮可就近培育,切成整齐块状,然后移铺到坡面上。铺时应自下而

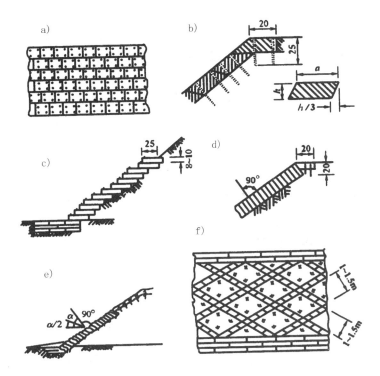

图 2-42　草皮防护示意图(单位:m)

a)平铺平面;b)平铺剖面;c)水平叠铺;d)垂直叠铺;e)斜交叠铺;f)网格式

上,并用竹木小桩将草皮钉在坡面上,使之稳固。

③植树　主要用于堤岸边的河滩上,用来降低流速,促使泥沙淤积,防止水流直接冲刷路堤。若多排林带与水流方向斜交,还可起挑水作用,改变水流方向。沙漠与雪害地区,防护林带可起阻沙防雪作用。

植树位置与宽度,应根据防护要求、水流速度及当地自然条件而定。树种的选择应适合于当地的土质、气候条件,能迅速生长,且根系发达,枝叶茂密,用于冲刷防护的树种宜选用生长很快的杨柳类或不怕水淹的灌木类。

(2)矿料防护

对于无法采用植物防护的岩石边坡,可以采用砂石、水泥、石灰等矿质材料进行坡面防护。主要有砂浆抹面,勾缝、喷浆,以及石砌护坡和护面墙等形式。

①抹面防护　适用于易风化而表面比较完整,尚未剥落的岩石边坡,如页岩、泥砂岩及千枚岩的新坡面。常用的抹面材料有石灰炉渣混合浆、三合土或四合土等,其中石灰为胶结料,要求精选,炉渣颗粒宜细。抹面用料的配合比与用量,可参见有关手册。抹面厚度视材料及坡面状况而定,一般为 2.0~10.0cm。操作前,应清理坡面风化层、浮土与松动碎块,填坑补洞,洒水润湿。抹面后应拍浆,抹平和养生。

②喷浆防护　适用于易风化和坡面不平的岩石挖方边坡,浆层厚度一般为 2.0cm。喷浆的水泥用量较大,可用于重点工程地段。根据实践经验,比较经济的砂浆是用水泥、石灰、河砂及水 4 种原材料,按 1:1:6:3 配合组成。喷浆前后的处治,与抹面相同。对坡面较陡或易风化的坡面,可以在喷浆前先铺设加筋材料,加筋材料可以用铁丝网或土工格栅,喷浆坡面应

设置泄水孔。

③勾缝防护 适用于比较坚硬,且裂缝多而细的岩石边坡,防止水分浸入岩层内造成病害。

④灌浆防护 适用于坚硬,但裂缝较深和较宽的岩石边坡,借砂浆的胶结力,使坡面表层成为防水的整体。

(3)砌石防护

①石砌护坡 用于土质或风化岩质路堑或土质路堤边坡的坡面防护,亦可用于浸水路堤及排水沟渠的冲刷防护。

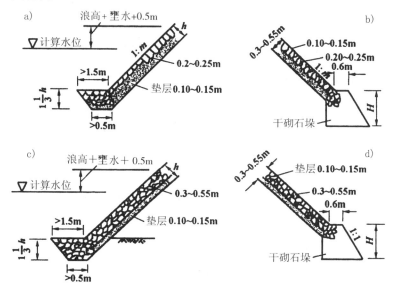

图 2-43 片石护面示意图

a)单层;b)双层

石砌护坡有干砌和浆砌两种。干砌片石的主要作用是防止水流冲刷边坡,要求被防护的边坡自身基本稳定。干砌片石可做成单层,亦可做成双层,片石下面应设置垫层,起平整作用。干砌片石要用砂浆勾缝。以防水分浸入,并提高整体强度。

浆砌片石护坡,常用于防护流速较大(4~5m/s)的沿河路堤,亦可与护面墙等综合使用,以防护不同岩层和不同位置的边坡。其厚度一般为 0.2~0.5m,基础要求稳固,应深入水流冲刷线以下,同时对基础应加设防护措施。

②护面墙 护面墙是一种浆砌片石覆盖层。常用于严重风化破碎的岩石挖方边坡。护面墙除自重外,不承受其他荷重,亦不承受墙背土压力。其构造与布置,如图 2-44 所示。墙高与厚度及路堑边坡的关系,参见表 2-24。

表 2-24 护面墙的厚度

护面墙高度 H/m	路堑边坡	护面墙厚度/m	
		顶宽 b	底宽 d
≤2	1:0.5	0.40	0.40
≤6	陡于 1:0.5	0.40	$0.40+0.10H$
6<H≤10	1:0.5~1:0.75	0.40	$0.40+0.05H$
10<H<15	1:0.75~1:1	0.60	$0.60+0.05H$

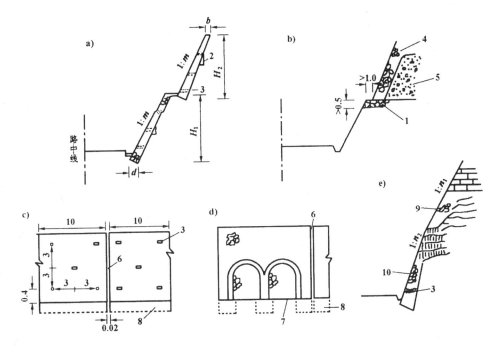

图 2-44　护面墙示意图(单位:m)

a)双层式;b)单层式;c)墙面;d)拱式;e)混合式

1—平台;2—耳墙;3—泄水孔;4—封顶;5—松散夹层;6—伸缩缝;7—软地基;8—基础;9—支补墙;10—护面墙

护面墙高度一般不超过 10.0m,可以分级,中间设平台,墙背可设耳墙,纵向每隔 10m 设一条伸缩缝,墙身应预留泄水孔,基础要求稳固,顶部应封闭。墙基软弱地段,可用拱形结构跨过。坡面开挖后形成的凹陷,应以石砌圬工填塞平整,称之为支补墙。以上构造的具体要求与尺寸,可参考公路设计手册《路基》。

2.3.3　冲刷防护

为了防止水流直接危害沿河、滨海路堤以及有关堤坝护岸的边坡和坡脚,必须采取一定的防止冲刷措施。防止冲刷的措施有两种:一种是加固岸坡的直接防护,另一种是改变水流性质的间接防护。根据河流情况、水流性质及岸坡具体受冲刷情况,可单独使用一种,亦可两种同时使用、综合治理。

(1)直接防护

堤岸直接防护的措施,包括植物防护,砌石防护,抛石与石笼防护,以及必要时设置的支挡(驳岸等)。其中植物防护和砌石防护与前述坡面防护基本相同,但堤岸的防冲刷原因是洪水急流,水位变迁不定,水流速度较大,因此其相应的要求更高。

①抛石防护　抛石防护主要用于防护直接受水流冲刷的边坡和坡脚,对于季节性浸水和长期浸水的情况均适用。盛产石料地区,当水流速大于 3.0m/s 或更高时,植树与砌石防护无效果,可采用抛石防护。

抛石防护,类似于在坡脚处设置护脚,亦称抛石垛,如图 2-45 所示。抛石垛的边坡坡度不应大于浸水后的天然休止角,边坡率 m_1 一般为 $1.5 \sim 2.0$,m_2 为 $1.25 \sim 2.0$;石料粒径视水深与流速而定,一般为 $15 \sim 50$cm。

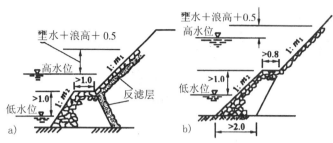

图 2-45 抛石防护示意图(单位:m)

a)新堤石垛;b)旧堤石垛

②石笼防护 当水流速度达到或超过 5.0m/s 时,可改用石笼防护。石笼用铁丝编织成框架,内填石料,设在坡脚处,以防急流和大风浪破坏堤岸,亦可用来加固河床,防止淘刷。铁丝框架可以做成圆柱形或箱形,如图 2-46 中 a)和 b)。笼内填石的粒径最小不小于 4.0cm,一般为 5~20cm,外层用大且棱角突出的石料,内层可用较小石块填充。石笼用于防止冲刷淘底时,在坡脚处的排列应平铺并与坡脚线垂直,且堤岸一端固定,另一端可不固定,淘刷后可以向下沉落贴于底面。用于防止堤岸边坡冲刷时,则垒码平铺成梯形,如图 2-46c)和 d)所示。单个石笼的大小,以不被相应速度的水流冲动为宜,铺设时须用碎(砾)石垫层铺平底层,各角可用铁棒固定于基底。

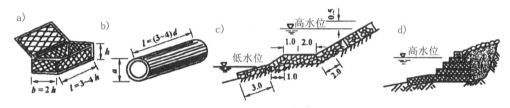

图 2-46 石笼防护示意图(单位:m)

a)箱形笼;b)圆柱形笼;c)防止淘底;d)防护岸坡

(2)间接防护

设置导治构造物可以改变水流方向,消除和减缓水流对堤岸的直接破坏,同时可以使堤岸近旁缓慢淤积,彻底消除水流对局部堤岸的损害。设导治构造物的间接防护措施主要是设坝,按其与河道的相对位置,一般可分为丁坝、顺坝或格坝几种。

①丁坝 丁坝的作用是导流和挑流,把水流挑离河岸,改善水流状况,间接保护路基。丁坝由坝头、坝身和坝根三部分组成,其断面为梯形。丁坝所受的外力较小,其断面尺寸主要依据构造要求、施工条件和使用要求等因素确定。丁坝的轴线与水流方向的关系不同,分为垂直式、下挑式和上挑式三种,如图 2-47 所示。

图 2-47 不同布置形式的丁坝及冲淤情况示意图

a)垂直式;b)下挑式;c)上挑式

丁坝的布置,要慎重考虑对岸的情况,如对岸为农田、住房、土堤时,宜多导少挑,若对岸为岩石,要注意被挑过去的水流,在对岸折回后对下游的冲刷。

②顺坝及格坝 顺坝的作用是导流,基本上不改变原有水流的流态。当河床断面窄小,不

允许过多侵占或地质条件不宜修筑丁坝时，可以采用顺坝。布置顺坝前，必须先有一个合理的导治线，顺坝与上下游河岸的衔接必须协调，坝的起点应选在水流匀顺的过渡地段，以免强烈冲刷，终点可与河岸连在一块。顺坝的构造与丁坝相似，分为坝头、坝身和坝根三部分，坝身断面形状为梯形，结构要求大体与丁坝相同。

　　顺坝常与格坝联合使用，其布置形式如图 2-48 所示。

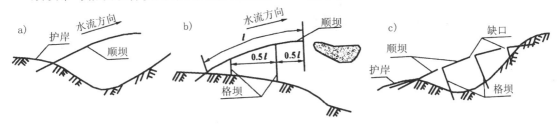

图 2-48　顺坝及格坝布置示意图

丁坝和顺坝的结构和断面尺寸的确定与施工要求可参见公路设计手册《路基》。

第3章
路基边坡稳定性设计

3.1 概　述

路基边坡稳定性,是指结构稳定性,它与第 1 章所述强度稳定性的概念不同。一般情况下,路基结构按规范要求确定,无须进行稳定性设计。特殊条件下,包括高路堤、深挖方、陡坡路堤、浸水路堤,以及滑坡与软土等不良地质水文条件下的路基,需要通过稳定性分析与验算,作出合理的路基结构设计。路基边坡稳定性设计的任务,就是对路基边坡的稳定性进行分析与验算,判定边坡的稳定性,以寻求安全可靠、经济合理的路基结构形式和稳定的边坡值,或据以确定边坡的加固措施。

3.1.1　影响路基边坡稳定性的因素

路基边坡滑坍是公路上常见的一种破坏现象,它影响到车辆的正常运营和安全,严重者甚至造成事故,中断交通。根据土力学原理,路基边坡滑坍是由于边坡土体中的剪应力超过其抗剪强度所产生的剪切破坏。因此,凡是使土体剪应力增加或抗剪强度降低的因素,都可能引起边坡滑坍。这些因素可归纳为以下几点:

①边坡土质　土的抗剪强度首先取决于土的性质,土质不同则抗剪强度亦不同。对路堑边坡而言,除与土或岩石的性质有关外,还与岩石的风化破碎程度和形状有关。

②水的活动　水是影响边坡稳定性的主要因素,边坡的破坏总是或多或少地与水的活动有关。土体的含水量增加,既降低了土体的抗剪强度,又增加了土内的剪应力。在浸水情况下,还有浮力和动水压力作用,使边坡处于最不利状态。

③边坡的几何形状　边坡的高度、坡度等直接关系到土的稳定条件,高大、陡直的边坡,因重心高,稳定条件差,易发生滑坍或其他形式的破坏。

④活荷载增加　坡脚因水流冲刷或其他不适当的开挖而使边坡失去支撑等,均可能加大边坡土体的剪应力。

⑤地震及其他震动荷载

3.1.2　边坡稳定性设计方法

路基边坡稳定性分析与验算的方法很多,归纳起来有力学验算法和工程地质法两大类。力学验算法又叫极限平衡法,假定边坡沿某一形状滑动面破坏,按力学平衡原理进行计算。因此,根据滑动面形状的不同,又分为直线法、圆弧法和折线法 3 种。力学验算法的基本假定是:

①破裂面以上的不稳定土体沿破裂面作整体滑动,不考虑其内部的应力分布不均和局部移动;

②土的极限平衡状态只在破裂面上达到。

为简化计算,用力学验算法进行边坡稳定性分析时,通常都按平面问题来处理。

工程地质比拟法是根据已成不同土类或岩体边坡的大量经验数据,拟定出路基边坡稳定值参考表,供设计采用。

一般情况下,土质边坡的设计是先按力学验算法进行验算,再以工程地质比拟法予以校核。岩石或碎石土类边坡则主要采用工程地质比拟法,有条件时也以力学验算法进行校核。

3.1.3　路基边坡稳定性验算的数据

粘结力 c 和内摩阻角 ϕ 是决定土体抗剪强度的两个参数,亦即土的抗剪强度指标。在验算边坡稳定性时,c、ϕ 值及土体的容重 γ 应事先试验测定。

如边坡由多层土体组成,所采用的数值 c、ϕ、γ,可采用加权平均法求得,计算式为:

$$\left.\begin{array}{l} c = \dfrac{\sum\limits_{i=1}^{n} c_i h_i}{\sum\limits_{i=1}^{n} h_i} \\[4mm] \tan\phi = \dfrac{\sum\limits_{i=1}^{n} h_i \cdot \tan\phi_i}{\sum\limits_{i=1}^{n} h_i} \\[4mm] \gamma = \dfrac{\sum\limits_{i=1}^{n} \gamma_i \cdot h_i}{\sum\limits_{i=1}^{n} h_i} \end{array}\right\} \tag{3-1}$$

式中:c_i、ϕ_i、γ_i——各土层的粘聚力,内摩阻角和容重;

　　　h_i——各土层厚度。

上式仅是近似的计算,计算中亦可以根据滑动面形状,采用精确方法验算多层土体组成的边坡的稳定性。

选用参数应力求与路基使用过程中的最不利的实际情况一致。因此,路堑边坡应取原状土作土样,测定其容重 γ,抗剪强度参数 c、ϕ 值;路堤边坡应采用与将来实际压实后情况相符的土样容重 γ 及抗剪强度参数 c、ϕ 值。

3.1.4　荷载当量高度计算

路堤边坡除受自重作用外,同时承受行车荷载作用。在边坡稳定性验算时需要按车辆最不利情况排列(如图 3-1 所示),把车辆荷载换算成当量土柱高,即以相等压力的土层厚度来代替荷载,叫当量高度,用 h_0 表示。

当量高度 h_0 的计算公式为

$$h_0 = \frac{NQ}{LB\gamma} \tag{3-2}$$

式中:h_0——荷载当量高度,m;

　　　N——横向分布的车辆数;

　　　Q——每一辆车的重量,kN;

　　　L——车辆前后轮胎(或拖拉机履带)着地长度,m;

　　　γ——土的容重,kN/m³;

　　　B——横向分布车辆轮胎(或履带)外缘之间距离,m;

$$B = Nb + (N-1)d$$

其中:b——每一辆车的轮胎(或履带)外缘之间的距离,m;

　　　d——相邻两车辆轮胎(或履带)之间的净距,m。

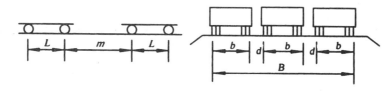

图 3-1　汽车荷载布置示意图

关于荷载分布宽度,可分布在行车道(路面)范围内;亦可以认为路肩有可能停车(最不利的情况),则荷载分布于整个路基宽度(包括路肩、路面的宽度)。两者虽有差异,但计算结果相差不大。

3.2　直　线　法

此方法适用于由砂土或砂性土组成,抗力以摩阻力为主,滑动面为平面的路堤或路堑边坡,以及原地面为单一倾斜的陡坡路堤的稳定性验算。

3.2.1　均质砂、砾类土路堤边坡

如图 3-2a)所示,填方边坡土楔体 ABD 沿破裂面 AD 滑动,则下滑力(或切向力)T 为:

$$T = Q \cdot \sin\omega$$

式中:Q——土楔 ABD 的重量,包括换算成土柱高的车辆荷载,kN/m;

　　　ω——破裂面对于水平面的倾角。

阻止土楔下滑的抗滑力 R 为:

$$R = N \cdot \tan\phi + cL$$
$$= Q \cdot \cos\omega \cdot \tan\phi + cL$$

式中:ϕ——路堤土体的内摩阻角;

　　　c——路堤土体的单位粘聚力,kPa;

　　　L——破裂面 AD 的长度,m;

　　　N——作用于破裂面上的法向力,kN/m。

根据静力平衡原理,$T > R$ 表示滑动力大于抗滑力,部分土体不稳定;反之,$T < R$ 表示稳定;两者相等,表示处于极限平衡状态。因此,工程中采用两力之比 K 来表示边坡的稳定性,

叫稳定系数(或安全系数),即

$$K = \frac{抗滑力}{下滑力} = \frac{R}{T}$$

$$= \frac{Q \cdot \cos\omega \cdot \tan\phi + cL}{Q \cdot \sin\omega} \quad (3\text{-}3)$$

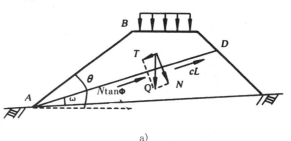

a)

若 $K > 1$,则破裂面上的土楔体稳定;

若 $K = 1$,则破裂面上土楔体达到极限平衡状态;

若 $K < 1$,则破裂面上土楔体不稳定,而将向下滑动。

由于边坡稳定性分析方法均有一些概括的假定,土工试验所得出的数据也有一定的局限性,施工中也不可能做到每一点都符合要求,每一点都考虑气候环境条件的影响,所以安全系数 K 一般采用 $1.25 \sim 1.5$。过大,则认为工程不经济。

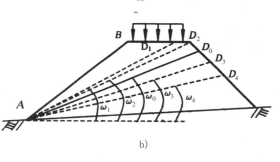

b)

直线法验算边坡的稳定性时,可过坡脚 A 点,假定 $3 \sim 4$ 个可能的破裂面,如图 3-2b),按式(3-3)求出每个破裂面相应的安全系数 K_1、K_2、K_3、K_4 等值,并绘出 $K = f(\omega)$ 曲线及曲线最低点的水平切线(如图 3-2c),曲线的切点即为边坡的最小安全系数 $K_{\min}$ 值,其所对应的破裂角为最危险破裂面倾角 ω_0 值。若 $K_{\min} > [K]$($[K] = 1.25 \sim 1.5$),则边坡稳定。

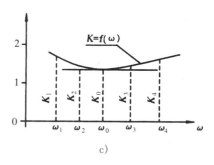

c)

图 3-2　直线法验算砂、砾类土高路堤边坡稳定性

3.2.2　均质砂砾类土路堑边坡

从式(3-3)可知,$K = f(\omega)$,即 K 是破裂面倾角 ω 的函数。因此,对路堑边坡或不计荷载的路堤边坡,可以直接导出 $K_{\min}$ 及 ω_0 的关系式,一次计算即可得出结论。

如图 3-3,假定土楔 ABD 沿破裂面 AD 滑动,其稳定系数 K 按下式计算

$$
\begin{aligned}
K = \frac{R}{T} &= \frac{fQ \cdot \cos\omega + cL}{Q\sin\omega} \\
&= f\cot\omega + \frac{cL}{Q\sin\omega} \\
&= f\cot\omega + \frac{cL}{\frac{1}{2}\gamma hL \dfrac{\sin(\theta-\omega)\sin\omega}{\sin\theta}} \quad (3\text{-}4) \\
&= f\cot\omega + a_0[\cot\omega + \cot(\theta-\omega)] \\
&= (f + a_0)\cot\omega + a_0\cot(\theta-\omega)
\end{aligned}
$$

式中:Q——土楔 ABD 的重量,kN,按 1m 长度计;

ω——破裂面的倾角,(°);

θ——边坡的坡度角,(°);

γ——边坡土体的容重,kN/m^3;

h——边坡的垂直高度,m;

f——边坡土体的内摩擦系数,$f = \tan\phi$;

c——边坡土体的单位粘聚力,kPa;

L——破裂面 AD 的长度,m;

a_0——参数,$a_0 = \dfrac{2c}{\gamma h}$。

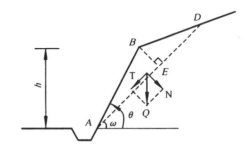

图 3-3　直线法验算砂砾类土路堑边坡稳定性

由微分学可知,令$\dfrac{\mathrm{d}k}{\mathrm{d}\omega} = 0$,即可求得 K 为最小时的破裂面倾角 ω_0 值,由此得

$$\cot\omega_0 = \cot\theta + \sqrt{\frac{a_0}{f + a_0}} \cdot \csc\theta \tag{3-5}$$

将式(3-5)代入式(3-4),得最小稳定系数为

$$K_{\min} = (2a_0 + f)\cot\theta + 2\sqrt{a_0(f + a_0)} \cdot \csc\theta \tag{3-6}$$

式中的 γ、c、ϕ、h 及 θ 在计算前可以确定,因此,用式(3-6)可以一次求得边坡的最小安全系数,从而大大简化边坡稳定性验算工作。

对于松散的砂砾类土,可取 $c = 0$,从式(3-3)可得:

$$K = \frac{\tan\phi}{\tan\omega} \tag{3-7}$$

处于极限平衡状态时,$K = 1$,则 $\tan\omega = \tan\phi$,或 $\omega = \phi$,即砂砾类土的极限坡角等于内摩阻角,这个角亦称为天然休止角。对于砂砾类土是一个常数。

3.3　圆 弧 法

圆弧法适用于一般粘性土组成的路堤或路堑边坡的稳定性验算。

3.3.1　圆弧条分法

圆弧条分法又叫瑞典法,它是由瑞典工程师费仑纽斯(Fellenius)首先提出的边坡稳定性验算方法,因此也叫费仑纽斯(Fellenius)法。用圆弧条分法验算边坡稳定性时,有以下假定。

①破裂面为圆柱面;

②计算中不考虑土条间的作用力;

③土坡稳定的安全系数用破裂面上全部抗滑力矩与滑动力矩之比来定义。

用圆弧条分法计算路基边坡稳定性,需要解决几个问题:滑动面的位置,稳定系数 K 及其最小值 $K_{\min}$,现分述如下。

(1)确定滑动面圆心辅助线

在地基比较坚实的条件下,边坡的滑动圆弧线,可认为能过坡脚点,而且圆心大致沿着某条线作有规则的变动,此直线即为滑动面圆心辅助线。求得此圆心位置移动的辅助线后,在辅助线上选定某圆心,并通过坡脚作圆弧,即可确定滑动圆弧面。

确定圆心辅助线有两种方法:4.5H 法和 36°法。图 3-4 为 4.5H 法作圆心辅助线的方法,表 3-1 为作辅助线时的辅助角度数值表。具体做法是:连接坡脚 E 与坡顶 S,得边线 ES,其坡比为 1∶m,根据坡比 1∶m 查表 3-1 得 β_1、β_2,过 SE 和坡顶水平线分别作角 β_1、β_2,两角线的交点为 I;过坡角 E 作垂线 EF = H(包括换算土柱高度 h_0),过 F 点作水平线 FM = 4.5H,M 点即为圆心辅助线的另一点;连接 IM 即得圆心辅助线。

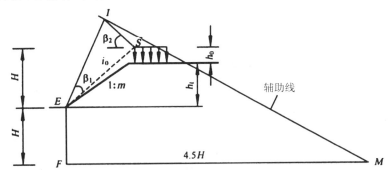

图 3-4　4.5H 法绘制圆心辅助线

表 3-1　破裂圆弧中心位置的有关角值($\phi = 0$ 粘土边坡)

边坡斜度	边坡倾斜角 θ	α	ω	β_1	β_2
1∶0.5	63°26′	33°15′	37°	29°30′	40°
1∶0.75	53°18′	40°	32°15′	29°	39°
1∶1	45°00′	45°	28°15′	28°	37°
1∶1.25	38°40′	48°30′	25°	27°	35°30′
1∶1.5	33°41′	51°15′	22°15′	26°	35°
1∶1.75	29°45′	53°15′	20°	26°	35°
1∶2	26°34′	55°	18°	25°	35°
1∶2.25	23°58′	56°	16°30′	25°	35°
1∶2.5	21°48′	57°	15°15′	25°	35°
1∶3	18°26′	58°45′	13°15′	25°	35°
1∶4	14°03′	60°45′	10°15′	25°	36°
1∶5	11°19′	62°	8°15′	25°	37°

图 3-5 为用 36°法作圆心辅助线的方法。自 S 点作水平线,自 S 点和水平线作 36°角即得圆心辅助线 SF。

此两种方法,36°法较简便,但精确程度比 4.5H 法差些。对于 1∶1～1∶1.75 的边坡及滑动面通过坡脚者均适用。

(2)计算稳定系数

根据前述假设,圆弧条分法验算边坡稳定性计算式为:

$$K = \frac{抗滑力矩}{滑动力矩} = \frac{M_R}{M_s} \tag{3-8}$$

式中:K——稳定系数,容许值[K]一般取 1.25～1.5;

　　　M_R——抗滑力矩,kN·m;

　　　M_s——滑动力矩,kN·m。

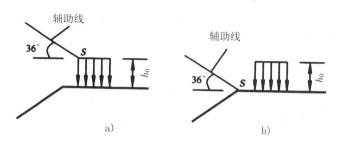

图 3-5　36°法绘辅助线

a)考虑荷载时；　b)不计荷载时

为求得某个滑动面的稳定系数，先在圆心辅助线上取任意点为圆心 O，以 $\overline{OE}$ 为半径 R 过坡脚 E 作圆弧，如图 3-6 所示。然后将滑动体分条，分条数一般以 10 条左右为宜。分条宽度可以相等，也可以不等。过圆心取纵横坐标 x 与 y，土条被 y 轴分成左右两部分，量出各土条中心对 y 轴的横距 x_i，按 $\alpha_i = \arcsin \dfrac{x_i}{R}$ 关系，可得各土条对 y 轴的夹角 α_i。

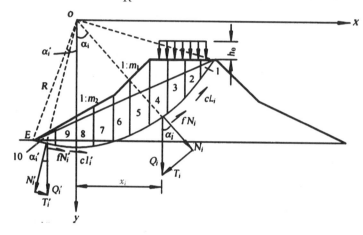

图 3-6　圆弧条分法验算边坡稳定性示意图

①滑动力矩 M_S　各土条对圆心的滑动力矩等于切向力 T_i 乘以半径 R。整个滑动体的总滑动力矩 M_S 等于各土条分力矩之代数和（y 轴左边土条的滑动力矩为负），即：

$$M_S = R(\sum T_i - \sum T_i')$$

式中 T_i' 为 y 轴左边的切向力，T_i 为 y 轴右边土条的切向力。

②抗滑力矩 M_R　各土条的抗滑分力矩，由滑动面上的摩擦力和粘结力对圆心的矩所构成。显然，滑动体的总抗滑力矩 M_R 为：

$$M_R = R(\sum N_i f + \sum cl_i)$$

因此，该滑动面的稳定系数为：

$$K = \frac{R(\sum N_i f + \sum cl_i)}{R(\sum T_i - \sum T_i')} =$$

$$\frac{f \cdot \Sigma N_i + cL}{\sum T_i - \sum T_i'} =$$

$$\frac{f \sum Q_i \cdot \cos\alpha_i + cL}{\sum Q_i \cdot \sin\alpha_i} \tag{3-9}$$

式中：f——土体摩擦系数，$f = \tan\phi$；

　　　l_i——各土条滑弧长；

　　　α_i——各土条中心对 y 轴的夹角；

　　　Q_i——土条的重量，$Q_i = A_i \gamma$，A_i 为土条面积；

　　　N_i——土条在滑动面法线方向的反力，$N_i = Q_i \cdot \cos\alpha_i$；

　　　T_i——土条在滑动面上的切向力，$T_i = Q_i \cdot \sin\alpha_i$。

为求得边坡的最小稳定系数 $K_{\min}$ 和最危险破裂面位置，应绘若干个滑动圆弧，用式（3-9）计算出每一滑动体的稳定系数 K，绘出 K 值曲线，如图 3-7 所示。然后作平行于圆心辅助线且切于曲线的直线，即得切点，由切点向辅助线作垂线，垂线与辅助线的交点 O，即为临界圆心，过此圆心作过坡脚的滑动面即是最危险破裂面，该滑动面的稳定系数就是边坡的最小稳定系数 $K_{\min}$。

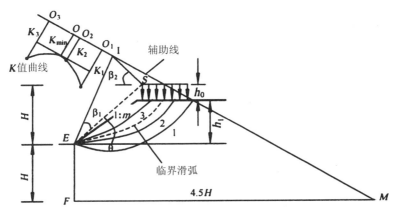

图 3-7　条分法验算稳定性综合示意图

(3)判断边坡的稳定性

若 $K_{\min} \geqslant [K]$（$[K] = 1.25 \sim 1.5$），则边坡稳定；反之则须采取措施，增加边坡的稳定性。

3.3.2　改进的圆弧条分法——毕肖普(A. W. Bishop)法

由于圆弧条分法略去了条间力的作用，因此严格地说，对每一土条力的平衡条件是不满足的，对土条本身的力矩平衡也不满足，只满足整个土体的力矩平衡条件。由此产生的误差，一般使求得的安全系数偏低 $10\% \sim 20\%$，这种误差随着破裂面圆心角和孔隙压力的增大而增大。

为克服前述圆弧条分法存在的不足，毕肖普考虑了条间力的作用，提出了新的稳定系数计算公式。如图 3-8 所示土坡，土条 i 上的作用力中有 5 个未知，故属二次超静定问题。毕肖普在求解时补充了两个假设条件：忽略土条间竖向剪力 X_i 及 X_{i+1} 的作用；对滑动面上的切向力 T_i 的大小作了规定。

根据土条 i 的竖向平衡条件可得：

$$Q_i - X_i + X_{i+1} - T_i \sin\alpha_i - N_i \cos\alpha_i = 0$$

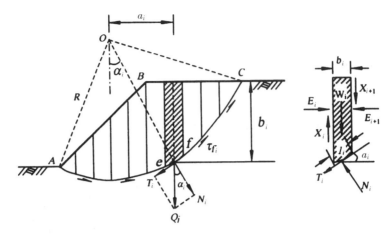

图 3-8 简化的毕肖普法

或
$$N_i\cos\alpha_i = Q_i - (X_i - X_{i+1}) - T_i\sin\alpha_i \tag{3-10}$$

若土坡稳定系数为 K,则土条 i 滑动面上的抗剪强度 τ_{fi} 也只发挥了一部分,毕肖普假设 τ_{fi} 与滑动面上的切向力 T_i 相平衡,即:

$$T_i = \tau_{fi}l_i = \frac{1}{K}(N_i\tan\phi_i + c_il_i) \tag{3-11}$$

将式(3-11)代入式(3-10)得:

$$N_i = \frac{Q_i + (X_{i+1} - X_i) - \dfrac{c_il_i}{K}\sin\alpha_i}{\cos\alpha_i + \dfrac{1}{K}\tan\phi_i\sin\alpha_i} \tag{3-12}$$

由式(3-8)可知边坡的稳定系数 K 为

$$K = \frac{M_R}{M_S} = \frac{\sum(N_i\tan\phi_i + c_il_i)}{\sum Q_i \cdot \sin\alpha_i} \tag{3-13}$$

将式(3-12)代入(3-13)得:

$$K = \frac{\displaystyle\sum_{i=1}^{n}\frac{[Q_i + (X_{i+1} - X_i)]\tan\phi_i + c_il_i\cos\alpha_i}{\cos\alpha_i + \dfrac{1}{K}\tan\phi_i\sin\alpha_i}}{\displaystyle\sum_{i=1}^{n}Q_i\sin\alpha_i} \tag{3-14}$$

由于式(3-14)中 X_i 及 X_{i+1} 是未知的,故求解尚有困难。毕肖普假定土条间的竖向剪切力均略去不计,即 $(X_{i+1} - X_i) = 0$,则式(3-14)可简化为:

$$K = \frac{\displaystyle\sum_{i=1}^{n}\frac{1}{m_{\alpha_i}}(Q_i\tan\phi_i + c_il_i\cos\alpha_i)}{\displaystyle\sum_{i=1}^{n}Q_i\sin\alpha_i} \tag{3-15}$$

式中:
$$m_{\alpha_i} = \cos\alpha_i + \frac{1}{K}\tan\phi_i\sin\alpha_i \tag{3-16}$$

公式(3-15)就是简化毕肖普法计算边坡稳定系数的公式。由于式中 m_{α_i} 也包含 K 值,因此公式(3-15)须用迭代法求解,即先假定一个 K 值,按公式(3-16)求得 m_{α_i} 值,代入公式(3-

15)求出 K 值,若此 K 值与假定不符,则用此 K 值重新计算 m_{a_i} 求得新的 K 值,如此反复迭代,直至假定的 K 值与求得的 K 值接近为止。根据经验,通常只要迭代 3～4 次就可满足精度要求,而且迭代总是收敛的。为了计算方便,可将公式(3-16)的 m_{a_i} 值制成曲线(如图 3-9 所示),可按 α_i 及 $\dfrac{\tan\phi_i}{K}$ 值直接查得 m_{a_i} 值。

用毕肖普法验算边坡稳定性时,最危险滑动面圆心位置,仍可按前述方法确定。

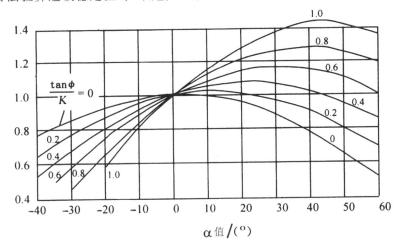

图 3-9　m_{a_i} 值曲线

3.4　折　线　法

折线法(又称传递系数法)适用于滑动面为折线或其他形状的边坡稳定性验算。修筑在原地面为折线形的陡坡上的路堤、某些特殊条件下的路基边坡(如黄土及层状构造的岩土层)及滑坡等,沿固定滑动面滑动,且滑动面形状为折面,均可用折线法进行稳定性验算。滑动面形状为直线(单坡)的陡坡路堤的稳定性可用前述直线法验算。

折线法的验算原理仍是利用力的极限平衡条件,但稳定性的表达式不同。稳定性指标为剩余下滑力,所谓剩余下滑力 E 是指土坡滑动力 T 与抗滑力 R 之差值,并计入稳定系数(又叫安全系数)K(取 1.25～1.5),即

$$E = T - \frac{R}{K} \tag{3-17}$$

根据 E 的正负判断土坡的稳定性。其验算方法如下。

①按地面变坡点将土体垂直分成若干土块,如图 3-10a)所示。

②至上而下分别计算各土块的剩余下滑力。

第一块土体的剩余下滑力 E_1 为

$$E_1 = T_1 - \frac{R_1}{K} = Q_1 \sin\alpha_1 - \frac{1}{K}(Q_1 \cos\alpha_1 \tan\phi_1 + c_1 l_1) \tag{3-18}$$

第二块土体如图 3-10b)所示,自第二块土体开始,均需计入上一块土体剩余下滑力对本块土体的作用,把其当作一作用于本土块的外力,方向平行于上一块土体的滑动面。由此得第

二块土体剩余下滑力 E_2 为：

$$E_2 = T_2 - \frac{R_2}{K} = [Q_2 \cdot \sin\alpha_2 + E_1 \cdot \cos(\alpha_1 - \alpha_2)] -$$

$$-\frac{1}{K}\{[Q_2 \cdot \cos\alpha_2 + E_1 \cdot \sin(\alpha_1 - \alpha_2)]\tan\phi_2 + c_2 l_2\} \qquad (3\text{-}19)$$

同理，第 n 块土体的剩余下滑力 E_n 为

$$E_n = [Q_n \sin\alpha_n + E_{n-1}\cos(\alpha_{n-1} - \alpha_n)] -$$

$$\frac{1}{K}\{Q_n \cos\alpha_n + E_{n-1}\sin(\alpha_{n-1} - \alpha_n)\tan\phi_n + c_n l_n\}$$

$$= Q_n \sin\alpha_n - \frac{1}{K}(Q_n \cos\alpha_n \tan\phi_n + c_n l_n) + E_{n-1}\left[\cos(\alpha_{n-1} - \alpha_n) - \frac{1}{K}\sin(\alpha_{n-1} - \alpha_n)\tan\phi_n\right]$$

$$= Q_n \sin\alpha_n - \frac{1}{K}(Q_n \cos\alpha_n \tan\phi_n + c_n l_n) + E_{n-1} \cdot \Psi_{n-1} \qquad (3\text{-}20)$$

式中：$E_1, E_2, \cdots, E_n$——分别为各块土体的剩余下滑力，kN/m；

Ψ_{n-1}——传递系数，$\Psi_{n-1} = \cos(\alpha_{n-1} - \alpha_n) - \frac{1}{K}\sin(\alpha_{n-1} - \alpha_n)\tan\phi_n$；

$Q_1, Q_2, \cdots, Q_{n-1}, Q_n$——分别为各块土体的重量，kN/m；

$\alpha_1, \alpha_2, \cdots, \alpha_{n-1}, \alpha_n$——分别为各块土体滑动面的倾角，(°)；

$\phi_1, \phi_2, \cdots, \phi_{n-1}, \phi_n$——分别为各块土体与基底接触面的内摩阻角(对均质土一律取 ϕ)，(°)；

$c_1, c_2, \cdots, c_{n-1}, c_n$——分别为各块土体与基底接触面间的粘聚力(对均质土一律取 c)，kPa；

$l_1, l_2, \cdots, l_{n-1}, l_n$——分别为各块土体滑动面的长度，m；

K——安全系数，意义同前。

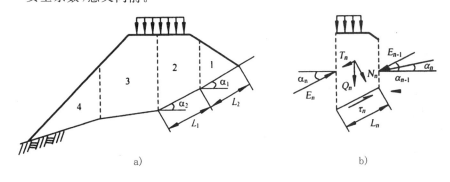

图 3-10 折线法边坡稳定性分析图示

计算中，当某一块土体剩余下滑力为负时，表明无剩余下滑力向下传递，该土块及其上土块稳定，计算从下一块开始，用式(3-20)计算时，式中 E_{n-1} 为 0，n 取 1。

③判定稳定性。如果最后一块土体的剩余下滑力 $E_n \leqslant 0$，则整个土坡稳定；如 $E_n > 0$，则不稳，应采取稳定或加固措施。

3.5　浸水路堤边坡稳定性验算

3.5.1　浸水路堤的特点

建筑在桥头引道、河滩及河流沿岸,受到季节性或长期浸水的路堤,称为浸水路堤。这种路堤具有以下特点:

(1)稳定性受水位降落的影响

浸水路堤除承受普通路堤所承受的外力和自重外,还要承受水的浮力和渗透动水压力的作用。当河中水位上升时,水从边坡的一侧或两侧渗入路堤内,如图 3-11A 所示;当水位降落时,水又从堤身向外

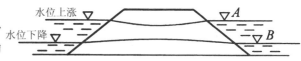

图 3-11　水位涨落时土体内的浸润曲线
A—水位上涨时;B—水位降落时

渗出,如图 3-11B 所示。由于土体内的渗水速度和水位升降速度比堤外水位的涨落慢,因此在堤外水位升高时,堤内水位比降曲线(浸润曲线)呈凹形,而当堤外水位下降时,堤内水位比降曲线则呈凸形,渗透速度随土的性质而定。

因此,当水位上涨时,土体内的渗透浸润曲线比边坡外面水位低。土体除承受向上的浮力外,土粒还受到指向土体内部的动水压力作用,增加了路堤的稳定性。

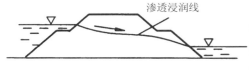

图 3-12　两侧水位出现高差时堤身
内的渗透浸润曲线

当水位下降时,土体内部水向外流出需要较长的时间。由于水位的差异,其动水压力方向指向土体外面,剧烈地破坏边坡的稳定性,并可能产生边坡凸起和滑坡现象。堤外水位下降速度愈快,边坡的稳定性愈低。另外,渗透水流能带走堤内的细小土粒,从而引起路堤变形。

在河滩路堤和桥头引道外,路堤上游与下游的水位有时并不一致,可能产生横穿路堤的渗透,因此,即使上下游水位相差不大,也需予以考虑(图 3-12)。

(2)稳定性与路堤填料透水性有关

以粘性土填筑的路堤达到最佳密实度后,透水性很弱;以砂砾石土填筑的路堤,由于空隙大,透水性强。因此水位涨落对这两种土的边坡稳定性影响一般不大。属于中等透水性的土如亚砂土、亚粘土等作路堤填料,在水位降落时,对边坡稳定性影响较大,需考虑动水压力作用。因此,浸水路堤填料最好选用渗水性强的材料,如石质坚硬不易风化的块石、片石、碎石及砂砾等。若附近无此类材料或从远处运来不经济时,可采用粘土,但必须夯实,严格掌握压实标准。对浸水易崩解、风化的岩石如页岩、千枚岩等应禁止使用。

3.5.2　浸水路堤的高度与断面形式

一般浸水路堤的最低设计标高,可取设计洪水位加安全高度 0.5m。

大河两岸或水库路堤,因水面较宽,可能有壅水现象和波浪侵袭,路堤的最低设计标高应为:

H＝设计洪水位＋可能的壅水高＋波浪侵袭高＋安全高度(0.5m)，如图 3-13 所示。

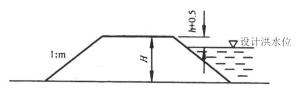

图 3-13　浸水路堤设计标高(h＝壅水高＋浪高)

浸水路堤的一般断面形式如图 3-13 所示。对于深谷半填半挖的浸水路堤，以及河滩高路堤，为了路基边坡的稳定，并便于施工和修复起见，可在边坡适当高度处，加设

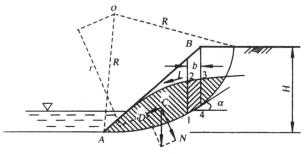

图 3-14　渗透动水压力计算图

台阶或护坡道，宽度 1～2m，如图 3-12 所示。浸水部分边坡应较平缓，并宜用片、块石防护。应对整个路堤边坡的稳定性进行验算。

3.5.3　动水压力计算

凡用粘性土填筑的浸水路堤(不包括透水性极小的纯粘土)，必须进行渗透动水压力计算，如图 3-14 所示。渗透动水压力 D 作用于浸润线以下土体的重心，平行于水力坡降 I，其大小按下式计算：

$$D = I\Omega_B \Delta_0 \tag{3-21}$$

式中：I——渗流水力坡降；

Ω_B——浸润线与滑动面之间的面积，m^2；

Δ_0——水的比重($\Delta_0＝9.8$)，kN/m^3。

3.5.4　浸水路堤边坡稳定性验算

河滩路堤的稳定性，应假定路堤处于最不利的情况下进行验算。其破坏一般发生在洪水位骤然降落的时候。验算方法与普通路堤边坡稳定性验算无大差异，惟须考虑浮力和动力压力作用。

(1)验算方法

通常采用圆弧条分法，其稳定系数计算公式为：

$$K = \frac{M_R}{M_S} = \frac{(f\sum N + cl)R}{R\sum T + D \cdot r}$$

$$= \frac{(f_C\sum N_C + f_B\sum N_B + c_C l_C + c_B l_B)R}{(\sum T_C + \sum T_B)R + \sum D_n \cdot r_n}$$

$$= \frac{(f_C\sum N_C + f_B\sum N_B + c_C l_C + c_B l_B)}{\sum T_C + \sum T_B + \dfrac{\sum D_n \cdot \gamma_n}{R}}$$

由于渗透动水压力一般很小，为了简化计算，分母第三项可用 D 代替，即

$$K = \frac{f_C\sum N_C + f_B\sum N_B + c_C l_C + c_B l_B}{\sum T_C + \sum T_B + D} \tag{3-22}$$

式中:K——稳定系数(或安全系数),取 1.25～1.5;

　　M_R——抗滑力矩;

　　M_S——滑动力矩;

　　$f_C \sum N_C$—— 浸润线以上部分沿验算滑动面的摩阻力,$f_C = \tan\phi_C$;

　　$f_B \sum N_B$—— 浸润线以下部分沿验算滑动面的摩阻力,$f_B = \tan\phi_B$;

　　$c_C l_C$—— 浸润线以上部分沿验算滑动面的粘聚力,c_C 和 l_C 分别为非浸水部分土体单位粘聚力和弧长;

　　$c_B l_B$—— 浸润线以下部分沿验算滑动面的粘聚力,c_B 和 l_B 分别为浸水土体的单位粘聚力和浸水部分的弧长;

　　$\sum T_C$—— 浸润线以上部分沿验算滑动面的下滑力;

　　$\sum T_B$—— 浸润线以下部分沿验算滑动面的下滑力;

　　D—— 渗透动水压力;

　　D_n—— 分段渗透动水压力;

　　r_n—— 分段渗透动水压力作用线距圆心的垂直距离。

用圆弧条分法计算时,滑动土体分成段后,有些段全部在浸润线以上,有些全部在浸润线以下,有些段部分在浸润线以上,部分在浸润线以下(图 3-15),对于这种部分浸水的分段的土体重量应为:

$$Q_i = A_C \gamma_C + A_B \gamma_B \qquad (3\text{-}23)$$

式中:A_C、A_B 分别为分段土体浸润线以上和以下土体的面积;

　　γ_C——分段浸润线以上土体的容重;

　　γ_B——分段浸润线以下考虑浮力后土体的浸水容重,

$$\gamma_B = \frac{\Delta - 1}{1 + \varepsilon} = (\Delta - 1)(1 - n)$$

　　Δ——土的比重;

　　ε——土的孔隙比;

　　n——土的孔隙率。

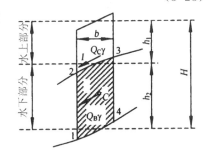

图 3-15　部分浸水的条块

(2)不同条件下的浸水路堤稳定性验算

1)浸水粘性土路堤边坡的稳定性验算

用粘土填筑的路堤,几乎是不透水的,堤外水位涨落对土体内部影响较小,可以认为不发生渗流动水压力,其验算与一般路堤边坡稳定性验算相同。

2)路堤左右两侧水位不同时边坡的稳定性验算

河滩路堤常由于桥前积水或河水猛涨,使路堤左右侧产生水位差,若路堤用透水性较强的土填筑,则会发生横穿路堤的渗透,这个作用力一般较小,可以不计。如果路堤采用不透水材料填筑,则不会发生横穿渗透现象,故也不计算。当路堤用普通土(如亚砂土或亚粘土)填筑,浸水后土体内产生动水压力,则需绘出土体内浸润曲线,然后用前述方法进行验算。

3)混合断面的边坡稳定性验算

混合断面的边坡稳定性验算方法仍与前同。如下面填的是透水材料,在验算时依滑动面穿过的不同土层,分别采用各层土的不同物理力学数据(即各层不同的c、ϕ、γ值)进行验算。

3.6 边坡稳定性设计示例

3.6.1 圆弧条分法验算边坡稳定性示例

例3-1 现有一高路堤,顶宽8.5m,高25m,初步拟定横断面如图3-16所示。填料容重$\gamma=19.2\text{kN/m}^3$,单位粘聚力$c=42.5\text{kPa}$,内摩阻角$\phi=15°$,设计荷载为汽—20。试验算其稳定性。

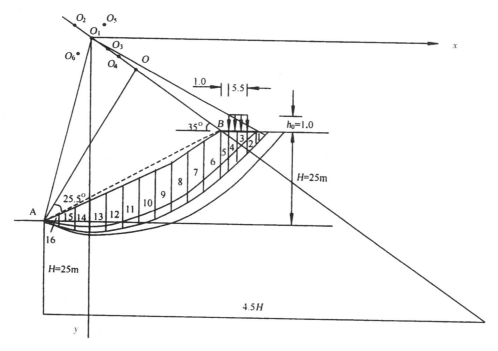

图3-16 圆弧条分法验算边坡稳定性图示(单位:m)

解 1)用坐标纸以1:50比例尺绘制出路堤横断面。

2)将汽—20设计荷载换算成当量土柱高。路基宽度内能并排两辆重车,根据式(3-2),则行车荷载(汽—20级的重车为300kN)换算土柱高为

$$h_0 = \frac{\sum G}{\gamma BL} =$$

$$\frac{2 \times 300}{19.2 \times 5.5 \times 5.6}\text{m} = 1.00\text{m}$$

3)用$4.5H$法确定圆心辅助线。将坡顶和坡脚连成一直线(如图3-16中虚线所示)。根据该连线的坡比,从表3-1查得辅助角$\beta_1 = 25.5°$,$\beta_2 = 35°$,分别自坡脚作β_1和坡顶点作β_2,两直线相交于O点;在坡脚A点作垂线$AD = H = 25\text{m}$,过D作水平线$DE = 4.5H = 112.5\text{m}$,连接$OE$,滑动曲线圆心即在$EO$的延长线上。

4)绘出不同位置的过坡脚的滑动曲线。本计算以第1条滑动曲线为例。

5)将圆弧土体分段。本例第一条滑动曲线分为 16 段。

6)算出滑动曲线每一分段中点与通过圆心纵坐标 y 之间的夹角 α_i;

$$\sin\alpha_i = \frac{X_i}{R}$$

式中:X——分段中点的横坐标值;

　　　R——滑动曲线半径。

计算结果见表 3-2。

7)计算每一分段面积。将曲线形底部近似取直线,各分段图形简化成梯形或三角形,求出其面积,其中包括换算土柱部分的面积。

8)计算各分段的重量 Q_i。以路堤 1m 长计算,$Q_i = \gamma \cdot A_i$。

9)将每一分段的重力分解为两个分力

滑动曲线的法向分力:$N_i = Q_i\cos\alpha_i$;

滑动曲线的切向分力:$T_i = Q_i\sin\alpha_i$

分别求出两者的总和 $\sum N$ 和 $\sum T$,见表 3-2。

表 3-2　圆弧条分法验算边坡稳定性计算表

土条号	土条宽 b_i/m	土条高 h_i/m	土条重 Q_i/mg	x_i/m	$\sin\alpha_i$	$Q_i\sin\alpha_i$/mg	$Q_i\cos\alpha_i$/mg	$Q_i\cos\alpha_i\tan\phi$/mg	l_i/m	c_il_i/mg
1	2.16	2.6	10.8	40.0	0.843	9.1	5.8	1.6		
2	2.0	6.4	24.6	38.3	0.803	19.8	14.5	3.9		
3	2.75	9.5+1.0	55.5	35.9	0.757	42.0	36.2	9.7		
4	2.75	12.4+1.0	70.7	33.2	0.690	49.4	50.4	13.5		
5	1.0	14.1	27.1	31.3	0.659	17.9	20.4	5.5	$\sum l_i = 0.01745 \times 74.4 \times 47.5 = 61.7$	$\sum c_il_i = 4.25 \times 61.7 = 262.0$
6	4.0	14.8	113.7	28.8	0.606	68.9	90.3	24.2		
7	4.0	14.8	113.7	24.8	0.522	59.3	96.8	25.9		
8	4.0	14.4	110.6	20.8	0.433	48.4	99.3	26.6		
9	4.0	13.6	104.5	16.8	0.354	37.0	97.6	26.2		
10	4.0	12.6	97.1	12.8	0.269	26.2	93.5	25.1		
11	4.0	11.4	87.9	8.8	0.185	16.3	86.3	23.1		
12	4.0	9.8	75.5	4.8	0.101	7.6	74.9	20.1		
13	2.8	8.1	43.7	1.4	0.030	1.3	43.6	11.7		
14	3.2	6.4	39.3	−1.6	−0.034	−1.3	39.2	10.5		
15	4.0	4.3	32.9	−5.2	−0.110	−3.6	32.6	8.7		
16	3.6	1.5	10.5	−8.4	−0.177	−1.9	10.3	2.8		

$$\sum = 396.4 \quad \sum = 235.1 \quad \sum = 262.0$$

10)用比例尺量出滑动曲线总长 L。

11)计算稳定系数

$$K_1 = \frac{f \cdot \sum N + cL}{\sum T} = \frac{\sum (Q_i \cos\alpha_i \tan\phi + cl_i)}{\sum Q_i \sin\alpha_i}$$

$$= \frac{239.1 + 262.0}{396.4} = 1.26$$

用同样方法可以求得另外 3 条滑动曲线的稳定系数：$K_2 = 1.318$，$K_3 = 1.283$，$K_4 = 1.335$。比较 4 个圆心位置可知，O_1 点的 K 最小，$K_{\min} = 1.26 > 1.25$，因此所拟边坡稳定。

3.6.2 简化的毕肖普法验算边坡稳定性示例

例 3-2 用简化的毕肖普法验算例 3-1 的土坡稳定性。

解 土坡的滑动面圆心辅助线和土条分段与例 3-1 相同。按公式(3-15)计算 O_1 滑动面各土条的有关各项及抗滑稳定系数的方法列于表 3-3 中。其他各滑动面的抗滑稳定系数亦可用同样方法求得。

计算中，设 $K = 1.3$，算得 $K = 1.320$；再设 $K = 1.32$，算得 $K = 1.322 \approx 1.32$，两者相符。故 O_1 滑动面的稳定系数为 $K_1 = 1.32$。从圆弧条分法计算可知，O_1 为边坡的最危险滑动面，由于 $K_1 = 1.32 > 1.25$，所以边坡稳定。与圆弧条分法验算结果($K_1 = 1.262$)相比，简化毕肖普法的计算结果偏大。

表 3-3　简化毕肖普(Bishop)方法验算边坡稳定性计算表

土条号	$Q_i \sin\alpha_i$ /mg	$\cos\alpha_i$/mg	cl_i/mg	$Q_i \tan\phi$	M_i		$(Q_i \tan\phi + cb_i)/m_i$	
					$K=1.30$	$K=1.32$	$K=1.30$	$K=1.32$
1	9.1	0.539	9.18	2.9	0.71	0.71	16.9	17.0
2	19.8	0.592	8.5	6.6	0.76	0.76	19.9	20.0
3	42.0	0.653	11.7	14.9	0.81	0.81	32.8	33.0
4	49.4	0.716	11.7	18.9	0.86	0.86	35.6	35.7
5	17.9	0.752	4.3	7.3	0.89	0.89	13.0	13.0
6	68.9	0.795	17.0	30.5	0.92	0.92	51.6	51.7
7	59.3	0.853	17.0	30.5	0.96	0.96	49.4	49.4
8	48.4	0.899	17.0	29.6	0.99	0.99	47.2	47.3
9	37.0	0.935	17.0	28.0	1.01	1.01	44.6	44.8
10	26.2	0.963	17.0	26.0	1.02	1.02	42.3	42.3
11	16.3	0.983	17.0	23.5	1.02	1.02	39.7	39.7
12	7.6	0.995	17.0	20.2	1.02	1.02	36.6	36.7
13	1.3	0.996	11.9	11.7	1.01	1.01	23.5	23.5
14	−1.3	0.994	13.6	10.5	0.99	0.99	24.3	24.3
15	−3.6	0.994	17.0	8.8	0.97	0.97	26.6	26.6
16	−1.9	0.984	15.3	2.8	0.59	0.95	19.1	19.1

$\sum = 396.4$

$\sum = 523.1 \qquad \sum = 524.1$

$F = \dfrac{523.1}{396.4} = 1.32 \qquad F = \dfrac{524.1}{396.4} = 1.322$

3.6.3　折线法验算边坡稳定性示例

例 3-3　一陡坡路堤,其横断面如图 3-17 所示。已知填料容重 $\gamma = 18.7\text{kN/m}^3$,内摩阻角 $\phi = 20°52'$,不计粘聚力 c,车辆荷载换算高度 $h_0 = 0.93$。若要求安全系数 $K = 1.25$,试验算该路堤是否稳定。

解　根据路堤边坡和堤底原地面形状,将路堤划分为 4 块。按式(3-20)进行各块土体的剩余下滑力计算,计算过程如表 3-4 所示。

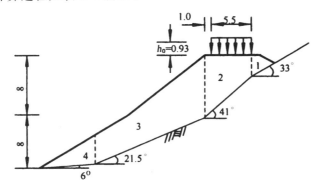

图 3-17　折线法验算边坡稳定性(长度单位:m)

表 3-4　按折线法验算边坡稳定性计算表

土块号	面积 A_i /m²	$Q_i = \gamma A_i$ /mg	α_i	$\alpha_{i-1} - \alpha_i$	$Q_i \sin\alpha_i$ /mg	$\dfrac{Q_i \cos\alpha_i \tan\phi}{K}$ /mg	$E_{i-1}\cos(\alpha_{i-1} - \alpha_i)$ /mg	$E_{i-1}\sin(\alpha_{i-1} - \alpha_i)\tan\phi$ /mg	E_i /mg
1	3.18	5.94	33°	—	3.23	1.52	—	—	1.71
2	31.9+5.09	69.22	41°	−8°	45.4	15.9	1.69	−0.07	31.26
3	105.58	197.7	21.5°	19.5°	72.2	55.9	29.45	3.18	42.57
4	14.82	27.7	6°	15.5°	2.89	8.33	41	3.46	32.05

由计算结果可知,最后一块土体的剩余下滑力 $E_4 = 32.05\text{kN} > 0$,路堤不稳定,需采取措施加以处理。

上述各种稳定性验算方法,对土条间的作用力分别作了不同的假设。由此得到的分析结果(安全系数)亦有差异。一般情况下,圆弧条分法完全忽略了土条间的力,得到的安全系数值最小;简化的毕肖普法考虑了条间水平力,得到的安全系数值较大;折线法计及了土条间的竖向力,其安全系数较前两种方法都大。

第4章 挡土墙设计

4.1 挡土墙的类型及使用条件

4.1.1 挡土墙的用途

挡土墙是一种能够抵抗侧向土压力,用来支撑天然边坡或人工边坡,保持土体稳定的建筑物。它被广泛用于公路、铁路、水利及其他土建工程。

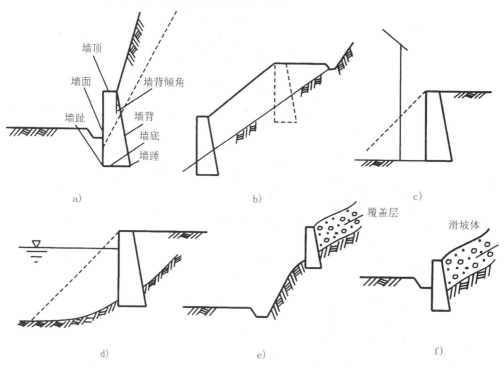

图 4-1 设置挡土墙的位置

a)路堑墙;b)路堤墙(虚线为路肩墙);c)路肩墙;d)驳岸(路肩墙);e)山坡挡土墙;f)抗滑挡土墙

(图中虚线表示不设挡土墙时的路基边坡)

挡土墙各部分名称如图 4-1a)所示。靠回填土(或山体)一侧为墙背,外露临空一侧为墙面(也称墙胸),墙底与墙面交线为墙趾,墙底与墙背的交线为墙踵,墙背与垂线的交角为墙背倾角(α)。

在公路工程中,挡土墙的用途可归纳如下:

①在路堑地段,若开挖后的路堑边坡不能自行稳定,可在坡脚处设置挡土墙,以支撑边坡,降低挖方边坡高度,减少挖方数量,避免山体失稳坍滑(图 4-1a);

②在地面横坡较陡,填筑路基难以稳定,或征地、拆迁费用高的填方路段,可在路肩或填方边坡的适当位置设置挡墙,以收缩路堤坡脚,减少填方数量(图 4-1b)或减少拆迁和占地面积(图 4-1c),保证路堤稳定性;

③对于沿河路基,为避免沿河路基挤缩河床,防止水流冲刷路基,可在沿河一侧路基设置挡土墙(图 4-1d);

④在某些挖方路段,原地面有较厚的覆盖层或滑坡,可在路堑边坡上方设置挡土墙,防止山坡覆盖层下滑(图 4-1e)和抵抗滑坡(图 4-1f)。

其他还有设置于隧道洞口的洞口挡墙和设置于桥头的桥头挡墙(即桥台)等。

在路基设计中,是否需要设置挡土墙,应通过与其他可能的技术方案进行技术、经济比较来确定。

4.1.2　挡土墙的类型

挡土墙按照墙的位置、材料、结构形式可划分为以下几种类型:

①按照墙的位置,挡土墙可分为:路堑墙、路堤墙、路肩墙和山坡墙等类型,如图 4-1 所示。

②按照墙体材料,挡土墙又可分为:石砌挡土墙、砖砌挡土墙、砼挡土墙、钢筋砼挡土墙和加筋土挡土墙等类型。

③按照墙的结构形式,挡土墙可分为:重力式、衡重式、半重力式、悬臂式、扶壁式、锚杆式、柱板式、垛式等类型,如表 4-1 所示。其中,重力式、衡重式多用石砌。半重力式用砼浇注,视需要也可在受拉区加少量钢筋,以节省圬工。其他类型多用钢筋砼就地制作或预制拼装。

4.1.3　各种挡土墙的特点与使用条件

重力式和衡重式挡土墙的特点是构造简单,断面尺寸较大,墙身较重,墙背侧向土压力主要由墙身自重来平衡。由于墙身重,故对地基承载力要求亦较高。半重力式与重力式相似,但因其整体强度较高,故墙身断面和自重相对较小。垛式挡土墙实际上是一种在钢筋混凝土杆件装配的框架内填以土石的重力式挡土墙,但其构造复杂,对构件的设计、制作和安装要求较高。

其他类型的挡土墙如表 4-1 所示,由于构造上的特点,其侧向土压力主要不是由墙身自重来平衡,墙身材料强度高,断面较小,自重较轻,可统称为轻型挡墙。它们的受力特点因构造而异。悬臂式挡土墙由立壁、墙踵板和墙趾板构成倒"T"形刚构,其侧向土压力作用于立壁所产生的弯矩,由墙踵板上的填料重量作用于墙踵板所产生的反弯矩来平衡。扶壁式挡土墙与悬臂式相似,扶壁(肋板)的作用是把墙面板和墙踵板直接联结起来,起到加劲的作用。带卸荷板的柱板式挡土墙,有一个立柱、底梁和拉杆构成的三角形框架,它使由挡板传递给立柱的侧向土压力,与卸荷板上填料的重量形成平衡力系,从而起到卸荷作用。锚杆式挡土墙是通过锚杆把墙体与墙后的稳定地层联结起来,形成静力平衡体系以维持墙的平衡。锚碇板式挡土墙类似于锚杆式,差别仅在于固定端采用锚碇板。桩板式挡土墙由钢筋混凝土桩和挡板构成,主要利用其深埋的桩柱前地层产生的被动土压力来平衡全墙侧向土压力。如采用锚杆将桩柱锚固在墙后的稳定地层中,则其结构与锚杆式相似,如用锚碇板锚固,则类似于锚碇板式。加筋土挡墙由填土及在填土中布置的加筋材和墙面板三部分组成,在垂直于墙面方向,按一定间隔和高度水平地布置加筋材料,然后填土压实,通过填土与拉筋间的摩擦和粘附作用,把土的侧压力传给加筋,从而使土体稳定。

各种挡土墙的主要特点和适用范围如表4-1所示。

表4-1 各类型挡土墙主要特点与适用范围表

类型	特　点	结构示意图	适　用　范　围
石砌重力式	1.依靠墙身自重抵抗土压力的作用; 2.形式简单,取材容易,施工简易		1.产砂石地区; 2.墙高在6.0m以下,地基良好,非地震区和沿河受水冲刷时,可采用干砌; 3.其他情况,宜用浆石砌
石砌衡重式	1.利用衡重台上部填土的下压作用和全墙重心的后移,增加墙身稳定,节约断面尺寸; 2.墙面陡直,下墙墙背仰斜,可降低墙高,减少基础开挖		1.产砂石地区; 2.山区、地面横坡陡峻的路肩墙; 3.也可用于路堑墙,兼有拦挡坠石作用; 4.亦可用于路堤墙
锚杆式	1.由立柱、挡板和锚杆三部分组成,靠锚杆锚固在山体内拉住立柱; 2.断面尺寸小; 3.立柱、挡板可预制		1.高挡墙; 2.备有钻岩机、压浆机等设备; 3.较宜用于路堑墙,亦可用于路肩墙
柱板式	1.由立柱、底梁、拉杆、挡板、底板和基座组成,借底板上的土重平衡全墙; 2.基础开挖较悬臂式和扶壁式少; 3.断面尺寸小; 4.可预制拼装,快速施工		1.高墙; 2.较适宜于路堑墙,特别适用于支挡土质路堑高边坡或处治边坡坍滑
钢筋混凝土悬臂式	1.由立壁、墙趾板和墙踵板3个悬臂梁组成,断面尺寸较小; 2.墙高时,立壁下部的弯矩大,消耗钢筋多,不经济		1.缺乏石料地区; 2.普通高度的路肩墙; 3.地基情况可以差些

续表

类型	特　　点	结构示意图	适 用 范 围
钢筋混凝土扶壁式	沿悬壁式墙的墙长,隔一定距离加一道扶壁,使立壁与墙踵板连接起来,更好受力	扶壁	在高挡墙时较悬臂式经济。其余同上
加筋土挡土墙	1.由加筋、墙面板和填土三部分组成,借筋带与填料之间的摩擦力保持墙身稳定; 2.施工简便,造型美观; 3.对地基的适应性强,占地少	面板　加筋条　填土	1.缺乏石料地区; 2.适用于石质土、砂性土、黄土地区修建较高的路肩墙或路堤墙

4.2　挡土墙的构造

常用的重力式挡土墙,一般由墙身、基础、排水设施和伸缩缝等几部分构成。

4.2.1　墙身构造

(1)墙身断面形式及其特点

根据墙背的倾斜方向,墙身断面形式可分为仰斜、垂直、俯斜、凸形折线和衡重式几种,如图 4-2 所示。

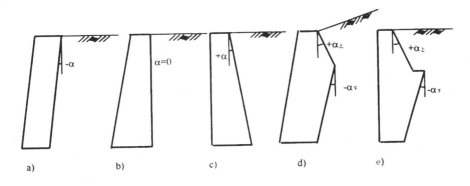

图 4-2　重力式挡土墙的断面形式
a)仰斜;b)垂直;c)俯斜;d)凸形折线式;e)衡重式

在其他条件相同时,仰斜墙背所承受的土压力比俯斜墙背小,故其墙身断面亦较俯斜墙背经济。同时,由于仰斜墙背的倾斜方向与开挖面边坡方向一致,故开挖量和回填量均比俯斜墙背小。然而,由于仰斜式挡土墙的基础外移,当墙趾处地面横坡较陡时,会使墙身增高,断面增大。因此,仰斜式挡墙适用于作路堑墙及墙趾处地面平坦的路堤墙或路肩墙。

俯斜墙背所承受的土压力较大。在地面横坡陡峻时,俯斜式挡土墙可用陡直的墙面,以减小墙高。俯斜墙背亦可做成台阶形,以增加墙背与填料间的摩阻力。

垂直墙背的特点介于仰斜和俯斜墙背之间。

若将仰斜式挡土墙的上部墙背改为俯斜,即构成凸形折线式。与仰斜式比较,其上部尺寸有所减少,故断面亦较节省。多用于路堑墙,也可用于路肩墙。

若在凸形折线式的上下墙之间增设一平台,并采用陡直墙面,即为衡重式断面。在其他条件相同时,衡重式的断面积比俯斜式小而比仰斜式大,但其基底应力较大,故对地基承载力要求相对较高。

(2)墙身断面尺寸

①墙背坡度　俯斜式墙背坡度一般为 $1:0.15\sim1:0.4$(即 $\alpha=+8°32'\sim+21°48'$)。仰斜式不宜缓于 $1:0.3$(即 $\alpha\not>-16°42'$),以免施工困难。衡重式之上墙背为 $1:0.25\sim1:0.45$(即 $\alpha_{上}=+14°02'\sim+24°14'$),下墙背在 $1:0.25$(即 $\alpha_{下}=-14°02'$)左右,上下墙高比一般采用 $2:3$。

②墙面　墙面一般为平面,其坡度除应与墙背坡度相协调外,还应密切结合墙趾处的地面横坡合理选择。地面横坡较陡时,为减小墙高,宜采用垂直墙面或仰斜 $1:0.05\sim1:0.20$,地面横坡较缓时,可放得更缓些,但不宜缓于 $1:0.4$,以免过分增加墙高。

③墙顶　墙顶最小宽度,浆砌挡土墙不宜小于 0.5m,干砌不宜小于 0.6m。浆砌路肩墙墙顶一般宜采用粗料石或低标号砼做成顶帽,顶帽厚约 0.4m。如不做顶帽或为路堑墙或路堤墙,墙顶应以较大块石砌筑,并用砂浆勾缝,或用 5 号砂浆抹平顶面,砂浆厚约 2cm。干砌挡土墙墙顶 0.5m 高度内,用 2.5 号砂浆砌筑,以增加墙身稳定性。

④护栏　为保证交通安全,在地形险峻地段,或过高过长的路肩墙,需在墙顶设置护栏。为保持路肩宽度,护栏内侧边缘距路面边缘的距离,二、三级路不小于 0.75m,四级路不小于 0.5m。

4.2.2　基础

在实际工程中,挡土墙的破坏在多数情况下,都是由于地基不良和基础处理不当引起的。因此,基础设计是挡土墙设计的重要内容,必须予以充分重视。

基础设计,包括选择基础类型和确定基础埋置深度两项主要内容。

(1)基础形式

大多数挡土墙都是直接砌筑在天然地基上的(图 4-3)。当地基承载力不足且墙趾处地形平坦时,为减小基底应力和增加抗倾覆稳定性,常采用扩大基础(图 4-3a、b);当地面陡峻而地基为完整坚实的岩石时,为节省圬工和基础开挖数量,可采用切割台阶基础(图 4-3c);如局部地基软弱,挖基困难或需跨越沟涧时,可采用拱形基础(图 4-3d)跨过。

扩大基础是将墙趾或墙踵部分加宽成台阶,也可同时将两侧加宽,以增大承压面积,减小基底应力。台阶的宽度视基底应力需要减小的程度和加宽后的合力偏心距大小而定,一般不宜小于 0.2m。台阶高度按加宽部分的抗剪、抗弯和基础材料的扩散角(刚性角)要求确定。高宽比可采用 $3:2$ 或 $2:1$。

当基底应力超出地基容许承载力过多时,基底需加宽的数值较大,台阶高度亦随之增加。

为减小台阶高度,基础可改为钢筋混凝土底板。底板高度根据剪应力和主拉应力的要求确定。

切割台阶基础,每一台阶的宽度需要根据地形和地质条件而定,高宽比不宜大于 2∶1。最下一个台阶的底宽应满足偏心距的有关规定,一般不宜小于 1.5～2.0m。其余台阶的宽度不宜小于 0.5m,高度一般约为 1.0m。

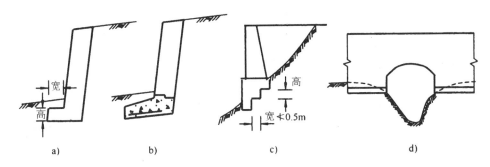

图 4-3　挡土墙的基础形式

a)加宽墙趾;b)钢筋混凝土底板;c)台阶基础;d)拱形基础

(2)基础埋置深度

为保证挡土墙的稳定性,必须根据下列要求,将基础埋入地面以下适当深度。

①应保证基底土层的容许承载力大于基底可能出现的最大应力。不同深度的土层具有不同的承载力。基底应力分布因基础埋置深度不同而有所差异,埋入土中的基础,基底应力分布比置于地面的均匀。所以,将基础置到具有足够承载力的土层上,以避免地基产生剪切破坏,保证基础稳定。

②应保证基础不受冲刷。在墙前地基受水冲刷地段,如未采取专门的防冲刷措施,应将基础埋到冲刷线以下,以免基底和墙趾前的土层被水掏蚀。

③在季节性冰冻地区,应将基础埋置到冰冻线以下,以防止地基因冻融而破坏。

对于上述要求,公路上的一般规定是:

①设置在土质地基上的挡墙,基底埋置深度一般应在天然地面以下至少 1.0m;受水冲刷时应在冲刷线以下至少 1.0m;受冻胀影响时,应在冻结线以下不少于 0.25m,当冻深超过 1.0m 时,仍采用 1.25m,但基底应夯填一定厚度的砂砾或碎石垫层,垫层底面亦应位于冻结线以下不少于 0.25m。

②设置在石质地基上的挡土墙,应清除表面风化层,当风化层厚难于全部清除时,可根据地基风化程度及其容许承载力,将基底埋入风化层中。基础嵌入岩层的深度,可参照表 4-2 确定。墙趾前地面横坡较陡时,基底埋深必须满足墙趾前的安全襟边宽度 L,以防止地基剪切破坏。

当挡土墙位于地质不良地段,地基内可能出现滑动面时,应进行地基抗滑稳定性验算,将基底埋置在滑动面以下,或采取其他措施,防止挡土墙滑动。

4.2.3　排水设施

挡土墙设计一般都以天然地基容许承载力和自然状态下的墙背土体的土压力为依据的。如排水不良,地基和墙背土体将由于水分增加而改变原来的状态,导致地基承载力降低和土压力增加。同时,土体内水分过多时,将产生静水压力;在冰冻地区,还将产生冻胀压力;对粘性土,水分增加时将产生膨胀压力。显然,当附加的压力过大以致超出设计计算土压力,或地基承载力过分降低以致低于设计基底应力时,挡土墙的稳定性和强度难以保证。因此,设置有效排水设施对保证挡土墙稳定性和强度具有重要的意义。

表 4-2   挡墙基础嵌入岩石地基深度表

岩 层 种 类	基础埋深 h/m	襟边宽度 L/m	嵌入示意图
较完整的坚硬岩石	0.25	0.25~0.5	
一般岩石(如砂页岩互层等)	0.6	0.6~1.5	
松散岩石(如千枚岩等)	1.0	1.0~2.0	
砂夹砾石	≥1.0	1.5~2.5	

挡土墙常用的排水设施可分为地面排水和墙身排水两部分。

地面排水主要是防止地表水渗入墙背土体或地基。主要措施包括:在墙后地面设置排水沟、夯实地表松土,必要时采取封闭处理;对路堑挡土墙墙趾前的边沟予以铺砌加固等。

墙身排水主要是为了迅速排除土内积水。其方法是在浆砌挡土墙墙身的适当高度处设置一排或数排泄水孔(图 4-4),泄水孔尺寸一般为 5cm×10cm,10cm×10cm,15cm×20cm 的矩形孔,或直径为 5~10cm 的圆形孔。泄水孔间距一般为 2~3m,干旱地区可适当增大,渗水量大时可适当加密。上下排泄水孔交错布置。为保证顺利泄水和避免墙外水流倒灌,泄水孔应向外侧倾斜,最下一排泄水孔出口应高出地面或边沟、排水沟及积水地区的常水位 0.3m。为防止水分渗入地基,最下一排的底部需铺设 30cm 厚的粘土隔水层。泄水孔的进水口附近应设置粗粒料反滤层,以免孔道阻塞。当墙背透水性差或可能发生冻胀时,应在最低一排泄水孔至墙顶以下 0.5m 高度范围内铺设砂卵石排水层(图 4-4c)。

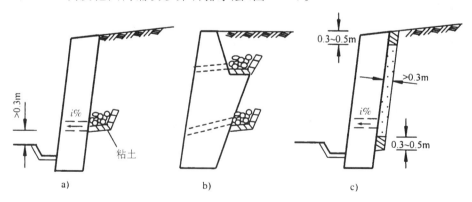

图 4-4   挡墙排水孔及反滤层的构造

4.2.4   沉降缝与伸缩缝

为防止墙身因地基不均匀沉降而引起断裂,需根据地基地质条件和墙高、墙身断面变化情况,设置沉降缝。为防止墙身因圬工砌体硬化收缩,或温度变化所产生的温度应力引起开裂,需设置伸缩缝。

设计时,一般将沉降缝和伸缩缝合并设置,统称为伸缩缝。沿路线方向每隔 $10\sim15\mathrm{m}$ 设一道,缝宽 $2\sim3\mathrm{cm}$,缝内可用胶泥填塞,但在渗水量大,填料容易流失或冻害严重地区,宜用沥青麻筋或涂以沥青的木板等具有弹性的材料,沿内、外、顶三方填塞,填深不宜小于 $15\mathrm{cm}$。当墙背为填石且冻害不严重时可不填缝。

干砌挡土墙,缝的两侧应选用平整石料砌筑,使成垂直通缝。

4.3 挡土墙的土压力计算

4.3.1 作用在挡土墙上的力系

确定作用于挡土墙上的力系是挡土墙设计的关键,其中主要是确定土压力。

作用在挡土墙上的力系,按其作用性质分为主要力系、附加力系和特殊力。

主要力系是经常作用于挡土墙的各种力,如图 4-5 所示,它包括:

①挡土墙自重 G 及位于墙上的衡载;

②墙后土体的主动土压力 E_a(包括作用在墙后填料破裂棱体上的荷载,简称超载);

③基底的法向力 N 和摩擦力 T;

④墙前土体的被动土压力 E_p。

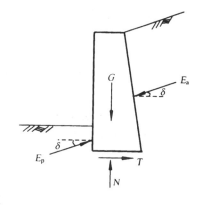

图 4-5 作用在挡土墙上的主要力系

对于浸水挡墙而言,主要力系中尚应包括常水位时的静水压力和浮力。

附加力系是指季节性地作用于挡土墙的各种力。例如洪水时的静水压力和浮力、动力压力、波浪冲击力,以及冻胀压力等。

特殊力是偶然出现的力。例如地震力、施工荷载、水流漂浮物的撞击力等。

在一般地区,挡土墙设计仅考虑主要力系,在浸水地区还应考虑附加力,而在地震区则应考虑地震对挡土墙的影响。各种力的取舍,应根据挡土墙所处的具体工作条件,按最不利组合作为设计的依据。

4.3.2 一般条件下的库仑(Coulomb)主动土压力计算

土压力是挡土墙设计的主要荷载。挡土墙的位移情况不同,可以形成不同性质的土压力(如图 4-6 所示)。当挡土墙向外移动(位移或倾覆)时,土压力随之减少,直到墙后土体沿破裂面下滑而处于极限平衡状态,此时作用于墙背的土压力称为主动土压力;当墙向土体挤压移动,土压力随之增大,土体被推移向上滑动处于极限平衡状态,此时土体对墙的抗力称为被动土压力;墙处于原来位置不动时,土压力介于两者之间,称为静止土压力。采用哪种性质的土压力作为挡土墙设计荷载,要根据挡土墙的具体条件而定。

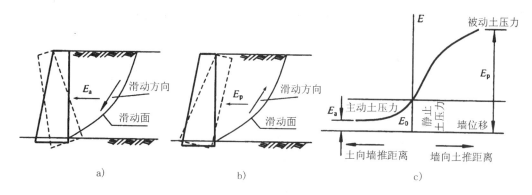

图 4-6　三种不同性质的土压力

　　路基挡土墙一般都可能有向外的位移或倾覆。因此,在设计中按墙背土体达到主动极限平衡状态,且设计时取一定的安全系数,以保证墙背土体的稳定。对于墙趾前的被动土压力E_p,在挡土墙基础一般埋深的情况下,考虑到各种自然力和人畜活动的作用,一般均不计,以偏于安全。

　　主动土压力计算的理论和方法,在土力学中已有专门论述,这里仅结合路基挡土墙的设计,介绍库仑土压力的计算方法和具体应用。

　　(1)库仑理论的基本假设

　　库仑理论的基本假定是:

　　①当挡土墙向前滑移时(图 4-7),墙后土体将形成一个沿墙背 AB 和破裂平面 BC 向下滑动的破裂棱体 ABC(或称土楔),此时土楔处于主动应力状态。

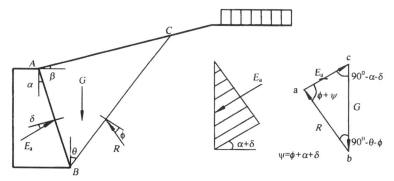

图 4-7　库仑主动土压力计算

　　②墙后土体为均质松散颗粒,粒间仅有摩阻力而无粘结力存在。挡土墙和土楔都是无压缩或拉伸变形的刚体。

　　③土楔刚形成时,土楔在自重 G 与墙背反力 E_a 及破裂面反力 R 的作用下保持静力平衡,故土体处于极限平衡状态。由于土楔与墙背和破裂面间有摩阻力,故 E_a 和 R 分别与各自的作用面的法线成 δ 角(墙背与土体间的摩阻角,简称外摩阻角)和 ϕ 角(土的内摩阻角)。

　　(2)各种边界条件下的库仑主动土压力计算

　　根据上述假定,即可推得不同边界条件下,计算挡土墙土压力的基本公式。

　　现以破裂面交于路基内边坡的边界条件为例,介绍库仑理论计算土压力的原理。

　　图中 AB 为挡土墙的墙背,BC 为破裂面,BC 与铅垂线的夹角 θ 为破裂角,ABC 为破裂棱体。棱体上作用着 3 个力,即破裂棱体自重 G、主动土压力的反力 E_a 和破裂面上的反力 R。E_a 的方向与墙背法线成 δ 角,且偏于阻止棱体下滑的方向;R 的方向与破裂面法线成 ϕ 角,且偏于阻止棱体下滑的方向,根据力平衡原理,G、E_a 和 R 构成一矢量三角形 abc。取挡墙长度为 1m 计算,从作用于破裂棱体上的平衡力三角形 abc,按正弦定理可得:

$$E_a = \frac{\sin(90° - \theta - \phi)}{\sin(\theta + \psi)} \cdot G = \frac{\cos(\theta + \phi)}{\sin(\theta + \phi)} \cdot G \qquad (4\text{-}1)$$

式中:　　　$\psi = \phi + \alpha + \delta$

因:　　　$G = \frac{1}{2}\gamma \cdot \overline{AB} \cdot BC \cdot \sin(\alpha + \theta)$

而:　　　$AB = H\sec\alpha$

$$BC = \frac{\sin(90° - \alpha + \beta)}{\sin(90° - \theta - \beta)} \cdot AB = H \cdot \sec\alpha \cdot \frac{\cos(\alpha - \beta)}{\cos(\theta + \beta)}$$

$$G = \frac{1}{2}\gamma H^2 \cdot \sec^2\alpha \cdot \frac{\cos(\alpha - \beta)\sin(\alpha + \theta)}{\cos(\theta + \beta)} \qquad (4\text{-}2)$$

将式(4-2)代入式(4-1),得:

$$E_a = \frac{1}{2}\gamma H^2 \sec^2\alpha \cdot \frac{\cos(\alpha - \beta) \cdot \sin(\alpha + \theta)}{\cos(\theta + \beta)} \cdot \frac{\cos(\theta + \phi)}{\sin(\theta + \psi)} \qquad (4\text{-}3)$$

令　　　$A = \frac{1}{2}H^2 \cdot \sec^2\alpha \cdot \cos(\alpha - \beta)$

则　　　$E_a = \gamma A \cdot \frac{\sin(\theta + \alpha) \cdot \cos(\theta + \phi)}{\cos(\theta + \beta) \cdot \sin(\theta + \psi)} \qquad (4\text{-}4)$

当参数 γ、δ、ϕ、α、β 固定时,E_a 随破裂面的位置而变化,即 E_a 是破裂角 θ 的函数。为求最大土压力 E_a,首先要求得对应于最大土压力的破裂角 θ。取 $dE_a/d\theta = 0$,得:

$$\gamma A\left[\frac{\cos(\theta + \phi)}{\sin(\theta + \psi)} \cdot \frac{\cos(\theta + \beta)\cos(\theta + \alpha) + \sin(\theta + \beta) \cdot \sin(\theta + \alpha)}{\cos^2(\theta + \beta)} - \right.$$

$$\left. \frac{\sin(\theta + \alpha)}{\cos(\theta + \beta)} \cdot \frac{\sin(\theta + \psi) \cdot \sin(\theta + \phi) + \cos(\theta + \psi) \cdot \cos(\theta + \phi)}{\sin^2(\theta + \psi)}\right] = 0$$

整理化简后得:

$$P\tan^2\theta + Q \cdot \tan\theta + R = 0$$

$$\tan\theta = \frac{-Q \pm \sqrt{Q^2 - 4PR}}{2P} \qquad (4\text{-}5)$$

式中:$P = \cos\alpha \cdot \sin\beta \cdot \cos(\psi - \phi) - \sin\phi \cdot \cos\psi \cdot \cos(\alpha - \beta)$

$\quad\quad Q = \cos(\alpha - \beta) \cdot \cos(\psi + \phi) - \cos(\psi - \phi) \cdot \cos(\alpha + \delta)$

$\quad\quad R = \cos\phi \cdot \sin\psi \cdot \cos(\alpha - \beta) - \sin\alpha \cdot \cos(\psi - \phi) \cdot \cos\beta$

将式(4-5)求得的 θ 值代入式(4-4),即可求得最大主动土压力 E_a 值,即

$$E_a = \frac{1}{2}\gamma H^2 K_a$$

$$= \frac{1}{2}\gamma H^2 \frac{\cos^2(\phi - \alpha)}{\cos^2\alpha \cdot \cos(\alpha + \delta)\left[1 + \sqrt{\dfrac{\sin(\phi + \delta) \cdot \sin(\phi - \beta)}{\cos(\alpha + \delta) \cdot \cos(\alpha - \beta)}}\right]^2} \qquad (4\text{-}6)$$

式中:γ——墙后填土的容重,kN/m³;

ϕ——填土的内摩擦角;

δ——墙背与填土间的摩擦角;

β——墙后填土表面的倾角;

α——墙背倾斜角,俯斜墙背 α 为正,仰斜墙背 α 为负;

H——挡土墙高度,m;

K_a——主动土压力系数。

土压力的水平和垂直分力分别为:

$$\left. \begin{array}{l} E_x = E_a \cdot \cos(\alpha + \delta) \\ E_y = E_a \cdot \sin(\alpha + \delta) \end{array} \right\} \tag{4-7}$$

因路基形式和荷载分布的不同,土压力有多种计算图式,一种计算图示即为一种边界条件。按照荷载横向分布与破裂棱体相对位置的不同,有 3 种情况:即局部荷载位于破裂棱体上,全部荷载位于破裂棱体上和破裂棱体上无荷载。如果以填方挡土墙的路堤墙为准,路肩墙又是路堤墙的变换。这些不同边界条件下的挡土墙的主动土压力,可用上述类似的方法求得。铁路设计手册《挡土墙》和公路设计手册《路基》中列有各种边界条件下挡土墙的库仑主动土压力计算公式,可以直接选用。表 4-3 选列出了四种边界条件下的挡墙土压力计算公式,供学习时参考。

在用手册或表 4-3 计算某一边界条件下的挡土墙土压力 E_a 时,先要求出破裂角 θ,即首先确定产生最大土压力的破裂面。这一破裂面将按哪一种边界条件出现,事先并不知道,因此必须试算。计算时可先假定破裂面交于路基的位置(一般是先假定交于荷载中部),按此图式及选择其相应的计算公式(如表 4-3 中的某一边界条件公式)算出 θ 角,再与原假定的破裂面位置(边界条件)相比较,看是否相符。如与假定不符,根据计算的 θ 角重新假定破裂面位置,按相应的公式重复上述计算,直至相符为止。最后根据此破裂角计算最大主动土压力。在个别情况下,可能出现验证与假定不符,改变图式后仍然不符,此时可假定破裂面交于两种边界条件的分界点(例如交于荷载边缘)来计算破裂角。

4.3.3 大俯角墙背的主动土压力计算

在挡土墙设计中,往往会遇到俯斜墙背很缓,即墙背倾角 α 很大的情况,如折线形挡土墙上墙墙背,衡重式挡土墙的上墙假想墙背(图 4-8a)。当墙后土体达到主动极限平衡状态时,破裂棱体并不沿墙背或假想墙背 CA 滑动,而是沿着土体的另一裂面 CD 滑动,CD 即称为第二破裂面,α_i 和 θ_i 为相应的破裂角,而远离墙的破裂面 CF 称为第一破裂面。这时,挡土墙承受着作用于第二破裂面上的土压力 E_a,E_a 是 α_i 和 θ_i 的函数。而 E_x 是 E_a 的水平分力,因此可以列出以下函数关系:

$$E_x = f(\alpha_i, \theta_i) \tag{4-8}$$

为了确定最不利的破裂角 α_i 和 θ_i 及相应的主动土压力值,可以求解下列偏微分方程组:

$$\left. \begin{array}{l} \dfrac{\partial E_x}{\partial \alpha_i} = 0 \\[3mm] \dfrac{\partial E_x}{\partial \theta_i} = 0 \end{array} \right\} \tag{4-9}$$

并满足下列条件:

表 4-3 一般土压力计算公式表

编号	类型	边界条件	计算简图	计算公式
1	路堑墙或路堤墙	墙后土体表面为倾斜平面,无超载		$\theta=90°-\Phi-\epsilon$ $\quad$ $\tan\varepsilon=\dfrac{-\tan(\alpha-\beta)+\sqrt{\tan(\varphi-\beta)\left[\tan(\varphi-\beta)+\cot(\varphi-\alpha)\right]\left[1+\tan(\alpha+\delta)\cot(\varphi-\alpha)\right]}}{1+\tan(\alpha+\delta)\left[\tan(\varphi-\beta)+\cot(\varphi-\alpha)\right]}$ $\quad$ $K_a=\dfrac{\cos^2(\varphi-\alpha)}{\cos^2\alpha\cos(\alpha+\delta)\left[1+\sqrt{\dfrac{\sin(\varphi+\delta)\sin(\varphi-\beta)}{\cos(\alpha+\delta)\cos(\alpha-\beta)}}\right]^2}$ $\quad$ $E_a=\dfrac{1}{2}\gamma H^2 K_a$ $\quad$ $E_x=E_a\cos(\alpha+\delta)$ $\quad$ $E_y=E_a\sin(\alpha+\delta)$ $\quad$ $Z_x=\dfrac{1}{3}H$ $\quad$ $Z_y=B-Z_x\tan\alpha$
2	路肩墙	墙后土体表面水平,条形均布荷载,破裂面交于荷载内		$\tan\theta=-\tan\alpha+\sqrt{(\cot\varphi+\tan\omega)(\tan\omega-\tan\alpha)}\cdot\omega=\varphi+\alpha+\delta$ $\quad$ $K_a=\dfrac{\cos(\theta+\varphi)}{\sin(\theta+\omega)}(\tan\theta+\tan\alpha)$ $\quad$ $K_1=1+\dfrac{2h_0}{H}$ $\quad$ $E_a=\dfrac{1}{2}\gamma H^2 K_a K_1$ $\quad$ $E_x=E_a\cos(\alpha+\delta)$ $\quad$ $E_y=E_a\sin(\alpha+\delta)$ $\quad$ $Z_x=\dfrac{H}{3}+\dfrac{h_0}{3K_1}$ $\quad$ $Z_y=B-Z_x\tan\alpha$

续表

编号	类型	边界条件	计算简图	计算公式
3		墙后土体为折面、条形面均布荷载、破裂面交于荷载内		$\tan\theta = -\tan\alpha + \sqrt{\cot\varphi + \tan\alpha(\tan\alpha + A)}$, $\omega = \varphi + \alpha + \delta$ $E_a = \frac{1}{2}\gamma H^2 K_a K_1$ $\quad K_a = \frac{\cos(\theta+\varphi)}{\sin(\theta+\omega)}(\tan\theta+\tan\alpha)$ $E_x = E_a\cos(\alpha+\delta)$ $\quad E_y = E_a\sin(\alpha+\delta)$ $h_2 = \frac{d}{\tan\theta+\tan\alpha}$ $\quad h_3 = \frac{b-a\tan\theta}{\tan\theta+\tan\alpha}$ $Z_x = \frac{H}{3} + \frac{a(H-h_3)^2 + h_0 h_1(3h_1-2H)}{3H^2 K_1}$ $\quad Z_y = B - Z_x\tan\alpha$ $A = \frac{ab+2h_0(b+d)-H(H+2a+2h_0)\tan\alpha}{(H+a)(H+a+2h_0)}$ $K_1 = 1 + \frac{2a}{H}\left(1-\frac{h_3}{2H}\right) + \frac{2h_0 h_1}{H^2}$ $\quad h_1 = H - h_2 - h_3$
4	路堤墙	同上,破裂面交于另一侧边坡		$\tan\theta = \frac{-Q \pm \sqrt{Q^2 - PR}}{P}$ $\quad \omega = \varphi + \alpha + \delta$ $Q = A_0\cos\varphi\cos\omega + B_0\cot\beta\cos(\omega-\varphi)$ $\quad P = -A_0\sin\varphi\cos\omega + B_0\cos(\omega-\varphi)$ $R = A_0[\cot\beta\cos(\omega-\varphi)+\sin\omega\cos\varphi]+B_0\cot^2\beta\cos(\omega-\varphi)$ $A_0 = -[L+(H+2a)\cot\beta - H\tan\alpha]^2$ $\quad B_0 = \langle(H+a)[2L+(H+3a)\cot\beta]-ab-H^2\tan\alpha\rangle + 2l_a h_0$ $E_a = \frac{\gamma\cos(\theta+\varphi)}{2\sin(\theta+\omega)}\left[\frac{A_0\sin\beta\cos\theta}{\cos(\theta-\beta)}+B_0\right]$ $\quad E_x = E_a\cos(\alpha+\delta)$ $\quad E_y = E_a\sin(\alpha+\delta)$ $Z_x = \frac{6A}{6C}$ $6A = 3(H-h_1+a)h_1^2 + (h_1-a+h_6)h_1^2 + 3(H-h_1-h_2+h_3)h_2(2h_1+h_2) + h_3^2(3h_1+h_2)$ $+3(h_4+h_5+a+h_6)h_3(2h_1+2h_2+h_3)+3(h_5+a)h_4(2h_1+2h_2+3h_3+3h_4)h_4^2(3h_1+3h_2$ $+3h_3+h_4)+3(h_5+a)h_5(3H-2h_5)$ $6C = 3[2(H-h_1+a)h_1+(h_1-a+h_6)h_1+2(H-h_1-h_2+a)h_2+h_3^2+2(h_4+h_5+a+h_0)h_3+$ $h_3^2+2(h_5+a)h_4+h_4^2+(h_5+a)h_5]$ $h_6 = [L+2b-H(\tan\theta+\cot\beta)]/(\tan\theta+\tan\alpha)$ $\quad h_1 = H-(b+L-a\tan\theta)/(\tan\theta+\tan\alpha)$ $h_5 = (b-a\tan\theta)/(\tan\theta+\tan\alpha)$ $\quad h_2 = h_4$ $h_3 = l_0/(\tan\theta+\tan\alpha)$ $\quad h_4 = d/(\tan\theta+\tan\alpha)$

注:图中符号除本表已注明者外,均与前同。

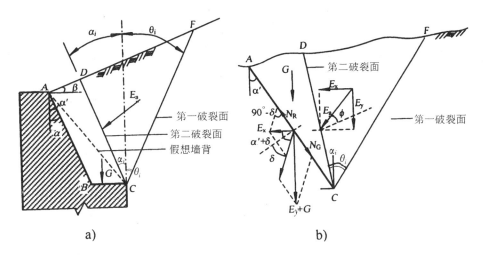

图 4-8 出现第二破裂面的土压力计算

$$\left.\begin{aligned}
&\frac{\partial^2 E_x}{\partial \alpha_i^2} < 0 \\
&\frac{\partial^2 E_x}{\partial \theta_i^2} < 0 \\
&\frac{\partial^2 E_x}{\partial \alpha_i^2} \cdot \frac{\partial^2 E_x}{\partial \theta_i^2} - \left(\frac{\partial^2 E_x}{\partial \alpha_i \cdot \partial \theta_i}\right)^2 > 0
\end{aligned}\right\} \qquad (4-10)$$

出现第二破裂面的条件是：

①墙背或假想墙背的倾角 α 或 α' 大于第二破裂面倾角 α_i；

②在墙背或假想墙背上产生的抗滑力 N_R 大于其下滑力 N_S，使破裂棱体不会沿墙背或假想墙背下滑。

第二个条件的又一表达方式为：作用于墙背或假想墙背上的土压力对墙背法线的倾角 δ' 小于或等于墙背摩擦角 δ。

一般,为避免土压力过大,俯斜式挡土墙很少采用平缓式背坡,故不易出现第二破裂面。衡重式的上墙或悬臂式挡土墙,因系假想墙背,$\delta = \phi$,只要满足第一个条件,即出现第二破裂面,设计时应首先加以判别,然后再用相应的公式计算土压力。其做法是先拟定两组破裂面,按相应公式算出 θ_i,以确定第一破裂面的位置;如与假定相符,再按与此边界条件相对应的公式计算 α_i;如 $\alpha_i > \alpha'$,表明不会出现第二破裂面,应按一般库仑公式计算土压力;如 $\alpha_i < \alpha'$,表明有第二破裂面出现,应按出现第二破裂面的库仑公式计算土压力。表 4-4 列出了两种边界条件下出现第二破裂面的土压力计算公式,供设计应用参考,表中及其他边界条件下的第二破裂面土压力计算公式的推导可参考公路或铁路路基设计手册。

4.3.4 粘性土土压力计算

库仑理论只考虑不具有粘聚力的砂性土的土压力问题。若墙背填料为粘性土,则土粒间不仅有摩阻力存在,而且还有粘聚力。显然,这与库仑理论假定是不相符合的,然而迄今为止尚无一种切合实际的有效方法进行粘性土的土压力计算。因此仍只能采用以库仑理论为基础计算粘性土主动土压力的近似方法——等效内摩阻角法和力多边形法,现介绍如下。

(1)等效内摩阻角法

这种方法在设计粘性土填料的挡土墙时,将内摩阻角 ϕ 与单位粘聚力 c,换算成较实有 ϕ 值大的"等效内摩阻角"ϕ_D 来代替,然后按砂性土的库仑土压力公式计算土压力。

ϕ_D 值可以按换算前后土的抗剪强度相等或土压力相等的原则来计算,一般是把粘性土的内摩阻角值增大 $5°\sim10°$,或取等效内摩阻角 ϕ_D 为 $30°\sim35°$。

表 4-4　第二破裂面土压力计算公式表

类　型	路堤墙、路堑墙	路　肩　墙
编　号	1	2
边界条件	第一破裂面交于边坡	第一破裂面交于荷载内
计算简图		
破裂角 计算式	$\theta_1 = \dfrac{1}{2}(90°-\phi) + \dfrac{1}{2}(\varepsilon - \beta)$ $\alpha_i = \dfrac{1}{2}(90°-\phi) - \dfrac{1}{2}(\varepsilon - \beta)$ $\varepsilon = \sin^{-1}\dfrac{\sin\beta}{\sin\phi}$	$\alpha_i = \theta_i = 45° - \dfrac{\phi}{2}$
土压力 及土压 系数计 算　式	$E_1 = \dfrac{1}{2}\gamma H_1'^2 K$ $E_{1x} = E_1\cos(\alpha_i + \phi)$ $E_{1y} = E_1\sin(\alpha_i + \phi)$ $K = \dfrac{\cos^2(\phi-\alpha_i)}{\cos^2\alpha_i\cos(\alpha_i+\phi)\left[1+\sqrt{\dfrac{\sin2\phi\sin(\phi-\beta)}{\cos(\alpha_i+\phi)\cos(\alpha_i-\beta)}}\right]^2}$ $H_1' = H_1\dfrac{1+\tan\alpha_1'\tan\beta}{1+\tan\alpha_i'\tan\beta} \qquad Z_{1x} = \dfrac{1}{3}H_1'$	$E_1 = \dfrac{1}{2}\gamma H_1^2 K K_1$ $E_{1x} = E_1\cos(\alpha_i+\phi)$ $E_{1y} = E_1\sin(\alpha_i+\phi)$ $K = \dfrac{\tan^2\left(45° - \dfrac{\phi}{2}\right)}{\cos\left(45° + \dfrac{\phi}{2}\right)}$ $K_1 = 1 + \dfrac{2h_0}{H_1} \qquad Z_{1x} = \dfrac{H_1}{3} + \dfrac{h_0}{3K_1}$

由于影响土压力数值的因素是多方面的,包括墙高、墙型、墙后填料的表面以及荷载的情况等,不可能用上述方法为之确定一个固定的换算关系或固定的换算值。用上述方法换算的内摩阻角,只与某一特定的墙高相适应,一般对于矮墙偏于安全,对于高墙则偏于危险。因此在设计高墙时,应按墙高酌情降低 ϕ_D 值。最好按实测的 c、ϕ 值,用力多边形法计算粘性土的主动土压力。

(2)力多边形法(数解法)

如图 4-9 所示,当挡土墙向外有足够位移时,粘性土层顶部将出现拉应力,使土层产生竖

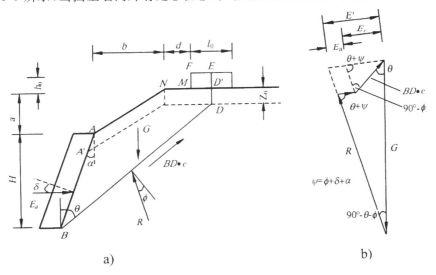

图 4-9　路堤墙粘性土主动土压力计算

向裂缝,裂缝从表面向下延伸到拉应力趋于零处。裂缝深度 h_c 可按下式计算:

$$h_c = \frac{2c}{\gamma}\tan\left(45° + \frac{\phi}{2}\right) \tag{4-11}$$

式中:c——填料的单位粘聚力,kPa;

在垂直裂缝区 h_c 范围内,竖直面上的侧压力等于零,因此在此范围内不计土压力。

根据库仑理论,假设破裂面为一平面,沿破裂面上土的抗剪强度由土的内摩阻力 $\sigma \cdot \tan\phi$ 和粘聚力 c 组成。墙背和土之间的粘聚力 c',由于影响因素很多,为简化计算,可忽略不计,偏于安全。

现以路堤墙后破裂面交于荷载内的情况为例,介绍力多边形法计算粘性土压力公式的推导。

图 4-9 为路堤式挡土墙,填土表面有局部荷载,裂缝深度假定从荷载作用面以下产生。BD 为破裂面,破裂棱体为 $ABDEFMN$。在主动极限平衡状态下,棱体在自重 G、墙背反力 E_a、破裂面反力 R 和破裂面粘聚力 $\overline{BD} \cdot c$ 四个力的作用下保持静力平衡,这 4 个力构成力矢量多边形(图 4-9b)。从力多边形可知,作用于墙背的主动土压力为:

$$E_a = E' - E_c \tag{4-12}$$

式中:E'——当 $c=0$ 时的土压力,根据公式(4-1)得:

$$E' = \frac{\cos(\theta + \phi)}{\sin(\theta + \psi)} \cdot G$$

G——棱体 $ABDEFMN$ 的自重,在图 4-9a)所示边界条件下:

$$G = \gamma \cdot (A_0\tan\theta - B_0)$$

其中:$A_0 = \frac{1}{2}(H+a)^2 - \frac{1}{2}h_c^2 + h_0(H+a-h_c)$

$B_0 = \frac{1}{2}ab + (b+d)h_0 + \frac{H}{2}(H+2a+2h_0)\tan\alpha$

将 G 代入式 E' 得：

$$E' = \gamma(A_0\tan\theta - B_0)\frac{\cos(\theta+\phi)}{\sin(\theta+\psi)}$$

$$= \gamma A_0(\tan\theta + \tan\psi)\frac{\cos(\theta+\phi)}{\sin(\theta+\psi)} - \gamma A_0\tan\psi\frac{\cos(\theta+\phi)}{\sin(\theta+\psi)} - \gamma B_0\frac{\cos(\theta+\phi)}{\sin(\theta+\psi)}$$

$$= \frac{\gamma A_0}{\cos\psi}\cdot\frac{\cos(\theta+\phi)}{\cos\theta} - \gamma(A_0\tan\psi + B_0)\frac{\cos(\theta+\phi)}{\sin(\theta+\psi)} \qquad (4\text{-}13)$$

式(4-12)中的 E_c 是由于粘聚力 $\overline{BD}\cdot c$ 的作用而减少的土压力,从图 4-9b)可得:

$$E_C = \frac{\overline{BD}\cdot c\cdot\cos\phi}{\sin(\theta+\psi)} = \frac{c(H+a-h_c)\cos\phi}{\cos\theta\sin(\theta+\psi)} \qquad (4\text{-}14)$$

令：$\dfrac{\mathrm{d}E_a}{\mathrm{d}\theta} = \dfrac{\mathrm{d}E'}{\mathrm{d}\theta} - \dfrac{\mathrm{d}E_c}{\mathrm{d}\theta} = 0$

得：$\dfrac{\mathrm{d}E_a}{\mathrm{d}\theta} = -\dfrac{\gamma A_0}{\cos\psi}\cdot\dfrac{\sin\phi}{\cos^2\theta} + \dfrac{\gamma(A_0\tan\psi+B_0)\cos(\phi-\psi)}{\sin^2(\theta+\psi)} +$

$$c(H+a-h_c)\cos\phi\frac{\cos\theta\cos(\theta+\phi)-\sin\theta\sin(\theta+\psi)}{\cos^2\theta\sin^2(\theta+\psi)} = 0$$

将上式整理化简即可得到破裂角 θ 的计算公式：

$$\tan\theta = -\tan\psi \pm \sqrt{\sec^2\psi - D} \qquad (4\text{-}15)$$

式中：$D = \dfrac{A_0\sin(\phi-\psi) - B_0\cos(\phi-\psi)}{\cos\psi[A_0\sin\phi + \dfrac{c}{\gamma}(H+a-h_c)\cos\phi]}$

将 θ 代入 E_a 的表达式,即可求得主动土压力 E_a。

表 4-5 列出了两种边界条件的粘性土压力计算公式,对于其他边界条件下的粘性土压力计算公式,可参见公路设计手册《路基》。

4.3.5 折线形墙背的土压力计算

凸形墙背的挡土墙和衡重式挡土墙,其墙背不是一个平面而是折面,称为折线形墙背。对于这类墙背,以墙背转折点或衡重台为界,分成上墙与下墙,分别按库仑方法计算上下墙的主动土压力,然后取两者的矢量和作为全墙的土压力。

计算上墙土压力时,不考虑下墙的影响,凸形墙背上墙按俯斜墙背计算其土压力。衡重式挡墙的上墙,由于衡重台的存在,通常将墙顶内缘与衡重台外缘的连线作为假想墙背,假想墙背与实际墙背间的土楔假设与实际墙背一起移动。计算土压力时先按墙背倾角 α 或假想墙背倾角 α' 是否大于第二破裂面倾角 α_i,判断是否出现第二破裂面,如出现第二破裂面,按第二破裂面的主动土压力公式计算作用于上墙的土压力,如不出现第二破裂面,以实际墙背或假想墙背为边界条件,按一般直线墙背库仑主动土压力计算。

下墙土压力计算较复杂,目前有多种简化的计算方法,下面介绍常用的两种计算方法。

(1)延长墙背法

如图 4-10 所示,在上墙土压力算出后,延长下墙墙背交于填土表面 C,以 $B'C$ 为假想墙背,根据延长墙背的边界条件,用相应的库仑公式计算土压力,并绘出墙背土压力分布图,从中截取下墙 BB' 部分的应力图作为下墙的土压力。将上下墙两部分的应力图叠加,即为全墙土压力。

表4-5　粘性土土压力计算公式表

类型与边界条件	计算简图	计算公式
路堑墙、路堤墙、破裂面交于墙边坡		$\tan\theta=\dfrac{-Q\pm\sqrt{Q^2-4RP}}{2P},\ \omega=\phi+\alpha+\delta,\ A=\dfrac{1}{2}H^2\sec^2\alpha\cos(\alpha-\beta),\ B=\dfrac{1}{2}h_c^2\cos\beta$ $P=\cos(\phi-\omega)\sin\beta\cos\alpha-\cos(\alpha-\beta)\sin\phi\cos\omega+\dfrac{B}{A}\cos\beta\sin\phi\cos\omega-\dfrac{B}{A}\cos\beta\sin\phi\sin\omega\cdot\sin\beta-\dfrac{M}{A\gamma}\cos(\omega+\beta)$ $Q=\cos(\alpha-\beta)\cos(\phi+\omega)-\cos(\alpha+\beta)\cos(\phi-\omega)+2\dfrac{B}{A}\cos\beta\sin\phi\sin\omega-\dfrac{M}{A\gamma}\sin(\omega+\beta)$ $R=\cos(\alpha-\beta)\sin\alpha\cos\phi-\cos(\phi-\omega)\cos\beta\sin\alpha-\dfrac{B}{A}\cos\beta\cos\phi\sin\omega+\dfrac{M}{A\gamma}\cos(\omega+\beta)$ $M=C[H\sec\alpha\cos(\alpha-\beta)-h_c\cos\beta]\cos\phi$ $E_c=\dfrac{A\gamma\sin(\theta+\alpha)\cos(\theta+\phi)-B\gamma\sin\theta\cos(\theta+\phi)-M}{\cos(\theta+\beta)\sin(\theta+\omega)}$ $E_x=E_c\cos(\alpha+\delta)$ $E_y=E_c\sin(\alpha+\delta)$ $Z_x=\dfrac{1}{3}(H-h_c)$
路肩墙条形均布荷载、破裂面交于荷载内[①]		$\tan\theta=-\tan\omega\pm\sqrt{\sec^2\omega-D},\ \omega=\phi+\alpha+\delta,\ D=\dfrac{A\sin(\phi-\omega)-B\cos(\phi-\omega)}{\cos\omega[A\sin\phi+\frac{c}{\gamma}(H-h_c')\cos\phi]}$ $A=\dfrac{1}{2}(H-h_c')(H+h_c'+2h_0)\qquad B=-\dfrac{1}{2}H\tan\alpha(H+2h_0)\qquad h_c'=h_c-h_0$ $E_c=\dfrac{A\gamma\cos(\theta+\phi)}{\cos\omega\cos\theta}-\gamma(A\tan\omega+B)\dfrac{\cos(\theta+\phi)}{\sin(\theta+\omega)}-\dfrac{C(H-h_c')\cos\phi}{\cos\theta\sin(\theta+\omega)}$ $E_x=E_c\cos(\alpha+\delta)\qquad E_y=E_c\sin(\alpha+\delta)$ $Z_x=\dfrac{1}{3}(H-h_c')$

注：①当 $h_c<h_0$ 时，h_c' 为负值，以 $h_c'=0$ 代入式中，此时 $Z_x=\dfrac{H^2+3(h_0-h_c)H}{3H+6(h_0-h_c)}$。

这种方法存在着一定的误差。第一,考虑了在延长墙背与实际墙背上土压力方向不同而引起的垂直分力差,但忽略了延长墙背与实际墙背间的土楔及荷载重,两者虽能相互补偿,但未能相抵消。第二,绘制土压力应力图形时,假定上墙破裂面与下墙破裂面平行,但多数情况下两者是不平行的,由此存在计算下墙土压力所引起的误差。由于以上误差一般偏于安全,且计算简便,此法至今仍被广泛采用。

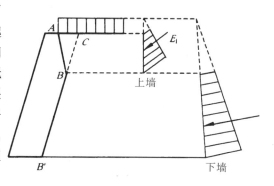

图 4-10 延长墙背法

(2)力多边形法

在墙背土体处于极限平衡条件下,作用于破裂棱体上的力系,应构成闭合的力矢量多边形。在算得上墙土压力 E_1 后,就可绘出下墙任一破裂体的力多边形。利用力多边形来推求下墙土压力,这种方法叫力多边形法。

现以路堤挡土墙下墙破裂面交于荷载范围内(图 4-11)的边界条件为例,介绍力多边形法计算下墙土压力的公式推导。

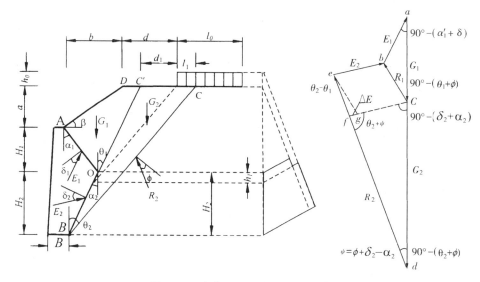

图 4-11 力多边形法求下墙土压力

在极限平衡条件下,破裂棱体 $AOBCD$ 的力多边形为 $abed$,其中 abc 为上墙破裂棱体 $AOC'D$ 的力平衡三角形,$bedc$ 为下墙破裂棱体 $C'OBC$ 的力平衡多边形。图中 $eg /\!/ bc$,$cf /\!/ be$,$gf = \Delta E$。在 $\triangle cfd$ 中,由正弦定理可得:

$$E_2 + \Delta E = G_2 \frac{\sin(90° - \theta_2 - \phi)}{\sin(\theta_2 + \psi)}$$

$$E_2 = G_2 \frac{\cos(\theta_2 + \phi)}{\sin(\theta_2 + \psi)} - \Delta E \tag{4-16}$$

其中:$\psi = \phi + \delta_2 - \alpha_2$

挡土墙下部破裂棱体重量 G_2 为:

$$G_2 = \gamma \cdot S_{C'OBC} = \gamma(A_0 \cdot \tan\theta_2 - B_0)$$

式中：$A_0 = \dfrac{1}{2}(H_2 + H_1 + a + 2h_0)(H_2 + H_1 + a)$

$\qquad B_0 = \dfrac{1}{2}(H_2 + 2H_1 + 2a + 2h_0)H_2 \cdot \tan\alpha_2 + \dfrac{1}{2}(a + H_1)^2 \tan\theta_1 + (d + b - H_1\tan\alpha_1)h_0$

在 $\triangle efg$ 中，有

$$\Delta E = R_1\frac{\sin(\theta_2 - \theta_1)}{\sin[180° - (\theta_2 + \psi)]} = R_1\frac{\sin(\theta_2 - \theta_1)}{\sin(\theta_2 + \psi)} \tag{4-17}$$

在 $\triangle abc$ 中，上墙土压力已求出，则

$$R_1 = E_1\frac{\sin[90° - (\alpha_1 + \delta_1)]}{\sin[90° - (\theta_1 + \phi)]} = E_1\frac{\cos(\alpha_1 + \delta_1)}{\cos(\theta_1 + \phi)} \tag{4-18}$$

将 G_2 及 ΔE 代入式（4-16），得

$$E_2 = \gamma(A_0 \cdot \tan\theta_2 - B_0)\frac{\cos(\theta_2 + \phi)}{\sin(\theta_2 + \phi)} - R_1\frac{\sin(\theta_2 - \theta_1)}{\sin(\theta_2 + \psi)} \tag{4-19}$$

由式（4-19）可知，下墙土压力 E_2 是破裂角 θ_2 的函数。因此，为求得 E_2 最大值，可令 $\dfrac{\mathrm{d}E_2}{\mathrm{d}\theta_2} = 0$，得：

$$\tan\theta_2 = -\tan\psi \pm \sqrt{(\tan\psi + \cot\phi)\left(\tan\psi + \frac{B_0}{A_0}\right) - \frac{R_1\sin(\psi + \theta_1)}{A_0\gamma\sin\phi\cos\psi}} \tag{4-20}$$

把求得的破裂角 θ_2 代入式（4-19），即可求得下墙土压力 E_2。

在作用于下墙的土压力图形（图 4-11）中，可近似假定 $\theta_1 \approx \theta_2$，即

$$\frac{h_1}{H_2} = \frac{d_1}{l_1 + d_1}$$

则：

$$h_1 = \frac{d_1}{l_1 + d_1}H_2$$
$$= \frac{d + b - H_1\tan\alpha_1 - (H_1 + a)\tan\theta_1}{(H_2 + H_1 + a)\tan\theta_2 - H_2\tan\alpha_2 - (H_1 + a)\tan\theta_1}H_2$$

土压力作用点为：

$$\left.\begin{array}{l} Z_{2x} = \dfrac{H_2^3 + 3H_2^2(H_1 + a + h_0) - 3h_0h_1(2H_1 - h_1)}{3[H_2^2 + 2H_2(H_1 + a) + 2h_0(H_2 - h_1)]} \\[2mm] Z_{2y} = B + Z_{2x}\tan\alpha_2 \end{array}\right\} \tag{4-21}$$

其他边界条件下折线形墙背下墙土压力的力多边形计算公式，详见公路设计手册《路基》。

4.3.6　车辆荷载的换算

作用于墙后破裂棱体上的车辆荷载，在土体中产生附加的竖向应力，从而产生附加的侧向压力。考虑到这种影响，可将车辆荷载近似地按均布荷载考虑，换算成容重与墙后填料相同的均布土层。以下介绍《公路桥涵设计通用规范》中的换算方法及按车带宽度均摊的换算方法。

(1)《公路桥涵通用设计规范》中的方法

把作用在破裂棱体上的车辆荷载换算为等代均布土层，其换算厚度 h_0 为：

$$h_0 = \frac{\sum Q}{\gamma B_0 L} \tag{4-22}$$

式中：γ——墙后填料的容重，kN/m^3；

B_0——不计车辆荷载作用时,破裂棱体的宽度,对于路堤墙,为破裂棱体范围内的路基宽;

L——挡土墙的计算长度,m;

$\sum Q$——布置在 $B_0 \times L$ 面积内的轮重或履带重,kN。

挡土墙的计算长度,取以下两种长度的较大者,当两种长度相等时,取分段长度:

①挡土墙的分段长度,应不大于 15m;

②一辆重车的扩散长度(图 4-12),按下式计算,当算出的长度大于 15m 时,仍取 15m。

$$L = L_0 + (H + 2a)\tan 30° \qquad (4-23)$$

式中:L_0——重车前后轴距加一个轮胎的着地长度,m。对于汽车—10 级,汽车—15 级为 4.2m,汽车—20 级为 5.6m,汽车—超 20 级为 13.0m。

H——挡土墙高度,m;

a——挡土墙顶面以上的填土高度,m。

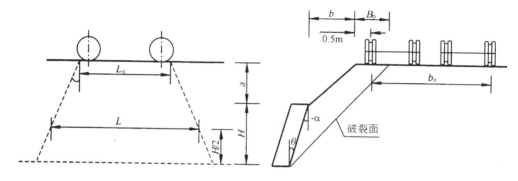

图 4-12　车辆荷载换算

挡土墙上汽车荷载布置及验算荷载的等代均布土层厚度计算规定如下:

1)汽车荷载

纵向:当取用挡土墙的分段长度时,为分段长度内可能布置的车轮;当采用一辆重车的扩散长度时,为一辆重车。

横向:上述 B_0 范围内可能布置的车轮。当为路肩墙时,车轮后轮外缘靠墙顶内缘布置;若为路堤墙,车辆后轮中心距路基边缘 0.5m。

2)验算荷载

验算荷载应在路面宽度内居中行驶,其等代均布土层厚度 h_0 为:挂车—120 为 0.96m,挂车—100 为 0.8m,挂车—80 为 0.64m,履带—50 为 0.4m(单车道为 0.67m)。

(2)按车带宽度均摊的方法

按路面上车辆所占的宽度,将车辆换算为条状均布土层,其厚度 h_0 为:

$$h_0 = \frac{Q}{\gamma b_0 L} \qquad (4-24)$$

式中:Q——两辆重车(单车道为一辆重车)的重量,kN;

b_0——两辆重车(单车道为一辆重车)在挡土墙横向的分布宽度,m;

L——考虑一辆重车在挡土墙纵向的分布长度,m,按式(4-23)计算。

按式(4-23)算得的 L 大于墙的分段长度时,取分段长。

各级汽车荷载的 h_0 计算式,列于表 4-6。

表 4-6　各级荷载换算土柱高计算式

荷　载　等　级	b_0/m	h_0 式/m
汽车—10 级(单车道)	2.30	$h_0 = \dfrac{6.52}{\gamma[4.2+0.577(H+2a)]}$
汽车—10 级(双车道)	5.40	$h_0 = \dfrac{5.56}{\gamma[4.2+0.577(H+2a)]}$
汽车—15 级	5.50	$h_0 = \dfrac{7.27}{\gamma[4.2+0.577(H+2a)]}$
汽车—20 级	5.50	$h_0 = \dfrac{10.91}{\gamma[5.6+0.577(H+2a)]}$
汽车—超 20 级	5.50	$h_0 = \dfrac{20.00}{\gamma[13.0+0.577(H+2a)]}$

$$h_0 = \frac{Q/b_0}{\gamma[L_0+(H+2a)\tan 30°]}$$

注:式中[　]内数值大于墙身分段长度时,均取分段长度。

条状均布土层在挡土墙横向的布置,对于路肩墙,可以从墙顶内侧边缘开始;对于路堤墙,则离开路基边缘 0.5m 处开始。

对于验算荷载,仍按上一种方法的规定,采用统一的 h_0 值,布置在路基全宽上。

4.4　挡土墙稳定性验算

挡土墙的设计方法有容许应力法和极限状态法两种。容许应力法是把结构材料视为理想的弹性体,在荷载作用下产生的应力和变形不超过规定的容许值。极限状态法是根据结构在荷载作用下的工作特征,在容许应力法基础上发展形成的一种设计方法。这种方法不再采用均质弹性体的假定,而是承认结构在临近破坏时处于弹塑性工作阶段,以结构物在各种荷载组合情况下均不得达到其极限状态为前提,同时具有足够的安全储备。从理论上讲,极限状态法更加科学合理,是发展的趋势,但由于极限状态法在公路挡土墙设计方面的研究不够充分,目前尚缺乏工程实践应用,因此,本节主要介绍挡土墙设计中一直采用的容许应力法,而对极限状态法仅供学习中对比参考。

4.4.1　挡土墙的破坏形式及稳定性要求

重力式挡土墙的破坏形式及原因如下:
①由于基础滑动而造成的破坏;
②由于绕墙趾转动所引起的倾覆;
③因基础产生过大或不均匀的沉陷而引起的墙身倾斜;
④因墙身材料强度不足而产生的墙身剪切破坏;
⑤沿通过墙踵的某一滑动圆弧的浅层剪切破坏和沿基底下某一深度(如通过软土下卧层底面)的滑弧的深层剪切破坏。

为避免挡土墙发生上述破坏,保证其具有足够的整体稳定性和强度,设计挡土墙时,一般均应验算沿基底的滑动稳定性,绕墙趾转动的倾覆稳定性,基底应力和偏心距,以及墙身断面的强度,如地基有软弱下卧层存在,还需验算沿基底下某一可能的滑动面滑动的稳定性。

挡土墙的验算,系按平面问题取单位长度来进行。验算项目和指标要求如表4-7所示。

表4-7　挡土墙验算项目及控制指标

要　求	项　目	指　标
1.不产生墙身沿基底的滑动破坏	滑动稳定性	(1)荷载组合Ⅰ、Ⅱ、Ⅲ、Ⅳ时:$K_c \geqslant 1.3$ (2)荷载组合Ⅴ时:　$K_c \geqslant 1.2$
2.不产生墙身绕墙趾倾覆	倾覆稳定性	(1)荷载组合Ⅰ时:$K_0 \geqslant 1.5$ (2)荷载组合Ⅱ、Ⅲ、Ⅳ时:$K_0 \geqslant 1.3$ (3)荷载组合Ⅴ时:$K_0 \geqslant 1.2$
3.地基不出现过大的沉陷	基底应力	基底最大压应力小于地基容许承载力 $\sigma_{max} \leqslant [\sigma_0]$
4.不出现因基底不均匀沉陷而引起墙身倾斜	偏　心　距	作用于基底合力的偏心距 e (1)荷载组合Ⅰ时非岩石地基 $e \leqslant 0.75 \times B/6$ (2)荷载组合Ⅱ、Ⅲ、Ⅳ时 　非岩石地基 $e_0 \leqslant B/6$ 　岩石地基 $e_0 \leqslant (1.2 \sim 1.5)B/6$
5.墙身不产生开裂破坏	墙身断面强度	墙身断面压应力和剪应力 (1)按极限状态——(见注③) (2)按容许应力 　最大压应力 $\leqslant [\sigma_a]$ 　最大剪应力 $\leqslant [\tau]$

注:①荷载组合见《公路桥涵设计通用规范》(JTJ 021—85)第2.1.2条;
②地基容许承载力见《公路桥涵地基与基础设计规范》(JTJT 024—85)第2.1.2条和第2.1.3条;偏心距限制值见第3.2.4条;
③按极限状态检算墙身断面应力见《公路砖石及混凝土桥涵设计规范》(JTJ 022—85)第3.0.1~第3.0.8,按容许应力检算时,参考原《公路桥涵设计规范》(试行)有关条文。

4.4.2　挡土墙稳定性验算

(1)抗滑稳定性验算

为保证挡土墙的抗滑稳定性,应检算在土压力及其他外力作用下,基底摩阻力抵抗挡土墙滑移的能力,用抗滑稳定系数 K_c 表示,即抗滑力与滑动力之比。如图4-13所示,抗滑稳定系数为:

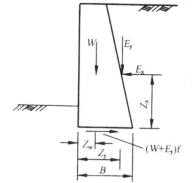

$$K_c = \frac{(G + E_y) \cdot f}{E_x} \geqslant [K_c] \qquad (4-25)$$

式中:G——挡土墙自重;

　　E_x,E_y——墙背主动土压力的水平与垂直分力;

　　f——基底摩阻系数,可通过现场试验确定。无试验资料时,可参考表4-8的经验数据;

　　$[K_c]$——容许抗滑稳定系数,见表4-7。

(2)抗倾覆稳定性验算

为保证挡土墙的抗倾覆稳定性,必须验算它抵抗墙身绕墙趾向外转动倾覆的能力,用抗倾覆稳定系数 K_0 表示,即对于墙

图4-13　挡土墙的滑动与倾覆稳定

趾的总稳定力矩 $\sum M_y$ 与总倾覆力矩 $\sum M_0$ 之比,如图4-13所示。

$$K_0 = \frac{\sum M_y}{\sum M_0} = \frac{G \cdot Z_G + E_y \cdot Z_y}{E_x \cdot Z_x} \geqslant [K_0] \tag{4-26}$$

式中：$[K_0]$——容许抗倾覆稳定系数,见表 4-7。

在验算挡土墙稳定性时,一般均未计墙趾前的被动土压力。若检算结果 $K_c < [K_c]$ 或 $K_0 < [K_0]$,则表明挡土墙抗滑稳定性或抗倾覆稳定性不够,应采取措施增加挡土墙的抗滑稳定性或抗倾覆稳定性。

表 4-8　基底摩阻系数 f 表

地　基　土　名　称		摩阻系数 f
粘性土	软塑状态	0.25
	硬塑状态	0.30
	半坚硬状态	0.30～0.40
轻　亚　粘　土		0.30～0.40
砂　　　土		0.40
石　质　土		0.50
软　质　岩　石		0.40～0.60
硬　质　岩　石		0.60～0.70

4.4.3　基底应力及合力偏心距验算

为了保证挡土墙基底应力不超过地基容许承载力,应进行基底应力验算;同时,为了避免挡墙不均匀沉陷,应控制作用于挡土墙基底合力的偏心距。

如图 4-14 所示,作用于基底合力的偏心距 e 为:

$$e = \frac{B}{2} - Z_N \leqslant [e] \tag{4-27}$$

$$Z_N = \frac{\sum M_y - \sum M_0}{\sum N} = \frac{G \cdot Z_G + E_y \cdot Z_y - E_x \cdot Z_x}{G + E_y} \tag{4-28}$$

在偏心荷载作用下,基底最大和最小法向应力为:

$$\begin{aligned}
\sigma_1 \atop \sigma_2 &= \frac{\sum N}{A} \pm \frac{\sum M}{W} \\
&= \frac{G + E_y}{B}\left(1 \pm \frac{6e}{B}\right) \leqslant [\sigma_0]
\end{aligned} \tag{4-29}$$

式中：$\sum N$——作用于基底合力的法向分力;

Z_N——$\sum N$ 对墙趾的力臂;

B——基底宽度;

A——基底面积,对 1m 长的墙而言,$A = B$;

$\sum M$——各力对基底中性轴的力矩和;

W——基底截面模量,$W = B^2/6$;

e——合力偏心距,其限制见表 4-9。

表 4-9　偏心距的限制

荷载情况	地基条件	合力偏心距
荷载 Ⅰ	非岩石地基	$e_0 \leqslant 0.75\rho$
组合荷载 Ⅱ、Ⅲ、Ⅳ	非岩石地基	$e_0 \leqslant \rho$
	石质差的岩石地基	$e_0 \leqslant 1.2\rho$
	坚密岩石地基	$e_0 \leqslant 1.5\rho$

注:表中 ρ 为基底截面核心面 $\rho = W/A$,

其中 A 为基底面积,W 为基底截面模量。

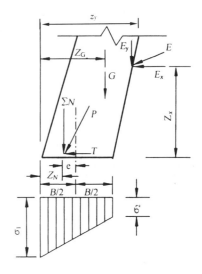

图 4-14　基底应力及合力偏心距

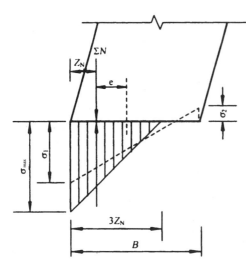

图 4-15 基底应力重分布

从上述分析可以看出,合力偏心距 e 直接影响到基底应力的大小和性质(拉或压)。如偏心距过大,即使基底应力仍小于地基容许承载力,但由于基底应力分布的显著差异,亦可能引起基础产生不均匀沉陷,从而导致墙身过分倾斜。为此,应控制偏心距,使其满足表 4-8 的要求。

4.4.4 墙身截面强度验算

为保证墙身具有足够的强度,应根据经验选择 1～2 个控制性截面进行验算。

验算截面,一般可选择在距墙身底部二分之一墙高和截面急剧变化处(图 4-16)。

由式(4-29)可知,当 $e > \dfrac{B}{6}$ 时,σ_2 为负,即在基础一侧出现了拉应力(图 4-15)。但是,在一般情况下地基与基础的接触面上是不容许出现拉应力的,故需按无拉应力的平衡条件重新分配压应力,即按应力重分布计算基底最大压应力,将应力分布图变为三角形(图 4-15),总压应力必须等于 $\sum N$,而且 $\sum N$ 的作用线必定通过应力图形的重心。则

$$\sum N = \frac{1}{2}\sigma_{max} \cdot 3Z_N$$

最大压应力为:

$$\sigma_{max} = \frac{2}{3}\frac{\sum N}{Z_N} = \frac{2}{3}\frac{(G+E_y)}{\left(\dfrac{B}{2}-e\right)} \leqslant [\sigma_0] \qquad (4\text{-}30)$$

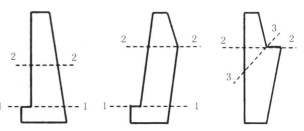

图 4-16 验算截面的选择

(1)法向应力验算

如图 4-17,选择 1-1 截面为验算截面。若作用在此截面以上墙背的主动土压力为 E_1,墙身自重为 G_1,二者之合力为 R_1,则可将 R_1 分解为 N_1 和 T_1。验算截面的法向应力,视偏心距大小,分别按下式计算:

当 $e_1 = \dfrac{B_1}{2} - \dfrac{G_1 \cdot Z_{G1} + E_{1y} \cdot Z_{1y} - E_{1x} \cdot Z_{1x}}{G_1 + E_{1y}} \leqslant \dfrac{B_1}{6}$ 时:

$$\begin{matrix}\sigma_{max}\\\sigma_{min}\end{matrix} = \frac{G_1+E_{1y}}{B_1}\left(1 \pm \frac{6e_1}{B_1}\right) \leqslant [\sigma_a] \qquad (4\text{-}31)$$

式中:B_1——截面宽度。

当 $e_1 > \dfrac{B_1}{6}$ 时,法向应力重分布:

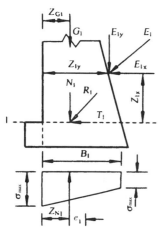

图 4-17 墙身法向应力

$$\sigma_{\max} = \frac{2(G_1 + E_{1y})}{3(\frac{B_1}{2} - e_1)} \leqslant [\sigma_a] \tag{4-32}$$

$\sigma_{\max}, \sigma_{\min}$——验算截面的最大、最小法向应力；

$[\sigma_a]$——圬工砌体的容许压应力；

其余符号意义如图所示。

(2)剪应力验算

对于重力式挡土墙，一般只进行墙身水平截面的剪应力验算；对折线式和衡重式，除验算水平截面外还应验算倾斜截面，如图 4-16 中的 3-3 截面。

水平截面的剪应力为

$$\tau = \frac{T_1}{A_1} = \frac{E_{1x}}{B_1} \leqslant [\tau] \tag{4-33}$$

式中：A_1——受剪面积，$A_1 = B_1 \times 1$；

$[\tau]$——圬工砌体容许剪应力；

其余符号意义同前。

当墙身截面出现拉应力时，应考虑裂缝对受剪面积的折减。

4.4.5　增加挡土墙稳定性的措施

(1)增加抗滑稳定性的方法

1)采用倾斜基底(图 4-18)

采用向内倾斜的基底，可以增加抗滑力和减小滑动力，从而增加抗滑稳定性，这是增加挡墙抗滑稳定性的常用方法。根据前述原理，沿倾斜基底的抗滑稳定系数 K_c 为：

$$K_c = \frac{(G_N + E_N)f}{E_T - G_T} = \frac{[G \cdot \cos\alpha_0 + E_a \cdot \sin(\alpha + \delta + \alpha_0)] \cdot f}{E_a \cdot \cos(\alpha + \delta + \alpha_0) - G \cdot \sin\alpha_0} \tag{4-34}$$

式中：α_0——基底倾角；

E_T, E_N——主动土压力平行于基底和垂直于基底的分力；

G_T, G_N——墙体重力平行于基底和垂直于基底的分力；

其余符号同前。

采用倾斜基底时，基底倾角 α_0 越大，对抗滑稳定性越有利，但应考虑挡土墙连同地基土体一起滑动的可能性，因此对地基倾斜度应加以控制。通常，对土质地基，不陡于 $1:5(\alpha_0 \leqslant 11°19')$；对岩石地基，不陡于 $1:3(\alpha_0 \leqslant 16°42')$。

此外，在验算沿基底的抗滑稳定性的同时，还应验算通过墙踵的地基水平面(图 4-18 中的 $I-I$ 水平面)的滑动稳定性。抗滑稳定系数为：

$$K_c = \frac{(G + E_y + \Delta G) \cdot f_0}{E_x} \tag{4-35}$$

式中：ΔG——平面 $I-I$ 与基底间的土楔重，按下式计算：

$$\Delta G = \frac{1}{2}\gamma_\pm B_1^2 \tan\alpha_0$$

$\gamma_\pm$——地基土的容重；

f_0——地基土的内摩阻系数，无实测资料时，可参照表 4-10 选用。若系粘性土，则按换

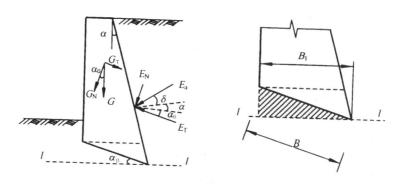

图 4-18 采用倾斜基底增加挡土墙抗滑稳定性

算内摩阻角计算。

表 4-10 **地基内摩阻系数 f_0 表**

地基土名称	内摩阻系数 f_0	地基土名称	内摩阻系数 f_0
松散干砂土	0.58~0.70	干砾石(卵石)	0.70~0.84
湿润砂土	0.62~0.84	湿砾石(卵石)	0.58
饱和砂土	0.36~0.47	干密淤泥	0.84~1.20
干 粘 土	0.84~1.00	湿润淤泥	0.36~0.47
湿 粘 土	0.36~0.58		

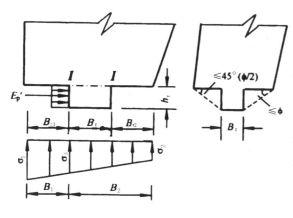

图 4-19 凸榫基础

2)采用凸榫基础(图 4-19)

在挡土墙底部设置砼凸榫基础的作用在于利用榫前被动土压力,增加其抗滑力,从而增加挡墙的抗滑稳定性。

为了增加榫前被动阻力,应使榫前土楔不超过墙趾。同时,为防止因设凸榫而增加墙背的主动土压力,应使凸榫后缘与墙踵的连线与水平线的夹角不超过土体内摩阻角 ϕ。因此应将整个凸榫置于通过墙趾并与水平线成 $45° - \dfrac{\phi}{2}$ 角线和通过墙踵并与水平线成 ϕ 角线所形成的三角形范围内,如图 4-19。

设凸榫后的抗滑稳定系数为:

$$K_c = \frac{T_{B2} + E'_p}{E_x} = \frac{\dfrac{1}{2}(\sigma_2 + \sigma_3)B_2 f + h_t e_p}{E_x} \qquad (4\text{-}36)$$

式中:T_{B2}——凸榫及榫后基底的摩阻力,$T_{B2} = \dfrac{1}{2}(\sigma_2 + \sigma_3)B_2 f$;

$\quad\quad E'_p$——凸榫前的总抗滑力,当 $\beta = 0$(填土表面水平),$\alpha = 0$(墙背垂直),$\delta = 0$(墙背光滑)时,$E'_p = h_t \cdot e_p$;

$\quad\quad e_p$——榫前的被动土压力,按朗金(Rankine)理论计算:

$$e_{\mathrm{p}} = \gamma h_{\mathrm{t}} \tan^2\left(45° + \frac{\phi}{2}\right) \approx \frac{1}{2}(\sigma_1 + \sigma_3)\tan^2\left(45° + \frac{\phi}{2}\right)$$

实际生产中，考虑到结构安全的需要，e_{p} 可取上式的 1/3。

　　E_x——滑动力，即主动土压力的水平分力。

其余符号如图 4-19 所示。

此处，因考虑了凸榫前的被动土压力，故未计入榫前 B_1 宽度内的基底摩阻力。

按照抗滑稳定性要求，令 $K_c = [K_c]$，代入式(4-36)即可得出计算凸榫高度 h_{t} 的公式：

$$h_{\mathrm{t}} = \frac{[K_C]E_x - \frac{1}{2}(\sigma_2 + \sigma_3)B_2 f}{e_{\mathrm{p}}} \tag{4-37}$$

凸榫宽度 B_{t} 根据下述两方面的要求进行计算，取其大者：

(a)根据截面 $I-I$(图中虚线)上的弯矩：

$$B_{\mathrm{t}} = \sqrt{\frac{6M_{\mathrm{t}}}{[\sigma_l]}} = \sqrt{\frac{6 \times \frac{1}{2}e_{\mathrm{p}} \cdot h_{\mathrm{t}} \cdot h_{\mathrm{t}}}{[\sigma_l]}} = \sqrt{\frac{3h_{\mathrm{t}}^2 \cdot e_{\mathrm{p}}}{[\sigma_l]}} \tag{4-38}$$

(b)根据 $I-I$ 截面上的剪应力：

$$B_{\mathrm{t}} = \frac{h_{\mathrm{t}} \cdot e_{\mathrm{p}}}{[\tau_c]} \tag{4-39}$$

式中：$[\sigma_l]$，$[\tau_c]$——砼的容许弯拉应力和容许剪应力。

　　3)采用人工基础

采用换土的办法，增加墙底与地基之间的摩阻系数，从而加大抗滑力，增加挡墙的抗滑稳定性。

(2)增加抗倾覆稳定性的方法

根据抗倾覆稳定系数的计算原理，应采取加大稳定力矩和减小倾覆力矩的方法增加抗倾覆稳定性。

　　1)展宽墙趾

展宽墙趾的作用是增大抗倾覆力矩的力臂，从而增加其抗倾覆稳定性，是增加挡墙抗倾覆稳定性的常用方法。但是，当墙趾前地面较陡时，墙趾加宽过多，将导致墙高和圬工体积显著增加。

　　2)改变墙面及墙背坡度

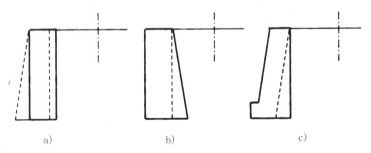

图 4-20　改变胸坡及背坡

a)改变胸坡；b)改陡俯斜墙背；c)改为仰斜墙背

改陡墙背坡度可减小土压力(图 4-20b)，改缓墙面可加大抗倾覆力矩的力臂(图 4-20a)。

但是,若墙趾前地面较陡,改缓面坡将引起基础外移,使墙高增加。

3)改变墙身断面形式

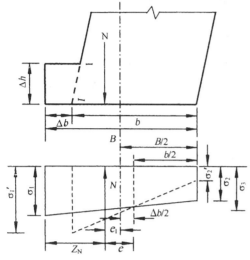

图 4-21 加宽墙趾前后的基底应力分布

由 4.2 节可知,不同的墙身断面形式具有不同的稳定性,就抗倾覆而言,衡重式优于仰斜式,仰斜式又优于俯斜式。设计时可根据地基和地面横坡情况选择适当的墙身断面形式,以增加挡墙的抗倾覆稳定性。

(3)提高地基承载力或减小基底应力的方法

1)采用人工基础

通过换土或人工加固地基的办法来扩散地基应力或提高地基承载力。

2)采用扩大基础(图 4-21)

扩大基础的目的是加大承压面积,以减小基底应力。

由图 4-21 可以看出,加宽前基底最大应力为 σ'_1,而加宽后 σ'_1 减小为 σ_1;加宽前的合力偏心距为 e,加宽后减小为 e_1。墙趾加宽值 Δb 可根据地基容许承载力及对偏心距的具体要求,分别按下式计算:

(a)要求加宽后的偏心距 $e_1 \leqslant \dfrac{B}{6}$

由图 4-21 可知,$B = b + \Delta b$,$e_1 = e - \dfrac{\Delta b}{2}$。将 B、e_1 代入式(4-29),并令 $\sigma_1 = [\sigma_0]$ 可得:

$$\Delta b = \frac{-N + \sqrt{N^2 + 3[\sigma_0]N(2e + b)}}{[\sigma_0]} - b \tag{4-40}$$

式中:$N = G + E_y$。此式适用于 $0 \leqslant e_1 \leqslant \dfrac{b}{6}$ 或 $2e \geqslant \Delta b \geqslant (1.5e - \dfrac{b}{4})$。

(b)容许加宽后的偏心距 $e_1 > \dfrac{B}{6}$

由图 4-21 可知,$Z_N = \Delta b + \dfrac{b}{2} - e$。将 Z_N 代入式(4-30),并令 $\sigma_{max} = [\sigma_0]$ 可得:

$$\Delta b = \frac{2N}{3[\sigma_0]} - \frac{b}{2} + e = \frac{2(G + E_y)}{3[\sigma]} - \frac{b}{2} + e \tag{4-40a}$$

此式适用于 $e_1 > \dfrac{B}{6}$ 或 $\Delta b < (1.5e - \dfrac{b}{4})$。

加宽部分的台阶高度 Δh,可分别按图 4-21 $I-I$ 截面上承受的剪力 Q、弯矩 M 和圬工刚性角的要求进行计算,取三者中的最大值。

按剪力要求: $$\Delta h = \frac{Q}{[\tau_c]} = \frac{(\sigma_1 + \sigma_3)\Delta b}{2[\tau_c]} \tag{4-41}$$

按弯矩要求: $$\Delta h = \Delta b \sqrt{\frac{\sigma_3 + 2\sigma_1}{[\sigma_l]}} \tag{4-41a}$$

按刚性角要求: $$\Delta h = \frac{\Delta b}{\tan\alpha - n} \tag{4-41b}$$

式中：$[\tau_c]$——圬工容许剪应力；

$\qquad$ $[\sigma_l]$——圬工容许弯拉应力；

$\qquad$ α——圬工刚性角。浆砌片石 $\alpha=35°$，砼 $\alpha=45°$；

$\qquad$ n——墙身面坡。其余符号如图 4-21 所示。

4.4.6　极限状态法验算挡土墙的稳定性*

(1)极限状态法的设计原则

当结构的整体或一部分超过某一特定状态时，结构就不能满足所规定的功能要求，此特定状态称为极限状态。挡土墙的极限状态可分为承载能力极限状态和正常使用极限状态。挡土墙出现以下任何一种状态，即认为超过了承载能力极限状态：①整个挡土墙或挡土墙的一部分作为刚体而失去平衡；②挡土墙构件或联结部件因超过材料强度而破坏，或因过度塑性变形而不适于继续承载；③挡土墙结构变为机动体系或局部丧失稳定。当挡土墙出现下列状态之一时，即认为超过了正常使用极限状态：①影响正常使用或影响外观的过大变形状态；②影响正常使用或耐久性的局部破坏(包括裂缝)；③影响正常使用的其他特定状态。

1)设计原则

极限状态法设计原则为荷载效应不利组合的设计值小于或等于结构抗力效应的设计值，不同荷载组合(如表 1)相应采用不同的荷载系数和抗力安全系数，其一般表达式为：

$$\gamma_0(\gamma_G S_{GK} + \gamma_{Q1} S_{Q1k} + \sum \gamma_{Q\theta i}\phi_{ci} S_{Qik}) \leqslant R_k/\gamma_k \qquad (1)$$

式中：γ_0——结构重要性系数，如表 3 所示；

$\qquad$ γ_G——垂直恒载引起的效应分项系数；

$\qquad$ γ_{Q1}——恒载及汽车荷载的土压力效应分项系数；

$\qquad$ γ_{Qi}——其他荷载效应分项系数($i\geqslant 2$)；

$\qquad$ γ_k——抗力分项系数，如表 4 所示；

$\qquad$ S_{GK}——恒载效应(一般包括挡土墙自重及后踵板上或基础襟边以上的土重)，kN；

$\qquad$ S_{Q1k}——恒载及汽车荷载的土压力效应，kN；

$\qquad$ S_{Qik}——其他荷载效应($i\geqslant 2$)，kN；

$\qquad$ R_k——构件抗力标准值，kN；

$\qquad$ ϕ_{ci}——荷载效应组合系数，Ⅰ、Ⅱ组合为 1.0；Ⅲ、Ⅳ组合为 0.8；Ⅴ组合为 0.7。

表 1　常用荷载组合

组合	计　算　力
Ⅰ	挡土墙结构自重、土重、土侧压力相组合
Ⅱ	挡土墙结构自重、土重、土侧压力、汽车荷载引起的土侧压力相组合
Ⅲ	Ⅰ与设计水位的静水压力及浮力相组合
Ⅳ	Ⅱ与设计水位的静水压力及浮力相组合
Ⅴ	Ⅰ与地震力相组合

2)设计状态与荷载系数

①按承载能力极限状态设计：各项荷载效应分项系数按表 2 取值。

表 2　承载能力极限状态荷载分项系数

情况	增大起有利作用时			增大起不利作用时		
荷载组合	Ⅰ、Ⅱ	Ⅲ、Ⅳ	Ⅴ	Ⅰ、Ⅱ	Ⅲ、Ⅳ	Ⅴ
垂直恒载 γ_G	0.9			1.2		
车辆垂直荷载	1.0			1.4		
主动土压力 γ_{Q1}	1.3	1.2	1.1	1.4	1.3	1.15
被动土压力 γ_{Q2}	0.5		0.3	0.5		
水 浮 力 γ_{Q3}	0.95			1.1		
静水压力 γ_{Q4}	0.95			1.05		
动水压力 γ_{Q5}	0.95			1.1		
地震作用 γ_{Q6}	0.9			1.1		

②按正常使用极限状态设计:除被动土压力分项系数采用 0.5 外,其他荷载分项系数均为 1.0。

表 3　结构重要性系数 γ_0

公路等级	高速、一级、二级公路	二级以下公路
墙高 $H \leqslant 5.0\mathrm{m}$	1.0	0.95
墙高 $H > 5.0\mathrm{m}$	1.05	1.0

表 4　抗力分项系数 γ_k

圬工种类	受力性质	
	受压	受弯、剪、拉
石 料	1.85	2.31
片石砌体、片石混凝土砌体	2.31	2.31
块石砌体、粗料石砌体 混凝土预制块砌体	1.92	2.31
混凝土	1.54	2.31

③当对挡土墙进行基底合力偏心距和圬工结构合力偏心距计算时,除被动土压力分项系数采用 0.5 外,其他荷载分项系数均采用 1.0。

(2)稳定性验算

1)抗滑稳定性验算

如图 4-13 和图 4-18 所示,挡土墙抗滑稳定性应满足下式要求:

$$(0.9G + \gamma_{Q1}E_y) \cdot \mu + 0.9G \cdot \tan\alpha_0 > \gamma_{Q1} \cdot E_x \tag{2}$$

式中:G——挡土墙自重;

　　E_x,E_y——墙背主动土压力的水平和垂直分力;

　　α_0——基底倾斜角(°),基底水平,$\alpha_0 = 0$;

　　μ——基底摩阻系数,可通过试验确定,无试验资料时,可参考表 4-7 的经验值;

　　γ_{Q1}——主动土压力分项系数,见表 2。

2)抗倾覆稳定性验算

挡土墙的抗倾覆稳定性应满足下式要求:

$$0.9GZ_G + \gamma_{Q1}(E_yZ_y - E_xZ_x) > 0 \tag{3}$$

式中:Z_G——墙身、基础及其上的土重合力重心到墙趾的水平距离,m;

Z_x——土压力水平分力作用点到墙趾的垂直距离,m;

Z_y——土压力垂直分力作用点到墙趾的水平距离,m。

(3)基底应力及合力偏心距验算

1)基底应力验算

①轴心荷载作用时,基底应力为:

$$P = \frac{N}{A} \tag{4}$$

式中:P——基底平均压应力设计值,kPa;

A——基础底面每延米的面积,$A = 1 \times B$,m^2;

N——作用于每延米基底的总竖向力设计值,kN;

$$N = (\gamma_G \cdot G + \gamma_{Q1} \cdot E_y - W)\cos\alpha_0 + \gamma_{Q1}E_x\sin\alpha_0$$

W——常水位时的浮力,kN。

②偏心荷载作用时,作用于基底的合力偏心距 e 为:

$$e = \frac{B}{2} - Z_N \tag{5}$$

式中:$Z_N = \dfrac{G \cdot Z_G + E_y \cdot Z_y - E_x \cdot Z_x}{G + E_y}$

(a)当 $|e| \leq \dfrac{B}{6}$ 时基底两缘的压应力为:

$$\left.\begin{array}{l} P_{max} = \dfrac{N_1}{A}\left(1 + \dfrac{6e}{B}\right) \\[3mm] P_{min} = \dfrac{N_1}{A}\left(1 - \dfrac{6e}{B}\right) \end{array}\right\} \tag{6}$$

式中:P_{max},P_{min}——基底边缘的最大、最小应力设计值,kN;

N_1——作用于基底的总竖向应力:

基底水平　$N_1 = \gamma_G G + \gamma_{Q1}E_y - 1.0W$

基底倾斜　$N_1 = (\gamma_G G + \gamma_{Q1}E_y - 1.1W)\cos\alpha_0 + \gamma_{Q1}E_x\sin\alpha_0$

M——作用于基底形心的弯矩设计值,按表 5 计算。

表 5　基底弯矩值计算值

荷载组合	作用于基底形心的弯矩设计值
Ⅰ	$M = 1.4M_E + 1.2M_G$
Ⅱ	$M = 1.4M_{E1} + 1.2M_G$
Ⅲ	$M = 1.3M_E + 1.2M_G + 1.05M_w + M_f$
Ⅳ	$M = 1.3M_{E1} + 1.2M_G + 1.05M_w + M_f$
Ⅴ	$M = 1.1M_P + M_Q + 1.2M_G$

表中:M_E——由填土恒载土压力所引起的弯矩;

M_G——由墙身及基础自重和基础上的土重引起的弯矩;

M_{E1}——由填土及汽车活荷载引起的弯矩;

M_W——由静水压力引起的弯矩;

M_P——由地震土压力引起的弯矩;

M_Q——由地震惯性力引起的弯矩;

M_f——由浮力引起的弯矩。

上述弯矩均为绕基底形心轴旋转,正负号自己确定。

(b)对岩石地基,$|e| > \dfrac{B}{6}$ 时

此情况下不计地基拉应力,而按压应力重分布计算基底应力,即:

$$P_{max} = \frac{2N_1}{3C}, \qquad P_{min} = 0 \tag{7}$$

式中:$C = \dfrac{B}{6} - e \quad (e \leqslant B/2)$

地基应力的设计值应满足地基承载力的抗力值,即基底压应力应满足下式要求:

轴心荷载时 $\qquad\qquad\qquad\qquad P \leqslant f$ (8)

偏心荷载时 $\qquad\qquad\qquad\qquad P \leqslant 1.2f$ (9)

式中:f——地基承载应力抗力值,按式(11)计算,kPa;

表6 挡土墙基础合力偏心距的限制

荷载情况	地基条件	合力偏心距
荷载组合 Ⅰ	非岩石地基	$e_0 \leqslant B/8$
荷载组合 Ⅱ、Ⅲ、Ⅳ	非岩石地基	$e_0 \leqslant B/6$
	较差的岩石地基	$e_0 \leqslant B/5$
	坚密的岩石地基	$e_0 \leqslant B/4$
荷载组合 Ⅴ,地震情况	软土、松砂、一般粘土	$e_0 \leqslant B/6$
	紧密细砂,粘土	$e_0 \leqslant B/5$
	中密碎、砾石,中砂	$e_0 \leqslant B/4$
	坚密岩石及碎、砾石	$e_0 \leqslant B/3$

2)基底合力偏心距验算

基底合力偏心距 e_0 按下式计算,并应满足表6的要求:

$$e_0 = \left| \frac{M_0}{N_0} \right| \tag{10}$$

式中:M_0——在任一荷载组合条件下,全部荷载对基底形心的总力矩,kN;

N_0——与 M_0 同一组合条件下的总竖向合力,kN。

3)基底承载应力抗力值计算

①挡土墙的基础宽度大于0.5m时,除岩石地基外,地基承载应力抗力值按下式计算:

$$f = f_k + k_1 \cdot \gamma_1 (B - 3) + k_2 \gamma_2 (h - 0.5) \tag{11}$$

式中:f——地基承载应力抗力值,kPa;

f_k——地基承载应力标准值,kPa;

k_1, k_2——基础宽度和埋深的地基承载力修正系数,如表7所示;

γ_1——基底下持力层土的天然容重,kN/m³,如在水面以下且不透水者,采用浮容重;

γ_2——基础底面以上土的加权平均容重,kN/m³,在水面以下用有效浮容重。土的加权平均容重按

$\gamma_2 = \sum \gamma_i h_i / \sum h_i$ 计算;

B——基础底面宽度,m,小于 3m 时取 3m,大于 6m 时取 6m;

h——基础底面的埋置深度,m,从天然地面算起;有水流冲刷时,从一般冲刷线算起。

②当不满足式(11)的计算条件或计算出的结果 $f<1.1f_k$ 时,可按 $f=1.1f_k$ 直接确定地基承载应力抗力值。

③f 值可以根据不同荷载组合予以提高,提高系数 K 的取值为:主要组合,$K=1.0$;附加组合,$K=1.3$;偶然组合,$K=1.5$。

④当偏心距 e 小于或等于 0.333 倍基础底面宽时,可根据土的抗剪强度指标确定地基承载应力抗力值。

表 7 承载力修正系数 k_1、k_2

土 的 类 别		k_1	k_2
淤泥和淤泥质土	$f_k<50\text{kPa}$	0	1.0
	$f_k\geqslant50\text{kPa}$	0	1.0
人工填土 e 或 $I_L\geqslant0.85$ 的粘性土 $e\geqslant0.85$ 或 $S_r>0.5$ 的粉土		0	1.1
红 粘 土	含水比 $a_w>0.8$	0	1.2
	含水比 $a_w\leqslant0.8$	0.15	1.4
e 及 I_L 均小于 0.85 的粘性土		0.3	1.6
$e<0.85$ 及 $S_r\leqslant0.5$ 的粉土		0.5	2.2
粉砂、细砂(不包括很湿、稍密)		2.0	3.0
中砂、粗砂、砾砂和碎石土		3.0	4.4

注:①强风化岩石,可参照所风化成的相应土类取值;

②S_r 为土的饱和度:$S_r\leqslant0.5$ 稍湿;$0.5<S_r\leqslant0.8$ 很湿;$S_r>0.8$ 饱和;

③I_L 为液性指数;

④e 为空隙比。

(4)墙身截面强度验算

根据《公路砖石及混凝土桥涵设计规范》(JTJ022—85)的规定,当构件采用分项安全系数的极限状态设计时,荷载效应不利组合的设计值,应小于或等于结构抗力效应的设计值。

1)强度验算(图 4-16)

挡土墙轴心或偏心受压时,正截面强度应满足下式要求:

$$N_j \leqslant \alpha_k A R_k / \gamma_k \tag{12}$$

按每延米长计算:

$$N_j = \gamma_0 (\gamma_G N_G + \gamma_{Q1} N_{Q1} + \sum \gamma_{Qi} \psi_{ci} N_{Qi}) \tag{13}$$

式中:N_j——设计轴向力,kN;

γ_0——重要性系数,如表 3 所示;

ψ_{ci}——荷载组合系数:Ⅰ、Ⅱ组合,$\psi_{ci}=1.0$;Ⅲ、Ⅳ组合,$\psi_{ci}=0.8$;Ⅴ组合,$\psi_{ci}=0.7$;

N_G——恒载(包括自重襟边以上土重)引起的轴向力,kN;

N_{Q1}——主动土压力引起的轴向力,kN;

$N_{Qi}(i=1,2,\cdots,6)$——被动土压力、浮力、静水压力、动水压力、地震力所引起的轴向力,kN;

γ_k——抗力安全系数,如表 4 所示;

R_k——材料极限抗压强度,kN/m^2;

A——计算截面面积,m^2;

α_k——轴向力偏心影响系数;

$$\alpha_k = \frac{1 - 256(\frac{e_0}{B})^8}{1 + 12(\frac{e_0}{B})^2}$$

B——挡土墙计算截面宽度,m;

e_0——作用于墙身截面上的合力偏心距。

挡土墙墙身或基础为纯圬工截面时,其偏心距 e_0 应小于表 8 的要求。

2)稳定性验算

由于重力式挡土墙墙身截面较大,一般情况下不受稳定控制,但对于细高墙(高宽比 $H/B \geqslant 10$),则应按下端固定、上端自由的计算图式进行正截面稳定验算,即:

$$N_j \leqslant \psi_k \cdot \alpha_k A R_k / \gamma_k \tag{14}$$

表 8 圬工结构容许偏心距

荷载组合	容许偏心距$[e_0]$
Ⅰ、Ⅱ	$0.25B$
Ⅲ、Ⅳ	$0.30B$
Ⅴ	$0.33B$

式中:ψ_k——弯曲平面内的纵向弯曲系数,按下式计算。

$$\psi_k = \frac{1}{1 + \alpha_s \beta_s (\beta_s - 3)[1 + 16(e_0/B)^2]} \tag{15}$$

$$\beta_s = 2H/B$$

对于 $H/B < 10$ 的矮墙,可不考虑纵向稳定,即取 $\psi_k = 1$,其高宽比 H/B 不得大于 30。

H——挡土墙的有效高度,m;

α_s——与材料有关的系数,如表 9 所示;

其余符号意义同前。

表 9 α_s 系数表

砌体砂浆标号	$\geqslant M5$	$M2.5$	$M1$	混凝土
α_s	0.002	0.002 5	0.004	0.002

3)抗拉强度验算

当 e_0 超过表 8 的规定时,应验算墙身截面抗拉强度或确定截面尺寸(墙长取 1.0m),即:

$$N_j \leqslant \frac{B R_{WL}}{(\frac{6}{B} e_0 - 1)\gamma_k} \tag{16}$$

式中:R_{WL}——材料的弯曲抗拉强度设计值,kPa。

4)正截面直剪强度验算

$$Q_j \leqslant A_j R_j / \gamma_k + f_m N_j \tag{17}$$

式中:Q_j——设计剪力,kN;

A_j——受剪截面面积,m^2;

R_j——砌体截面的抗剪极限强度,kPa;

f_m——圬工间的摩擦系数,对圬工砌体,取 $f_m = 0.42$;

N_j——设计轴向力,kN;按式(13)计算,γ_G、γ_{Q1}、γ_{Qi}($i = 1, 2, \cdots, 6$)均取 1。

4.5 浸水挡土墙设计

设置于河滩路堤、沿河路基等处的挡土墙,由于受到经常性或季节性浸水的影响,故称为浸水挡土墙。它与一般挡土墙的差别在于:

①土压力因填料受浮力影响而降低;

②除作用于一般挡土墙的力系外,尚有动水压力及静水压力;

③由于上述两因素的影响,挡土墙的抗滑动与抗倾覆稳定性降低。

4.5.1 浸水挡土墙的土压力计算

由于墙后填料浸水部分的土压力因浮力的作用而减小,因此,作用于整个墙背的总土压力 E_b 亦将相应降低。其大小视填料性质分别按下述方法计算。

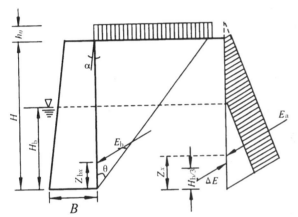

图 4-22 砂性土的浸水土压力

(1)填料为砂性土

计算前提:

①浸水前后内摩阻角不变;

②破裂面为一平面,由于浸水后破裂面位置的变动对计算土压力的影响不大,因而不考虑浸水的影响;

③浸水部分填料容重采用浮容重。

在此情况下,浸水挡土墙墙背土压力 E_b 可采用不浸水时的土压力 E_a 扣除计算水位以下因浮力影响而减小的土压力 ΔE_b(如图 4-22),即:

$$E_b = E_a - \Delta E_b \tag{4-42}$$

$$\Delta E_b = \frac{1}{2}(\gamma - \gamma_f) H_b^2 \cdot K_a \tag{4-43}$$

$$\gamma_f = \frac{\gamma_0 - \gamma_w}{1 + \varepsilon_0} \tag{4-44}$$

式中:E_a——未浸水的主动土压力,kPa;

ΔE_b——浸水部分因浮力影响而减小的土压力,kPa;

γ、γ_f——填料的干容重及浮容重,kN/m³;

H_b——浸水部分墙高,m;

K_a——土压力系数;

γ_w、γ_0——水及填料的比重,一般 $\gamma_w = 9.8$ kN/m³;

ε_0——填料的孔隙比。

土压力 E_b 的水平分力 E_{bx} 和垂直分力 E_{by} 分别为:

$$E_{bx} = E_b \cos(\alpha + \delta)$$

$$E_{by} = E_b \cdot \sin(\alpha + \delta)$$

其相应的作用点位置为:

$$\left.\begin{array}{l} Z_{bx} = \dfrac{E_a \cdot Z_x - \Delta E_b(\dfrac{H_b}{3})}{E_a - \Delta E_b} \\[4mm] Z_{by} = B - Z_{bx}\tan\alpha \end{array}\right\} \qquad (4\text{-}45)$$

式中符号意义同前。

(2)填料为粘性土

由于粘土浸水后,其内摩阻角 ϕ 值显著降低,因此将填土上下两部分视为不同性质的土层,分别计算其土压力,如图 4-23 所示。其方法如下:先求出计算水位以上填土的土压力 E_1,然后将上层填土重量作为荷载,计算浸水部分的土压力 E_2。E_1 与 E_2 的矢量和即为全墙土压力。

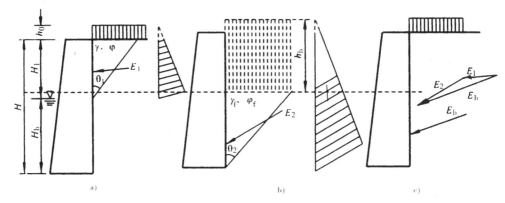

图 4-23 粘性土的浸水土压力
a)未浸水部分土压力;b)浸水部分土压力;c)全墙背总土压力

在计算浸水部分的土压力 E_2 时,先按浮容重 γ_f 将上部土层及超载换算的均布土层换算为超载。土层换算厚 h_b 为:

$$h_b = \frac{\gamma(h_0 + H_1)}{\gamma_f} = \frac{\gamma}{\gamma_f}(h_0 + H - H_b) \qquad (4\text{-}46)$$

式中符号如图所示或同前。

4.5.2 静水压力、动水压力和上浮力的计算

(1)静水压力 P_1

如图 4-24 所示,作用于墙面静水压力 P_1' 为:

$$P_1' = \frac{1}{2}\gamma_w H_b'^2 \frac{1}{\cos\alpha'} \qquad (4\text{-}47)$$

其水平分力与垂直分力分别为:

$$P_{1x}' = \frac{1}{2}\gamma_w H_b'^2$$

$$P_{1y}' = \frac{1}{2}\gamma_w H_b'^2 \tan\alpha'$$

墙背静水压力 P_1 为:

$$P_1 = \frac{1}{2}\gamma_w H_b^2 \frac{1}{\cos\alpha} \tag{4-48}$$

其水平分力与垂直分力分别为:

$$P_{1x} = \frac{1}{2}\gamma_w H_b^2$$

$$P_{1y} = \frac{1}{2}\gamma_w H_b^2 \tan\alpha$$

当计算动水压力时,$H_b - H_b'$ 段之静水压力已为动水压力所代替,则墙背静水压力 P_{1x} 为:

$$P_{1x} = \frac{1}{2}\gamma_w(2H_b H_b' - H_b'^2)$$

(2) 上浮力 P_2

如图 4-24 所示,作用于基底的上浮力 P_2' 为

$$P_2' = \frac{1}{2}\gamma_w(H_b + H_b')B \cdot C \tag{4-49}$$

式中:B——基底宽,m;

C——上浮力折减系数,表示基底面渗水程度对上浮力的影响,根据墙基底面水的渗透情况而定,如表 4-11。

表 4-11　上浮力折减系数 C 值

墙基底面水的渗透情况	C
透水的地基	1.0
不能肯定是否透水的地基	1.0
岩石地基,在基底与岩石间浇注混凝土,认为相对不透水时	0.5

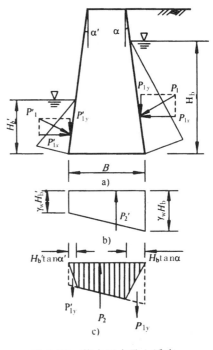

图 4-24　静水压力及上浮力
a) 作用于墙背及墙面的静水压力;
b) 作用于基底的上浮力;
c) 作用于全墙之上浮力

墙身受到的上浮力 P_2 是基底上浮力 P_2' 与作用于墙面和墙背上的垂直静水压力之差。即

$$P_2 = P_2' - P_{1y}' - P_{1y}$$

$$= \frac{1}{2}\gamma_w\left[(H_b + H_b') \cdot B \cdot C - (H_b'^2\tan\alpha' + H_b^2\tan\alpha)\right] \tag{4-50}$$

对于常年浸水的挡土墙,上述静水压力和上浮力在计算时应视作主要荷载组合中的作用力;而对于季节性浸水的挡土墙,则当作附加组合中的作用力。

(3) 动水压力 P_3

当墙后为弱透水性填料时,由于墙外水位急骤下降,在填料内部将产生渗流,由此而引起动水压力 P_3,其大小按下式计算:

$$P_3 = I_j\Omega\gamma_w \tag{4-51}$$

式中:I_j——降水曲线的平均坡度(图 4-25);

Ω——产生动水压力的浸水面积,即图中阴影部分,可近似地取梯形 $abcd$ 的面积,

$$\Omega = \frac{1}{2}(H_b^2 - H_b'^2)(\tan\theta + \tan\alpha) \tag{4-52}$$

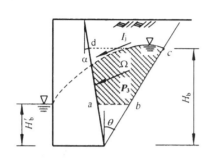

图 4-25　动水压力

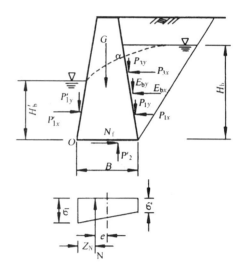

图 4-26　作用在浸水挡土墙上的力系

动水压力 P_3 的水平分力与垂直分力分别为：

$$P_{3x} = P_3 \cos\alpha \qquad P_{3y} = P_3 \sin\alpha$$

动水压力 P_3 的作用点为 Ω 面积的重心，其方向平行于 I_j。

透水性材料，动水压力一般很小，可忽略不计。

4.5.3　浸水挡土墙的稳定性验算

作用于浸水挡土墙上的力系如图 4-26 所示。

浸水挡土墙的稳定性验算与一般地区挡土墙的稳定性验算相同，只是验算时注意考虑浸水挡土墙的受力特点。其稳定性验算公式如下：

(1)抗滑稳定性验算

$$K_c = \frac{N_f}{T} = \frac{(G + E_{by} + P'_{1y} + P_{1y} + P_{3y} - P'_2)f}{E_{bx} - P'_{1x} + P_{1x} + P_{3x}} \qquad (4\text{-}53)$$

或

$$K_c = \frac{(G + E_{by} - P_2 + P_{3y})f}{E_{bx} - P'_{1x} + P_{1x} + P_{3x}} \qquad (4\text{-}53a)$$

当填料为透水性材料时，$H_b = H'_b$，其静水压力和动水压力可略去不计，则：

$$K_c = \frac{(G + E_{by} - P_2)f}{E_{bx}} \qquad (4\text{-}53b)$$

式中符号意见同前。

(2)抗倾覆稳定性验算

$$K_0 = \frac{GZ_G + E_{by}Z_{by} + P'_{1y}Z'_{p1y} + P_{1y}Z_{p1y} + P_{3y}Z_{p3y} - P'_2 Z'_{p2}}{E_{bx}Z_{bx} - P'_{1x}Z'_{p1x} + P_{1x}Z_{p1x} + P_{3x}Z_{p3x}} \qquad (4\text{-}54)$$

式中：Z_G，Z_{by}……为各力对 O 点的力臂，m。

当填料为透水性材料，$H_b = H'_b$，其静水压力和动水压力可略去不计，则

$$K_0 = \frac{GZ_G + E_{by}Z_{by} - P_2 Z_{p2}}{E_{bx}Z_{bx}} \qquad (4\text{-}54a)$$

（3）**基底应力与合力偏心距验算**

当 $e \leqslant \dfrac{B}{6}$ 时：

$$\begin{matrix} \sigma_1 \\ \sigma_2 \end{matrix} = \frac{G + E_{by} + P_{3y} - P_2}{B}\left(1 \pm \frac{6e}{B}\right) \tag{4-55}$$

当 $e > \dfrac{B}{6}$ 时：

$$\sigma_{\max} = \frac{2(G + E_{by} + P_{3y} - P_2)}{3Z_N} \tag{4-55a}$$

作用于基底的合力偏心距 e 为

$$e = \frac{B}{2} - Z_N \tag{4-56}$$

式中：Z_N——基底合力对 O 点的力臂。

（4）**最不利水位的求算**

由于浸水对墙身及填料产生不同的影响，挡土墙的稳定性直接与水位的高低有关。最高水位也并不是在所有情况下都是最不利水位。浸水挡土墙设计应以最不利水位为依据，所谓最不利水位是指稳定系数 K_c 和 K_0 同时出现最小值，或其中一个出现最小值时的水位。为了寻求最不利水位，必须作反复试算。为减少工作量，可采用优选法（0.618 法）试算。

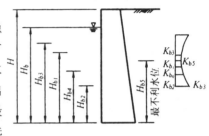

图 4-27　按 0.618 法求算最不利水位

下面介绍用优先法求最小稳定系数和最不利水位的步骤。

如图 4-27 所示，设浸水挡墙的高度为 H，试算水位均从挡土墙基底算起。

① 求算 H_{b1} 处的稳定系数 K_{b1}，$H_{b1} = 0.618H_b$；

② 求算与 H_{b1} 对称的 H_{b2} 处的 K_{b2}。$H_{b2} = 0.382H_b$；

③ 比较 K_{b1} 和 K_{b2}，若 $K_{b2} > K_{b1}$，则求算剩余段中与 H_{b1} 对称的 H_{b3} 处的 K_{b3}。$H_{b3} = H_{b2} + H_b - H_{b1} = 0.764H_b$；

④ 比较 K_{b1} 和 R_{b3}，若 $K_{b3} > K_{b1}$，再求算新剩余段中与 H_{b1} 对称的 H_{b4} 处的 K_{b4}。$H_{b4} = H_{b2} + H_{b3} - H_{b1} = 0.528H_b$；

⑤ 再比较 K_{b1} 和 K_{b4}，若 $K_{b4} > K_{b1}$，再求 H_{b5} 之 K_{b5}；

如此试算三五次，并将各试算水位的稳定系数 K_{b1}，K_{b2}……绘成 $K - H_b$ 曲线（图 4-27 右）。从曲线上找到 $K_{\min}$（此例为 K_{b5}），则其相应的水位（H_{b5}）即为最不利水位。

至于基底应力，它随水位的降低而增大，而在枯水位时接近或达到最大，故在浸水挡墙基底应力验算时，通常以枯水位作为验算水位。

4.6　地震地区挡土墙设计

在下列情况下，挡土墙应进行抗震强度和稳定性验算：设计裂度 8 度或 8 度以上地区；设计裂度 7 度但地基为软弱粘土或可液化土层，或地震时可能发生大规模滑坡、崩坍地段。验算时，考虑破裂棱体和挡土墙分别承受地震力的作用，将地震荷载与衡载组合；在浸水地区，还需考虑常年水位的浮力，不考虑季节性浸水的影响；其他外力，包括车辆荷载的作用均不考虑。

验算方法，一般仍采用以静力理论为基础的库仑法，与一般挡土墙的区别在于计算土压力时需考虑重力加速度的影响和水平地震力的作用。

4.6.1 水平地震力的计算

在挡土墙设计中,一般只考虑水平地震力,竖向地震力因影响很小,可略去不计。作用于破裂棱体与挡土墙重心上的水平地震力 P_S 可用下式计算:

$$P_S = C_Z K_H G \tag{4-57}$$

式中:C_Z——综合影响系数,表示实际建筑物的地震反应与理论计算间的差异,一般采用0.25;

K_H——水平地震系数,为地震时地面最大水平加速度的统计平均值与重力加速度的比值,如表 4-12 所示;

G——破裂棱体与挡土墙的重量。

表 4-12　水平地震系数

设计烈度/度	7	8	9
水平地震系数 K_H	0.1	0.2	0.4

图 4-28 表示挡土墙重 G 与水平地震力 P_S 的合力 G_1,其与竖直线的夹角 θ_S 称为地震角。

$$\theta_S = \arctan C_Z K_H \tag{4-58}$$

4.6.2 地震作用下的土压力计算

已知地震力与重力的合力的大小与方向,假定在地震作用下土的内摩阻角 ϕ 及其与墙背的摩阻角 δ 不变,则墙后破裂棱体的平衡力系如图 4-29a)所示,图 b)为力多边形 abb_1c 或力三角形 abc。从图中可以看出,当用 $\gamma_S = \dfrac{\gamma}{\cos\theta_S}$、$\delta_S = \delta + \theta_S$ 和 $\phi_S = \phi - \theta_S$ 取代 γ、δ 和 ϕ 值时,地震作用下的力三角形 abc 与图 4-7 中一般情况下的力三角形 abc 完全相似,因此可以直接采用一般库仑土压力公式来计算地震土压力。

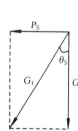

图 4-28　水平地震力与地震角

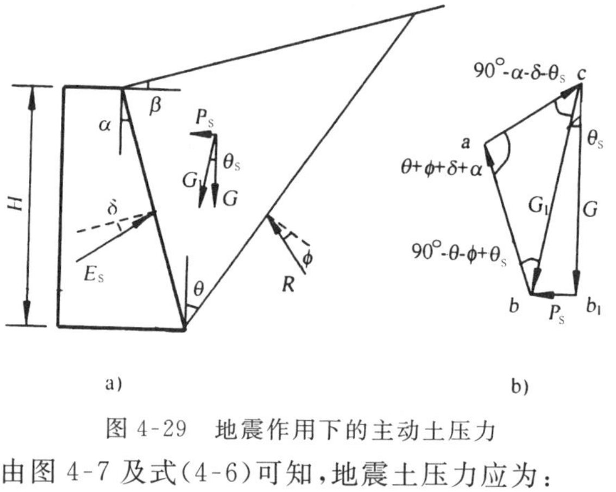

图 4-29　地震作用下的主动土压力

例如,当填土表面与水平面成 β 角时,由图 4-7 及式(4-6)可知,地震土压力应为:

$$E_S = \frac{1}{2} \frac{\gamma}{\cos\theta_S} H^2 K_S \tag{4-59}$$

$$= \frac{1}{2} \frac{\gamma}{\cos\theta_S} H^2 \frac{\cos^2(\phi - \theta_S - \alpha)}{\cos^2\alpha\cos(\alpha + \delta + \theta_S)\left[1 + \sqrt{\dfrac{\sin(\phi + \delta) \cdot \sin(\phi - \theta_S - \beta)}{\cos(\alpha + \delta + \theta_S)\cos(\alpha + \beta)}}\right]^2}$$

各种边界条件下的地震土压力均可用 γ_s、δ_s、ϕ_s 取代 γ、δ、ϕ 而按一般求解公式求算。但必须指出,这种方法仅是利用原有公式来求解的计算过程,而地震土压力 E_s 的作用方向仍应按实际墙背摩阻角 δ 决定,在计算 E_x 和 E_y 时,采用 δ 而不用 δ_s。

对于地震荷载作用下的路肩挡土墙,也可用下面的简化公式计算:

$$E'_a = (1 + 3C_z K_H \tan\phi)E_a \qquad (4\text{-}60)$$

式中:E_a——一般非地震地区的挡土墙主动土压力。

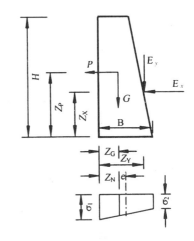

图 4-30　作用于地震地区挡土墙上的力系

4.6.3　地震条件下挡土墙的稳定性验算

对地震地区挡土墙,应先按一般条件进行设计,然后再考虑地震荷载作用进行抗震验算。验算按图 4-30 进行,验算项目及方法与一般地区挡土墙相同。

4.6.4　地震地区挡土墙设计应注意的问题

①挡土墙宜采用浆砌片石、混凝土和钢筋混凝土修筑。当采用干砌片(块)石时,墙高须加以限制:设计烈度为 8 度时,一般不应超过 5m;9 度时,一般不超过 3m。

②浆砌片石挡土墙所用砂浆标号应按非地震地区的要求提高一级采用。

③建于软弱粘土层和可液化土层地基上的挡土墙,可视具体情况采取换土、扩大基础、桩基等地基处理措施。

④墙体应以垂直通缝分段,每段长不宜超过 15m,地基变化或地面标高突变处,也应设置通缝。

⑤尽可能采用重心低的墙身断面形式。

⑥墙后填料应尽量用片、碎石或砂性土分层填筑并夯实,并做好排水设施。

4.7　加筋土挡土墙设计

加筋土挡土墙系由填土、填土中布置的筋带(或筋网)和墙面板三部分组成,如图 4-31 所示。它利用加筋与土体的摩擦作用,改善土体的变形条件,提高土体的工程性能,从而达到稳定土体的目的。它是法国工程师亨利·维达尔(Henri·Vidal)在 1963 年发明的主要用于挡土墙一类的土工建筑物。

加筋土挡土墙具有以下特点:①组成加筋土挡土墙的面板和筋带可以预先制作,使施工简便、快速,节省劳动力;②加筋土挡土墙是柔性结构物,能够适应地基的轻微变形和具有较强的抗振能力;③节约占地,造型美观;④造价比较低,与石砌重力式挡土墙相比,加筋土挡土墙的造价可节约 20% 以上。

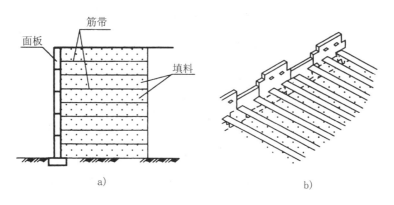

图 4-31 加筋土挡墙基本构造

4.7.1 加筋土的基本原理

在加筋土挡土墙结构中,由填土自重和外力产生的侧压力作用于面板,通过面板上的筋带连接件将侧压力传给筋带,企图将筋带从土中拉出。而筋带材料被土压住,筋带与土之间产生的摩阻力阻止筋带被拔出。加筋和土之间的摩阻力传递如图4-32所示。

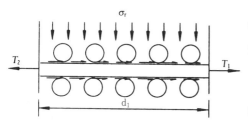

图 4-32 加筋同土粒间的摩阻作用

设土的水平推力在加筋带中引起的拉力沿筋带长度呈非均匀分布,则分析长为 dl,宽为 b 的微分段加筋带的局部平衡,可以得到加筋与土体之间的摩阻力传递为:

$$d_T = T_2 - T_1 = 2bN \cdot f^* \, dl \qquad (4-61)$$

式中:N——垂直作用于加筋带的法向力,包括土重和法向力;

f^*——筋带与土之间的摩擦系数。

从式(4-61)可知,若 $d_T < 2bNf^* \, dl$,加筋与土之间就不会产生相互滑动。这时加筋与土之间好像直接相连似地发挥着作用。因此,在只产生摩擦力而不产生滑移的条件下,加筋改良和提高了土的力学特性,通过加筋和土之间的摩阻力传递作用,使加筋土挡土墙成为能够支承外力和自重的结构体。

4.7.2 加筋土挡土墙的构造

(1)加筋体横断面

加筋体的横断面形式如图 4-33 所示。一般情况下宜用矩形(图 4-33a);斜坡地段由于地形条件限制可采用倒梯形断面(图 4-33b);在宽敞的填方地段亦可用正梯形断面(图 4-33c)。

(2)填料

填料是加筋体的主体材料,由它与筋带产生摩擦力。对填料的基本要求是:

①易于填筑与压实;

②能与加筋产生足够摩擦力;

③水稳性好;

④满足化学和电化学标准。

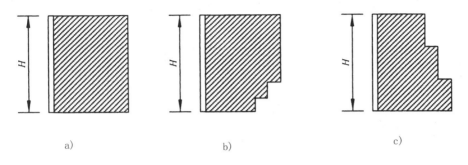

a)　　　　　　　　b)　　　　　　　　c)

图 4-33　加筋体横断面形式

加筋土挡土墙填料的压实标准如表 4-13 所示。

(3)筋带

筋带的作用是承受垂直荷载和水平拉力,并与填料产生摩擦力。因此,筋带材料必须具有以下特性:

①抗拉能力强,延伸率小,蠕变小,不易产生脆性破坏;

②与填料之间具有足够的摩擦力;

③耐腐蚀和耐久性好;

表 4-13　加筋土挡土墙填料压实度要求

填土范围	路槽底面以下深度 /cm	压实度/%	
		高速、一级公路	二、三、四级公路
距面板 1.0m 以外	0～80	≥95	≥93
	80 以下	>90	>90
距面板 1.0m 以内	全部墙高	≥90	≥90

注:表列压实度的确定系按《公路土工试验规程》(JTJ051—93)重型击实试验标准,对于三、四级公路,允许采用轻型击实标准。

④具有一定的柔性,加工容易,接长及与墙面板的连接简单;

⑤使用寿命长,施工简便。

国内以采用聚丙烯土工带、钢塑复合带和钢筋砼带为主,国外广泛使用镀锌钢带。对于高速公路和一级公路应用钢带或钢筋砼带。

(4)墙面板

墙面板的作用是防止填土侧向挤出和传递土压力,以及便于拉筋固定布设和保证填料、拉筋与墙面构成具有一定形状的整体。墙面板不仅要有一定的强度,而且要有足够的刚度,以抵抗预期的冲击和震动。墙面板的设计应满足坚固、美观及运输与安装方便的要求。

国内常用砼或钢筋砼面板。类型有十字形、槽形、六角形、L 形、矩形等,具体尺寸可参考公路设计手册《路基》。

(5)基础

加筋土挡土墙的基础一般情况下只在墙面板下设置宽 0.3～0.5m,厚度为 0.25～0.4m 的条形基础(如图 4-34),宜用现浇砼或片(块)石砌筑。当地基为土质时,应铺设一层 0.1～

0.15m厚的砂砾垫层,如果地基土质较差,承载力不能满足要求,应进行地基处理,如采取换填、土质改良以及补强等措施。

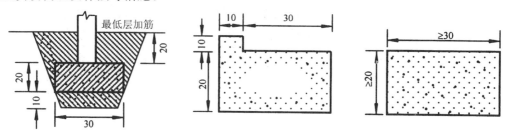

图 4-34 混凝土基础形式(单位:cm)

加筋土挡土墙的基础埋置深度可参考《公路加筋土工程设计规范》(JTJ015—91)。

4.7.3 加筋土挡土墙的结构计算

(1)加筋土挡土墙的破坏形式和稳定性要求

加筋土挡土墙的破坏形式主要有以下几种:

①由于筋带裂缝造成的断裂,其原因是筋带强度不足;

②由于土与筋带之间结合力不足造成的加筋体断裂;

③因外部不稳定造成的破坏。

为了避免发生上述破坏,保证加筋土挡土墙在使用过程中发挥应有的作用,设计时一般要进行内部稳定计算和外部稳定计算。内部稳定计算包括筋带的强度验算和抗拔验算,外部稳定计算包括挡土墙沿基底滑动验算、基底承载力验算,承载地基与墙后土体的整体滑动验算等。各项验算具体要求见表4-14。

表 4-14 加筋土挡土墙验算项目及控制指标

	验算项目		荷载组合		控制指标
内部稳定性	筋带的强度	Ⅰ Ⅱ Ⅲ	容许拉应力$[\sigma_t]$	$\sigma_t \leqslant \eta[\sigma_t]$	$\eta=1$ $\eta=1.25\sim1.3$ $\eta=1.50\sim2.00$
	筋带的抗拔	Ⅰ Ⅱ Ⅲ	抗拔安全系数$[K_f]$	$K_f \geqslant [K_f]$	$[K_f]=2.0$ $[K_f]=1.7$ $[K_f]=1.2$
外部稳定性	基底滑移	Ⅰ、Ⅱ、Ⅲ	抗滑稳定系数$[K_c]$	$K_c \geqslant [K_c]$	$[K_c]=1.3$ $[K_c]=1.1$
	倾覆	Ⅰ、Ⅱ、Ⅲ	倾覆稳定系数$[K_0]$	$K_0 \geqslant [K_0]$	$[K_0]=1.5$ $[K_0]=1.2$
	基底应力	Ⅰ、Ⅱ、Ⅲ	容许承载力$[\sigma]$	$\sigma_{max} \leqslant K[\sigma]^*$	$K=1$
	整体滑动	Ⅰ、Ⅱ、Ⅲ	容许稳定系数$[K_s]$	$K_s \geqslant [K_s]$	$[K_s]=1.25$ $[K_s]=1.10$

注:地基容许承载力,按《公路桥涵地基与基础设计规范》(JTJ024—85)规定采用。

(2)加筋土挡土墙的内部稳定性分析

加筋土挡土墙的内部稳定性分析方法很多,包括应力分析法、楔体平衡法、滑裂面法、能量

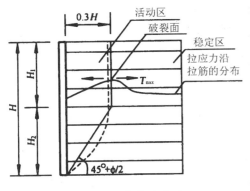

图 4-35 简化破裂面

法、剪胀区法等。以下介绍目前设计中用得较多的应力分析法。

1)基本假定

应力分析法以朗金理论为基础,视加筋土为复合材料。其基本原理是根据作用在填土中最大拉应力点上的应力来计算筋带的最大拉力。并有以下基本假定:

①加筋体的破坏模式类似于绕墙顶旋转的刚性墙,在极限荷载作用下,加筋体被筋带上的最大拉力点的连线分为活动区和稳定区,并采用简化的破裂面形式(图 4-35)。

②加筋体中的应力状态,在结构顶部为静止状态,随深度逐步向主动应力状态变动,深度达到 6m 以下便是主动应力状态。

③只有稳定区内的筋带与填土的相互作用产生抗拔阻力。

2)筋带拉力计算

一个加筋体单元所分担的土压力范围如图 4-36 所示。

①加筋体自重对第 i 层筋带产生的拉力(T_{hi})

$$T_{hi} = \gamma_1 h_i K_i S_x S_y \qquad (4-62)$$

式中:γ_1——加筋体内填料容重,kN/m^3;

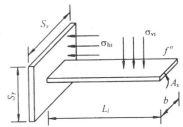

图 4-36 加筋体计算单元

h_i——自加筋体顶面至第 i 结点的距离,m;

S_x,S_y——筋带水平与垂直方向的间距,m;

K_i——第 i 层筋带处的土压力系数;

$$K_i = K_0(1 - \frac{h_i}{6}) + K_a \frac{h_i}{6} \qquad (h_i < 6.0m)$$

$$K_i = K_a \qquad (h_i \geqslant 6.0m)$$

K_0——静止土压力系数,$K_0 = 1 - \sin\phi$;

K_a——主动土压力系数,$K_a = \tan^2(45° - \phi/2)$。

②加筋体上路堤填土对第 i 层筋带产生的拉力(T_{Fi})

$$T_{Fi} = \gamma_2 h_F K_i S_x S_y \qquad (4-63)$$

式中:γ_2——路堤填土容重,kN/m^3;

h_F——加筋体上路堤换算成作用于加筋体顶面的连续均布土层的厚度(图 4-37),按下式计算:

$$h_F = \frac{1}{m}(\frac{H}{2} - b_b) \qquad (4-64)$$

或 $h_F > a$,则取 $h_F = a$。

a——加筋体上路堤填土高度,m;

m——加筋体上路堤填土坡率;

其余符号同前。

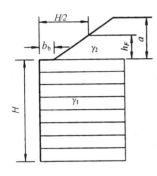

③车辆荷载对第 i 层筋带产生的拉力(T_{ci})

A. 车辆荷载换算为等代均布土层厚度

车辆荷载对筋带产生的拉力可近似地以均布土层进行计算,等代均布土层的厚度 h_0 按下式计算:

$$h_0 = \frac{\sum G}{B_0 L_0 \gamma}$$

其中 B_0 为车辆荷载布置宽度,按以下规定取值:

a. 在内部稳定性分析中,当活动区进入路基宽度时,分别取路基全宽和活动区宽度计算等代土层厚度 h_0 ,取 h_0 较大者对应的 B_0 ;当活动区未进入路基宽度时,取路基全宽;

b. 在路基稳定性验算中采用路基宽度。

图 4-37 路堤式挡土墙填土等代土层厚度计算

B. 等代均布土层布置范围

等代土层布置在路基宽度范围内,具体规定为:

a. 内部稳定性分析时为路基全宽;

b. 外部稳定性验算时,路堤式挡土墙为路基全宽;路肩式挡土墙按验算项目分别确定:验算抗滑和抗倾覆稳定性时,为加筋体后破裂楔体顶部;验算整体滑动稳定性时,为加筋体后至圆弧滑动面之间土体顶部。计算地基应力时,为加筋体顶部至其后破裂楔体顶部。

C. T_{ci} 的计算

车辆荷载换算成等代均布土层后,考虑到这种荷载影响将会随深度的增加而减小,因此路堤式挡土墙采用 $1:0.5$ 向下扩散来传递荷载。在深度 h_i 处,筋带承受的拉力 T_{ci} 按下式计算:

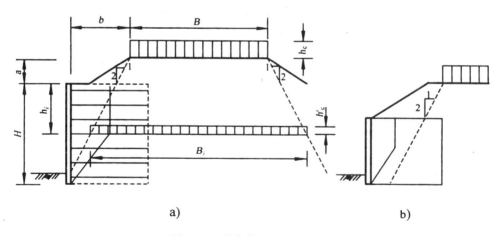

图 4-38 荷载传递及影响范围

当: $l_{oi} > l_{ci}$ (图 4-38a)时:

$$T_{ci} = \sigma_{ci} S_x S_y = h_c \gamma_1 \frac{B}{B_i} K_i S_x S_y \qquad (4\text{-}65a)$$

当: $l_{oi} \leqslant l_{ci}$ (图 4-41b)时,不考虑车辆荷载引起的附加拉力 T_{ci} 。

式中: h_c ——均布土层厚度,m;

l_{oi} ——第 i 层筋带活动区长度,m;

l_{ci} ——第 i 层筋带面板背面至均布土层扩散线外侧的距离,m;

B——路基宽度，m；

B_i——均布土层扩散至第 i 层筋带处的分布宽度，m；

$$B_i = B + a + h_i \qquad (h_i + a \geqslant 2b)$$

$$B_i = B + a + \frac{(a + h_i)}{2} \qquad (h_i + a > 2b)$$

对路肩式加筋土挡土墙，T_{ci} 按下式计算：

$$T_{ci} = \sigma_{ci} S_x S_y = \gamma_1 h_c K_i S_x S_y \tag{4-65b}$$

④第 i 层筋带所受拉力（T_i）的计算：

路堤式挡土墙： $$T_i = T_{hi} + T_{Fi} + T_{ci} \tag{4-66a}$$

$$= (\gamma_1 h_i + \gamma_2 h_F + h_c \gamma_1 \frac{B}{B_i}) K_i S_x S_y$$

路肩式挡土墙： $$T_i = T_{hi} + T_{Fi} = \gamma_1 (h_i + h_F) K_i S_x S_y \tag{4-66b}$$

3）筋带设计断面计算

第 i 层筋带断面面积根据筋带拉力和筋带强度确定，即：

$$A_i = \frac{T_i \times 10^3}{\mu \cdot [\sigma_t]} \tag{4-67}$$

式中：A_i——第 i 层筋带的断面面积，mm^2；

μ——筋带容许应力提高系数，见表 4-15；

$[\sigma_t]$——筋带容许拉应力，MPa。

表 4-15　容许拉应力提高系数

荷 载 组 合 ＼ 拉筋类别	钢带、钢筋混凝土带	聚丙烯土工带
组合 Ⅰ	1.00	1.00
组合 Ⅱ	1.25	1.30
组合 Ⅲ	1.50	2.00

4）筋带抗拔稳定性验算

每个单元结点的抗拔能力用该结点所具有的抗拔力（不计车辆荷载）S_i 与它所受到的拔出力 T_i 之比值来反映。这个比值称为抗拔安全系数 K_f，要求 $K_f \geqslant [K_f]$，即：

$$K_f = \frac{S_i}{T_i} \geqslant [K_f] \tag{4-68}$$

各层筋带的抗拔力 S_i 按下式计算：

$$S_i = 2b_i (\gamma_1 h_i + \gamma_2 h_F) f^* \cdot l_{ei} \tag{4-69}$$

式中：f^*——筋带与土的视摩擦系数；

l_{ei}——第 i 深度结点处稳定区筋带长度，

$$l_{ei} = l_i - (H - h_i) \tan(45° - \phi/2) \qquad (H_1 < h_i \leqslant H)$$

其中：$H_1 = [1 - 0.3 \tan(45° + \frac{\phi}{2})] H$

若 $K_f < [K_f]$，表明抗拔稳定性不够。此时应根据地形、地质、材料来源等情况，采取增加筋带长度，或增加筋带数量，或改用内摩阻角较大的材料等措施来提高安全系数，使达到 $K_f \geqslant$

$[K_f]$的要求。

如果已知容许抗拔安全系数$[K_f]$,则可计算出第i节点处稳定区筋带长度l_{ei}:

$$l_{ei} = \frac{[K_f]T_i}{2b_i(\gamma_1 h_i + \gamma_2 h_F) \cdot f^*}$$ (4-70)

则深度h_i处的筋带总长度为:

$$l_i = l_{oi} + l_{ei}$$ (4-71)

式中:l_{oi}——第i节点处活动区筋带长度,

$$l_{oi} = 0.3H \qquad (0 < h_i \leqslant H_1)$$

或 $$l_{oi} = (H - h_i)\tan(45° - \frac{\phi}{2}) \qquad (H_1 < h_i \leqslant H)$$

(3)加筋土挡土墙的外部稳定性验算

加筋土挡土墙的外部稳定性验算中视加筋体为刚体。验算项目一般包括基底滑移与倾覆稳定性验算、基础底面地基承载力验算,必要时还应对整体滑动和地基沉降进行验算。

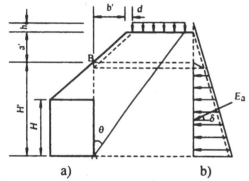

图 4-39 加筋体土压力计算图式
(破裂面交于路基顶面荷载中部)

1)土压力计算

根据加筋土挡土墙后填土的不同边界条件,采用库仑理论计算作用于加筋体的主动土压力,具体计算方法详见 4.3 节。但是,应注意此时墙背为 AB(图 4-39),墙高则为 H',墙背摩擦角 δ 取加筋体填土的内摩阻角与墙后填土内摩阻角两者中的较小值。

2)抗滑稳定性验算(图 4-40)

加筋体在总水平力作用下,加筋体与地基间产生摩阻力抵抗其滑移的能力,用抗滑稳定系数 K_c 表示:

$$K_c = \frac{f\sum N}{\sum T} \geqslant [K_c]$$ (4-72)

式中:$\sum N$——竖向力总和,kN,包括加筋体自重 G_1、加筋体上路堤填土重 G_2 和作用于加筋体上的土压力的竖向分力 E_y;

$\sum T$——水平力总和,kN;

f——加筋体底面与地基土之间的摩阻系数,当缺乏资料时,可参考表 4-16。

表 4-16 基底摩擦系数

地基土分类	f	地基土分类	f
软塑粘土	0.25	砂性土、软质岩石	0.4～0.6
硬塑粘土	0.30	碎(砾)石土	0.5
亚砂土、亚粘土、半干硬的粘土	0.30～0.40	硬质岩石	0.5～0.6

注:填料的强度弱于地基土时,$f = 0.30 \sim 0.40$。

3)抗倾覆稳定性验算(图 4-40)

为保证加筋土挡土墙抗倾覆稳定性,须验算它抵抗墙身绕墙趾向外转动倾覆的能力,用抗倾覆稳定系数 K_0 表示:

$$K_0 = \frac{\sum M_y}{\sum M_0} \geqslant [K_0] \tag{4-73}$$

式中:$\sum M_y$——稳定力系对加筋体墙趾的力矩,kN·m;

　　　$\sum M_0$——倾覆力系对加筋体墙趾的力矩,kN·m。

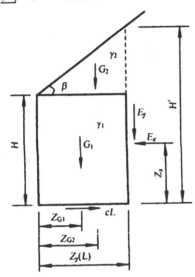

图 4-40　抗滑、抗倾覆稳定性验算图式

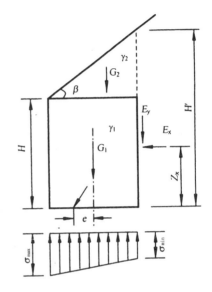

图 4-41　地基承载力验算图示

4)地基承载力验算

地基承载力验算就是要验证加筋体在总竖向力作用下,基底应力是否小于地基承载力。由于加筋体承受偏心荷载,因此,基底压应力呈梯形分布(图 4-41)。基底应力为:

$$\begin{matrix}\sigma_{max}\\\sigma_{min}\end{matrix} = \frac{\sum N}{L}(1 \pm \frac{6e}{L}) \leqslant [\sigma] \tag{4-74}$$

式中:σ_{max}——基底最大压应力,kPa;

　　　σ_{min}——基底最小压应力,kPa;

　　　e——$\sum N$ 的偏心距,m;

　　　$\sum N$——作用于基底的总垂直合力,kN/m;

　　　$[\sigma]$——地基容许承载力,kPa;

　　　L——加筋土挡土墙底面的计算宽度,m。

当 $L > \frac{e}{6}$ 时,应按基底应力重分布计算基底最大压应力:

$$\sigma_{max} = \frac{2}{3} \frac{\sum N}{(L/2 - e)} \leqslant [\sigma] \tag{4-75}$$

5)整体稳定性验算

整体稳定性验算的目的在于确定加筋体随地基一起沿着潜在的破裂面滑动的安全系数,

可采用圆弧法进行验算,并设筋带长度不超过可能的滑动面(图 4-42)。其验算公式如下:

$$K_s = \frac{\sum(c_i l_i + G_i \cos\alpha_i \tan\phi_i)}{\sum G_i \sin\alpha_i} \geqslant [K_s] \tag{4-76}$$

式中:c_i,l_i——第 i 条土块滑动面上的粘聚力(kPa)和弧长(m);

$\quad\quad G_i$——第 i 条土块重量(包括荷载重),kN;

$\quad\quad \phi_i$——第 i 条土块滑动面上土的内摩阻角;

$\quad\quad \alpha_i$——第 i 条土块滑动弧长的法线与竖直线的夹角;

$\quad\quad [K_s]$——容许稳定系数。

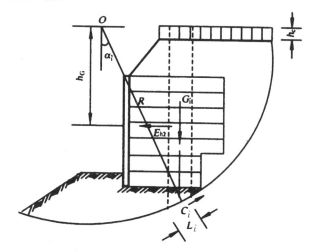

图 4-42　整体抗滑稳定性计算示意图

4.8　轻型挡土墙设计

重力式挡土墙具有构造简单、施工方便和就地取材的优点,但其稳定性主要靠墙身自重来保证,因而墙身断面较大,占地较多,不能充分发挥建筑材料的强度性能,也不易实行施工的机械化与工厂化。轻型挡土墙则常用钢筋砼构件组成,墙身断面较小,墙的稳定性不是或不完全依靠本身重量来维持,因而结构较轻巧,圬工量省,占地较少,有利于机械化施工。轻型挡土墙的类型很多,本节仅介绍锚杆挡土墙、悬臂式挡土墙和锚碇板挡土墙的形式和设计。

4.8.1　锚杆挡土墙

(1)锚杆挡土墙的构造与布设

锚杆挡土墙是由钢筋砼墙面和钢锚杆组成的一种轻型支挡建筑物,靠锚固在稳定地层内的锚杆对墙面的水平拉力保持墙身的稳定。墙面一般由预制的立柱和挡板组成,称为板柱式墙,也可以就地现浇成整体的板壁式墙。使用的锚杆主要有楔缝式锚杆和灌浆锚杆两种:①楔缝式锚杆,俗称小锚杆,对锚杆施加一定压力后,使杆端楔缝的楔子张开,从而将锚杆卡紧在岩石中。锚孔直径一般为 38～50mm,深度 3～5m。孔内压注水泥砂浆,以防锈和提高锚杆抗拔能力。②灌浆锚杆,又称大锚杆,用钻机钻孔,锚孔直径一般 $100\sim150\text{mm}$,锚杆插入锚孔后再灌注水泥砂浆。当用于土层时,由于土层与锚杆间的锚固能力较差,尚需采用加压灌浆或内部扩孔方法来提高其抗拔力。楔缝式锚杆多用于岩石边坡的防护与加固工程,灌浆锚杆一般多用于路堑挡土墙。

当锚杆挡土墙较高时,应布置成两级或两级以上,两级之间设 $1\sim2\text{m}$ 宽的平台。每级挡墙不宜过高,一般为 $5\sim6\text{m}$。为便于立柱及挡土板的安装,以竖直墙背为多。

确定立柱间距应考虑工地的起吊能力和锚杆的抗拔能力,一般可选用 $2.5\sim3.5\text{m}$。每根立柱视其高度可布置 $2\sim3$ 根或更多的锚杆,锚杆位置应尽可能使立柱的弯矩均匀分布,方便钢筋布置。

挡土板一般设计成矩形或槽形,长度比立柱间距短 10cm 左右,以便留出锚杆位置。墙后应回填砂卵石等透水材料,由下部泄水孔将水排入边沟内。

(2)锚杆挡土墙设计

1)主动土压力计算

把挡板作为一般挡土墙的墙背,按相应边界条件的库仑主动土压力计算公式,求出土压力 E_x,并绘制应力分布图。当采用多级挡土墙时,下墙土压力按延长墙背法计算。

2)挡土板的内力计算

挡土板是以立柱为支座的简支梁,其计算跨度 l 为二立柱间挡土板支承中心间的距离。其荷载 q 取挡土板所在位置土压力的平均值,即:

$$q = \frac{1}{2}(\sigma' + \sigma'')h$$

式中:σ' 及 σ'' 为挡土板高 h 上下两边缘的单位土压力(垂直于挡土板方向)。

如图 4-43 所示,跨中最大弯矩 $M_{\max} = \frac{1}{8}ql^2$,支座处的剪力 $Q = \frac{1}{2}ql$。

3)立柱的内力计算

假定立柱与锚杆连接处为一铰支座,把立柱视为承受土压力的简支梁或连续梁,上端自由,下端视埋置深度、基础强度、嵌固情况,分别视为自由端、铰端或固定端。

挡土板所承受的侧压力是按跨传至立柱,因此,每根立柱在不同高度上所受的土压应力 P_i 应为该高度的单位土压力 σ_i 乘以立柱间距 l,即 $P_i = \sigma_i l$。

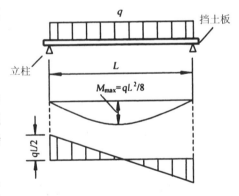

图 4-43　挡土板计算

①当上墙立柱仅有两根锚杆,且底端为自由时,可假定成两端为悬臂的简支梁(图4-44a);

②当下墙立柱仅有两根锚杆,且底端视为铰端时,按连续梁计算(图4-44b);

③当立柱有两根以上的锚杆且底端为固定时,按一端固定的连续梁计算(图4-44c)。

在求连续梁的支点弯矩时,若计算跨数不超过三跨,可利用三弯矩方程求解。若超过三跨,则用弯矩分配法解较为方便。

立柱与挡板的配筋设计,可采用极限状态法,按《钢筋砼结构设计规范》进行计算。

4)锚杆设计

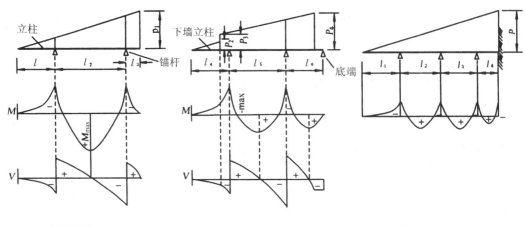

a)悬臂梁　　　　　　b)连续梁　　　　　c)一端固定的连续梁

图 4-44　立柱计算

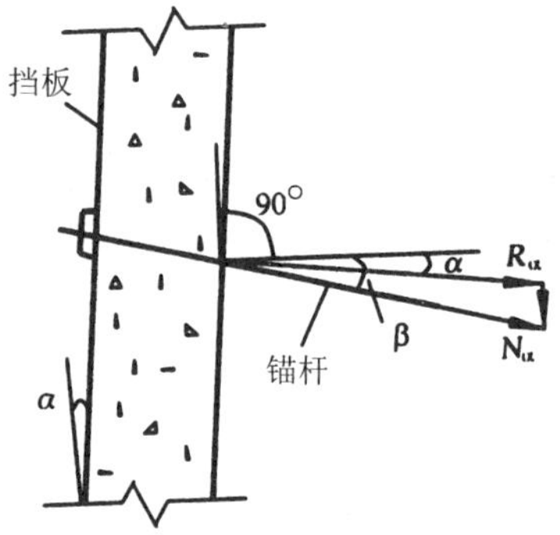

锚杆为轴心受拉构件,按容许应力法设计断面。用单锚理论来设计锚杆长度,即不考虑锚杆与锚固层岩体的整体稳定性问题。

①锚杆截面设计(图 4-45)

取立柱上某一支点 n,由立柱的计算中求得其反力 R_n,则锚杆的轴向应力 N_n 为:

$$N_n = \frac{R_n}{\cos(\beta - \alpha)} \tag{4-77}$$

式中:α——立柱对竖直方向的倾角;

β——锚杆对水平方向的倾角。

锚杆所需钢筋面积 A_g(cm^2)为:

$$A_g = \frac{KN_n}{R_g} \tag{4-78}$$

图 4-45　锚杆计算

式中:K——考虑超载和工作条件的系数,一般取 1.7;

R_g——钢筋抗拉设计强度;

N_n——钢筋轴向力。

锚杆周围用 $30^{\#}$ 水泥砂浆填孔,锚杆受力后砂浆发生的裂缝,应不得超过允许值 0.2mm,以防钢筋锈蚀。

②锚杆长度设计(图 4-46)

锚杆长度包括两部分:A. 非锚固段长度,又叫结构长度,按墙面与稳定地层之间的实际距离而定;B. 锚固段长度,即锚杆在稳定地层中的长度 L_e,根据地层情况和锚杆的抗拔力确定。

对于岩质边坡,岩层与砂浆间的粘结强度大,锚固长度取决于砂浆对钢筋的锚固力。为了提高锚固力,水泥砂浆不得低于 30 号。要求锚固力大于钢筋的抗拉强度,即:

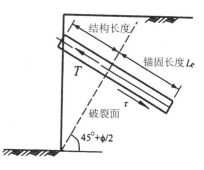

图 4-46　锚杆长度

$$K\sigma_{\mathrm g}\left(\frac{\pi d^2}{4}\right)\leqslant \pi d L_{\mathrm e}\cdot \mu$$

$$L_{\mathrm e}\geqslant \frac{K\sigma_{\mathrm g}d}{4\mu}$$

式中：$L_{\mathrm e}$——最小锚固长度；

$\sigma_{\mathrm g}$——钢筋极限抗拉强度；

μ——钢筋与砂浆间的粘结力；

K——安全系数，取 $2\sim 3$；

d——钢筋直径。

如为半岩质或土质边坡，锚固长度取决于砂浆与围岩接触面上的抗剪强度，即：

$$L_{\mathrm e}=\frac{KN_n}{\pi D\tau_{\mathrm k}}\tag{4-79}$$

式中：K——安全系数，取 $2\sim 3$；

N_n——锚杆承受的拉力；

D——锚孔直径；

$\tau_{\mathrm k}$——锚固段砂浆与围岩接触面间的抗剪强度，或孔壁地层内的抗剪强度，取其中较小值。$\tau_{\mathrm k}$ 一般通过抗拔试验确定。

为了保证安全，锚杆的有效锚固长度，除应满足上述要求外，在岩层中一般不应小于 4m，在半岩质或土质地层中，一般不应小于 5m。

5）锚杆与立柱的连接

主要有 3 种形式：①焊短钢筋锚固，②螺母锚固，③弯钩锚固。弯钩锚固适用于就地浇筑，其余两种适用于预制构件。

4.8.2 悬臂式挡土墙

(1)悬臂式挡土墙的构造及适用条件

钢筋砼悬臂式挡土墙由立壁和底板组成，具有 3 个悬臂，即立壁、趾板和踵板，同时固定

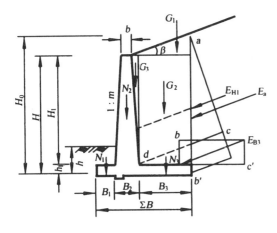

图 4-47 悬臂式挡土墙的受力状态

在中间夹块上，如图 4-47 所示。墙的稳定性依靠墙身自重和墙踵板上的填土重量来保证，而趾板的设置又显著地增加抗倾覆力的力臂，因此结构形式比较经济。

悬臂式挡土墙构造简单，施工方便，能适应较松软的地基，墙高一般在 $6\sim 9m$。当墙高较大时，立壁下部的弯矩大，钢筋与砼的用量剧增，影响这种结构形式的经济效果，此时可采用扶壁式挡土墙。

(2)悬臂式挡土墙设计

1）土压力计算

对于悬臂式挡土墙，通常采用朗金理论计算通过墙踵的竖直面上的土压力 $E_{\mathrm a}$，然后结合位于该竖直面与墙背间的土重，得到作用于墙上的总压力。

悬臂式挡土墙的土压力分布，如图 4-47 所示。其总土压力为：

$$E = \frac{1}{2}\gamma H^2 K$$

$$K = \cos\beta \frac{\cos\beta - \sqrt{\cos^2\beta - \cos^2\phi}}{\cos\beta + \sqrt{\cos^2\beta - \cos^2\phi}}$$

$$(4\text{-}80)$$

式中:K 为朗金土压力系数,可由有关手册查得。当地面为水平,$\beta = 0$ 时:

$$K = \frac{1 - \sin\phi}{1 + \sin\phi} = \tan^2\left(45° - \frac{\phi}{2}\right) \tag{4-81}$$

土压力方向平行于地面。

悬臂式挡土墙的土压力,也可以采用库仑方法计算,计算时应首先验算是否出现第二破裂面。若出现第二破裂面,计算时假定墙踵板上所受的垂直力为第二破裂面以下墙踵板以上的土重与主动土压力的竖直分力之和,立壁则承受主动土压力的全部水平分力,土压力作用于第二破裂面上。

2)底板宽度计算

墙底板宽度 B 可分为三部分:墙趾板宽度 B_1、立壁宽度 B_2 和墙踵板宽度 B_3,即 $B = B_1 + B_2 + B_3$,如图 4-47 所示。

①墙踵板宽度 B_3

墙踵板宽度 B_3 根据抗滑稳定性要求确定。即:

$$K_c = \frac{f \cdot \sum N}{E_x} \leqslant [K_c] \tag{4-82}$$

式中:$[K_c]$——容许抗滑稳定系数。对加设凸榫的挡土墙,在未设凸榫前,要求 $[K_c] \geqslant 1.0$;

$\sum N$—— 底板上承受的垂直荷载,$\sum N = \sum G + E_y$。

$\sum G$—— 底板上填土及圬工重量,在墙身尺寸未确定前,暂行估算,根据以下几种情况分别确定:

A. 路肩墙:当胸坡垂直,顶面有均布荷载 h_0(如图 4-48),并按路基全宽分布时,$\sum G$ 按下式估算:

$$\sum G = (B_2 + B_3)(H + h_0)\gamma\mu \tag{4-83}$$

式中:γ——填料容重,kN/m^3;

μ——容重修正系数,由于计算 $\sum G$ 中未计入趾板及其上部土重,故须近似地将其容重加以修正,μ 值见表 4-17。

表 4-17　容重修正系数 μ 值

容重 /(kN·m⁻³)	摩　擦　系　数　f								
	0.30	0.35	0.40	0.45	0.50	0.60	0.70	0.84	1.00
16	1.07	1.08	1.09	1.10	1.12	1.13	1.15	1.17	1.20
18	1.05	1.06	1.07	1.08	1.09	1.11	1.12	1.14	1.16
20	1.03	1.04	1.04	1.05	1.06	1.07	1.08	1.10	1.12

$$[K_c]E_x = f\sum N = f(B_1 + B_2)(H + h_0) \cdot \gamma\mu$$

$$B_3 = \frac{[K_c] \cdot E_x}{f(H + h_0)\gamma\mu} - B_2 \tag{4-84}$$

B. 路堑墙或路堤墙:墙顶地面坡角为 β,胸坡垂直时(图 4-47)

$$[K_c]E_x = f\sum N = f(B_2 + B_3)(H + \frac{1}{2}B_3\tan\beta)\gamma\mu + f \cdot E_y$$

$$B_3 = \frac{[K_c] \cdot E_x - f \cdot E_y}{f\mu\gamma(H + \frac{1}{2}B_3\tan\beta)} - B_2 \tag{4-85}$$

C. 当墙胸具有 $1:m$ 的倾斜度时,上面两式应加上胸坡修正宽度 ΔB_3

$$\Delta B_3 = \frac{1}{2}mH_1 \tag{4-86}$$

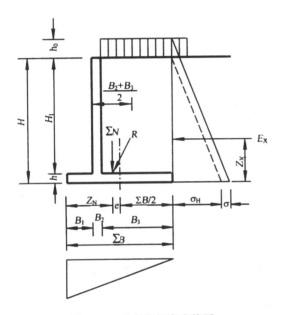

图 4-48　确定底板宽度简图

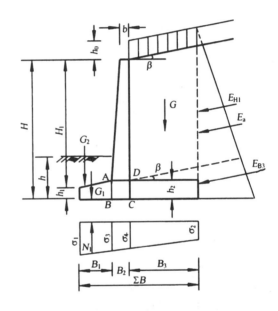

图 4-49　悬臂式挡土墙内力计算图式

②墙趾板宽度 B_1

墙趾板宽度 B_1 除高墙受抗倾覆稳定系数 K_0 控制外,一般都由地基应力或偏心距 e 来决定,要求墙踵不出现拉应力,如图 4-48 所示。令偏心距 $e = B/6$,则:

$$Z_N = \frac{\sum B}{3} = \frac{M_y - M_0}{\sum N}$$

将 $M_y = \sum N(\frac{B_2 + B_3}{2} + B_1)$ 代入上式后得:

$$\sum B = \frac{3(M_y - M_0)}{\sum N} = \frac{3(B_2 + B_3 + 2B_1)}{2} - \frac{3M_0}{\sum N}$$

$$= B_1 + B_2 + B_3$$

已知: $\sum N = [K_c]E_x/f$,代入上式得:

$$B_1 = \frac{1.5 M_0 f}{[K_c] E_x} - 0.25(B_2 + B_3) \qquad (4\text{-}87)$$

对于路肩墙(图 4-48)

$$M_0 = \frac{H^2}{6}(3\sigma_0 + \sigma_H)$$

$$B_1 = \frac{1}{4}\left[\frac{H^2(3\sigma_0 + \sigma_H)f}{[K_c] E_x} - (B_2 + B_3)\right] \qquad (4\text{-}88)$$

式中:$\sigma_0 = \gamma h_0 K$,$\sigma_H = \gamma H K$,$E_x = \frac{H}{2}(2\sigma_0 + \sigma_H)$。

对于路堤墙或路堑墙(图 4-47)

$$M_0 = E_x \cdot Z_x = \frac{1}{3}(H + B_3 \tan\beta) E_x$$

$$B_1 = \frac{0.5(H + B_3 \tan\beta) \cdot f \cdot E_x}{[K_c] \cdot E_x} - 0.25(B_2 + B_3)$$

$$= \frac{0.5(H + B_3 \tan\beta) f}{[K_c]} - 0.25(B_2 + B_3) \qquad (4\text{-}89)$$

③夹块宽度 B_2

与立壁底部厚度 B_2 相同,计算方法见后面立壁厚度计算。

④底板宽度

$$\sum B = B_1 + B_2 + B_3 + \Delta B_3 \qquad (4\text{-}90)$$

若按 $\sum B$ 计算的地基应力 $\sigma > [\sigma]$ 或 $e > \dfrac{\sum B}{6}$ 时,应根据加宽基础的方法加宽 B_1,以满足上述要求。

3)底板厚度计算

底板厚度取决于结构要求和截面强度要求。结构要求:趾板与踵板同厚(指与中间夹块连接处),趾板端部不宜小于 30cm,踵板顶面要求水平。

强度要求:主要根据配筋率及构件裂缝宽度控制板的厚度。

①墙趾板的弯矩和剪力(图 4-49)

趾前埋深 h,取计算截面 $A-B$:

剪力 $Q_1 = N_1 - G_1 - G_2$

$$= \left[\sigma_1 B_1 - \frac{1}{2}(\sigma_1 - \sigma_2)\frac{B_1^2}{\sum B}\right] - B_1 h_{pj} \gamma_h - B_1(h - h_{pj})\gamma$$

$$= B_1\left[\sigma_1 - \gamma_h h_{pj} - \gamma(h - h_{pj}) - \frac{1}{2}(\sigma_1 - \sigma_2)\frac{B_1}{\sum B}\right] \qquad (4\text{-}91)$$

弯矩

$$M_1 = \sigma_1 \frac{B_1^2}{2} - \frac{B_1^2}{6}(\sigma_1 - \sigma_2)\frac{B_1}{\sum B} - \left[\gamma_h h_1 \frac{B_4^2}{2} + \gamma_h(h_2 - h_1)\frac{B_1^2}{6} + \gamma(h - h_1)\frac{B_1^2}{2} - \right.$$

$$\left. \gamma(h_2 - h_1)\frac{B_1^2}{6}\right]$$

$$= \frac{B_1^2}{6} \left[3(\sigma_1 - \gamma h) - (\gamma_h - \gamma)(h + 2h_{pj}) - (\sigma_1 - \sigma_2) \frac{B_1}{\sum B} \right] \qquad (4\text{-}92)$$

式中: σ_1、σ_2——墙趾和墙踵处的地基应力;

$\quad h_{pj}$——趾板平均厚度, $h_{pj} = \frac{1}{2}(h_1 + h_2)$;

$\quad \gamma_h$——钢筋砼容重;

$\quad \gamma$——填土容重。

②踵板的弯矩和剪力(图 4-49)

$$Q_3 = \gamma H_1 B_3 + \frac{1}{2} \gamma B_3^2 \tan\beta + \gamma h_0 B_3 + \gamma_h h_3 B_3 + E_{B3} \sin\beta - \sigma_2 B_3 - \frac{1}{2}(\sigma_1 - \sigma_2) \frac{B_3^2}{\sum B}$$

$$= B_3 \left[\gamma(H_1 + h_0) + \gamma_h h_3 - \sigma_2 - 0.5 B_3 \left(\frac{\sigma_1 - \sigma_2}{\sum B} - \gamma \tan\beta \right) \right] + E_{B3} \sin\beta \qquad (4\text{-}93)$$

弯矩　$M_3 = \gamma H_1 \frac{B_3^2}{2} + \gamma h_0 \frac{B_3^2}{2} + \frac{1}{3} \gamma B_3^2 \tan\beta + \gamma_h h_3 \frac{B_3^2}{2} + E_{B3} \sin\beta Z_{EB3} - \sigma_2 \frac{B_3^2}{2} -$

$$\frac{1}{6}(\sigma_1 - \sigma_2) \frac{B_3^3}{\sum B}$$

$$= \frac{B_3^2}{6} \left[3\gamma(H_1 + h_0) + 3\gamma_h h_3 - 3\sigma_2 - B_3 \left(\frac{\sigma_1 - \sigma_2}{\sum B} - 2\gamma \tan\beta \right) \right] +$$

$$E_{B3} \sin\beta Z_{EB3} \qquad (4\text{-}94)$$

式中: B_3——墙踵板计算长度;

$\quad E_{B3}$——作用于踵板上的土压力;

$\quad Z_{EB3}$——作用于踵板上主动土压力的垂直分力对计算截面的力臂

$$Z_{EB3} = \frac{B_3}{3} \left[1 + \frac{(h_0 + H_1) + B_3 \tan\beta}{2(h_0 + H_1) + B_3 \tan\beta} \right]$$

$\quad h_3$——踵板厚度。

③墙趾板和墙踵板的厚度计算

用下述两式计算,取其大者。

A. 根据配筋率确定截面厚度

一般常用的配筋率为 $0.3\% \sim 0.8\%$, 截面厚度由下式确定。

$$h_3 \geqslant \sqrt{\frac{KM}{A_0 b R_w}} \qquad (4\text{-}95)$$

式中: K——钢筋砼受弯强度设计安全系数, 按《钢筋砼结构设计规范》采用;

$\quad A_0$——计算系数, 由选定的配筋率 μ 计算出计算系数 ξ, $A_0 = \xi(1 - 0.5\xi)$;

$\quad \xi$——计算系数, $\xi = \mu R_g / R_w$;

$\quad b$——计算截面宽度, 取 100cm;

$\quad R_w$——砼弯曲抗压设计强度;

$\quad R_g$——钢筋抗拉设计强度。

B. 为防止裂缝开展过大和端部斜压破坏, 截面厚度可由下式确定。

$$h_3 \geqslant \frac{KQ}{0.3 R_a b} \qquad (4\text{-}96)$$

式中：K——钢筋砼斜截面受剪强度设计安全系数，按《钢筋砼设计规范》采用；

R_a——砼轴心受压设计强度。

由于踵板显著长于趾板，底板厚度由踵板厚度的 h_3 控制。

4）立壁厚度计算

立壁厚度（即中央夹块的宽度）取决于结构要求和强度要求。

①结构要求

立壁顶部最小厚度采用 $15\sim25\text{cm}$，路肩墙不宜小于 20cm。胸墙一般不做垂直坡面，以免因挡墙变形、地基不均匀沉陷及设施误差等因素的影响，造成立壁前倾。通常采用的坡率是 $1：0.02\sim1：0.05$。

②立壁弯矩及剪力计算（图 4-49）

土压力：
$$E_{Hi} = \gamma H_i(0.5H_i + h_0)K \tag{4-97}$$

$$E_{xHi} = E_{Hi}\cos\beta = \gamma H_i\cos\beta(0.5H_i + h_0)K \tag{4-98}$$

剪力
$$Q_{Hi} = E_{xHi} \tag{4-99}$$

弯矩
$$M_{Hi} = \frac{1}{6}\gamma H_i^2\cos\beta(H_i + 3h_0)K \tag{4-100}$$

式中：E_{hi}，E_{xHi}——墙高为 H_i 时的主动土压力及其水平分力；

Q_{Hi}——主动土压力对计算截面的剪力；

M_{Hi}——主动土压力对计算截面中心的弯矩。

③立壁厚度计算

厚度计算与底板厚度计算相同，按下列两式计算，取其大者。

A. 根据配筋率确定截面厚度（见式（4-95））

$$h \geqslant \sqrt{\frac{KM}{A_0 bR_w}}$$

B. 以斜裂缝开展控制（见式（4-96））

$$h \geqslant \frac{KQ}{0.3R_a b}$$

5）墙身稳定性及基底应力验算

验算方法与重力式挡土墙相同，应满足

$$K_c \geqslant [K_c]；\quad K_0 \geqslant [K_0]；\quad e_0 \leqslant [e_0]；\quad \sigma_{\max} \leqslant [\sigma_0]。$$

6）墙身配筋及裂缝开展宽度计算

按《钢筋砼结构》和《钢筋砼结构设计规范》计算。

4.9 挡土墙的布置及设计示例

4.9.1 挡土墙的布置

挡土墙的布置，通常在路基横断面图和墙趾纵断面图上进行（图 4-50）。布置前，应现场核对路基横断面图，不足时应补测。测绘墙趾处的纵断面图，收集墙趾处的地质和水文资料。

一般做法如下：

①根据地形地质条件，初步拟定一两个可能的挡土墙类型方案。

路肩挡土墙可充分收缩坡脚，大量减少占地和填方，但其侧向土压力较大，需用圬土较多。当路肩墙与路堤墙的墙高或截面圬工数量相近，基础情况相似时，应优选选用路肩墙，按路基宽布置挡土墙位置。若路堤墙的高宽或圬工数量比路肩墙显著降低，而且基础可靠时，宜选用路堤墙，并作经济比较后确定墙的位置。

路堑挡土墙大多设在边沟旁。山坡挡土墙应考虑设在基础可靠处，墙的高度应保证设墙后墙顶以上边坡的稳定。

沿河路堤设挡土墙时，应结合河流情况来布置，注意设墙后仍保持水流顺畅，不致挤压河道而引起局部冲刷。经上述对比论证，初步确定布置挡土墙的位置、墙的断面形式、基础类型及埋深。

②在路基横断面图上布置挡墙。在墙高最大处，墙身断面或基础形式变化处，以及其他必要桩号处的路基横断面图上，按拟定方案及其相应位置布置挡土墙，初步确定其断面形式、位置、基础类型及埋深。

确定断面形式时，路堑墙宜用仰斜式或折线式。对路肩墙和路堤墙，当地形陡峻时宜选用俯斜式或衡重式；地形平坦时选用仰斜式。

③在墙趾纵断面图上布置挡墙。按横向布置初步确定的挡墙位置、基础埋深，绘制或补测墙趾纵断面图，并在墙趾纵断面图上纵向布置挡土墙，确定挡土墙的起讫点、墙长、分段、沿纵向的墙高变化、两端与路基或其他结构物的衔接方案和泄水孔位置等，见图 4-50。

挡土墙分段按设置沉降伸缩缝的要求进行，一般为 $10 \sim 15 \mathrm{m}$。

挡土墙基础布置应根据地形和地质情况变化而定。墙趾地面有纵坡时，挡土墙的基底宜做成不大于 5% 的纵坡。当地基为岩石时，为减少开挖，可沿纵向做成台阶。台阶尺寸随纵坡大小而定，但其高宽比不宜大于 $1 : 2$。

挡土墙与路基或其他结构物的衔接方式，关系到前后工程的衔接是否协调顺适和挡土墙的长度与稳定性。一般，路肩墙与路堤衔接，应采用锥坡；与桥台连接需在台尾与挡土墙之间设置隔墙（与挡土墙横断面垂直）和接头墙（与隔墙垂直）。

④根据初步确定的墙型、墙高、地基及填料的物理力学指标等设计资料进行验算，以确定墙身断面尺寸。

⑤根据验算结果，选择其中最合理经济的断面作为设计断面。

⑥根据上述反复计算和调整后得出的断面尺寸方案，绘制挡土墙的横断面图，纵断面图，必要时还需绘制平面图。

在墙趾纵断面图上，需标明挡土墙的起讫点、墙长、两端连接方式、沉降伸缩缝位置、基底线、泄水孔位置及各特征断面（布置有挡土墙的路基横断面）的桩号，以及墙顶、基础顶面、基底、各特征水位线、冲刷线和冰冻线等的标高。

个别复杂的挡土墙，如高、长的沿河曲线挡土墙，应作平面布置，绘制平面图，标明挡土墙与路线的平面位置及附近的地貌与地物情况。沿河挡土墙还应绘出河道及水流方向，防护与加固工程等。

⑦编制设计说明

简要说明可直接写在设计图上。如有必要则另编专门的说明书，应说明的内容包括：选用

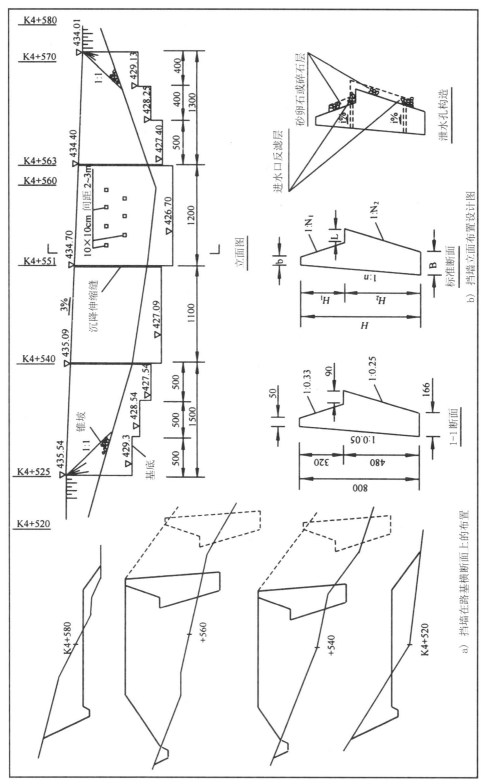

图 4-50 挡土墙设计布置图

挡土墙方案的理由,挡土墙结构类型和设计参数的选择依据,对材料及施工的要求和注意事项,主要工程数量等。如采用标准图,应注明其编号。

4.9.2　挡土墙设计示例

某山区二级公路,路基宽 12m,其 K4＋520～K4＋580 段的路基横断面如图 4-50 所示,路线纵坡 3%。根据该路段的原地面横坡、地质及材料来源情况,拟在该路右侧设置挡土墙,以保证其路基稳定。试作该段挡土墙设计。

(1)挡土墙类型与形式选择

根据路基横断面图,以路堤墙和路肩墙方案在路基横断面上进行初步布置和工程量估算得知:路堤墙比路肩墙的圬工数量略少,但填方量却增大 $\frac{1}{3}$,因此决定选用路肩墙。

以俯斜式和衡重式(按路肩墙)比较得知:二者墙高基本相同,但衡重式断面较小。故决定采用衡重式断面进行设计。

(2)挡土墙基础与断面设计

从 K4＋520～K4＋580 的路基横断面(图 4-50a)可知,K4＋560 断面的路基边坡最高,故先在此断面上布置挡土墙,以确定挡土墙的修建位置,基础形式与埋置深度、墙身断面尺寸等。

1)设计资料与技术要求

根据工地调查与试验、并参考规范,设计资料和技术要求如下:

①土壤地质情况:地基为密实的碎石土,其容许承载力 $[\sigma]＝800$kPa,基底摩阻系数 $f＝0.60$。

②墙背填料:选用就地开挖的碎石土作墙背填料。其容重 $\gamma＝18$kN/m³,内摩阻角 $\phi＝35°$。上墙摩阻角(假想墙背)$\delta＝\phi$,下墙摩阻角 $\delta＝\frac{1}{2}\phi$。

③墙体材料:5 号砂浆砌 30 号片石,砌体容重 $\gamma_k＝22$kN/m³,砌体容许压应力 $[\sigma_a]＝800$kPa,容许拉应力 $[\sigma_l]＝80$kPa,容许剪应力 $[\tau]＝160$kPa。

④荷载。设计荷载汽车—20,验算荷载,挂车—100。

⑤稳定系数:$[K_c]＝1.3$,$[K_0]＝1.5$

2)基础形式及埋置深度

根据地基承载力及无冰冻的气候特点,选用一般基础形式,埋置深度按规范要求取 1.0m。

3)断面尺寸的计算

①断面尺寸拟定(图 4-51)

根据横断面上的布置,该断面的墙高 $H＝8.0$m。拟定上墙 $H_1＝3.2$m,墙背俯斜 1:0.33($\alpha_1＝18°15'$);衡重台 $d_1＝0.9$m;下墙 $H_2＝4.8$m,墙背仰斜 1:0.25($\alpha_2＝-14°02'$);墙面坡度 1:0.05。墙身分段长 12m。

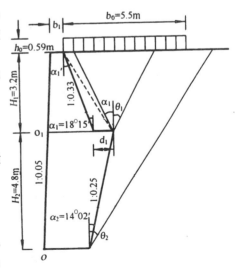

图 4-51　拟定的衡重式挡土墙断面构造

②车辆荷载换算

按车带宽均摊的方法计算。

汽车－20级,一辆重车总重300kN,则

$$h_0 = \frac{\sum Q}{\gamma b_0 L} = \frac{\sum Q}{\gamma b_0 [L_0 + (H + 2a)\tan 30°]}$$

$$= \frac{300 \times 2}{18 \times 5.5[5.6 + 8 \times 0.577]}\text{m} = 0.593\text{m}$$

式中[ ]内的数值$L = 10.22$m,小于墙身分段长度,取$L = 10.22$m。

挂车－100的$h_0 = 0.80$m,布置在路基全宽。

设计车辆荷载的换算也可采用《公路桥涵通用设计规范》中的方法。

③上墙土压力计算

A. 计算破裂角,判断是否出现第二破裂面。

假想墙背倾角α'_1为

$$\tan\alpha'_1 = \frac{H_1\tan\alpha_1 + d_1}{H_1} = \frac{3.2 \times 0.33 + 0.9}{3.2} = 0.611$$

$$\alpha'_1 = 31°26'$$

假设破裂面交于荷载内,按《路基》手册中表3-2-2中第1类公式,得:

$$\alpha_i = \theta_i = 45° - \frac{\phi}{2} = 45° - \frac{35°}{2} = 27°30'$$

$$\tan\theta_i = 0.521$$

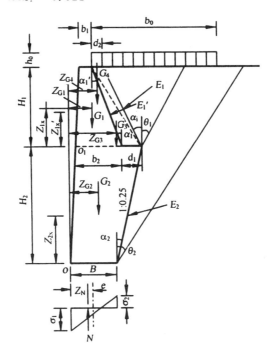

图 4-52 墙身截面入强度计算

验算破裂面位置:

第一破裂面距墙顶内缘距离为：

$$H_1(\tan\theta_i + \tan\alpha'_1) = 3.2(0.521 + 0.611)\text{m} = 3.62\text{m} < b_0(= 5.5\text{m})$$

破裂面交于荷载内，与假设相符，采用公式正确。

$\alpha'_1 > \alpha_i(31°26' > 27°30')$，故出现第二破裂面。

B. 计算第二破裂面上的主动土压力 E_1

$$K = \frac{\tan^2(45° - \phi/2)}{\cos(45° + \phi/2)} = \frac{\tan^2(45° - 35°/2)}{\cos(45° + 35°/2)} = 0.587$$

$$K_1 = \frac{2h_0}{H_1} + 1 = \frac{2 \times 0.593}{3.2} + 1 = 1.37$$

$$E_1 = \frac{1}{2}\gamma H_1^2 K K_1 = \frac{1}{2} \times 18 \times 3.2^2 \times 0.587 \times 1.37\text{kN} = 74.11\text{kN}$$

$$E_{1x} = E_1\cos(\alpha_i + \phi) = 74.11\cos(27°30' + 35°)\text{kN} = 34.22\text{kN}$$

$$E_{1y} = E_1\sin(\alpha_i + \phi) = 74.11\sin(27°30' + 35°)\text{kN} = 65.74\text{kN}$$

对上墙 O_1 的力臂 $Z_{1x} = \frac{H_1}{3} + \frac{h_0}{3K_1} = \frac{3.2\text{m}}{3} + \frac{0.593\text{m}}{3 \times 1.37} = 1.21\text{m}$

④ 下墙土压力计算

采用力多边形法，按铁路手册《挡土墙》中表 27-6 的相应公式计算。

A. 求破裂角 θ_2

假定破裂面交于荷载外，采用表 27-6 第 5 类公式（注：公式中 α_2 按正值计）。

$$\psi = \phi + \delta_2 - \alpha_2 = 35° + 17°30' - 14°02' = 38°28'$$

$$\tan\psi = 0.794$$

$$A_0 = \frac{1}{2}(H_2 + H_1)^2 = \frac{1}{2}(4.8 + 3.2)^2 = 32$$

$$B_0 = \frac{1}{2}H_2(H_2 + 2H_1)\tan\alpha_2 + \frac{1}{2}H_1^2\tan\theta_i - [l_0 + d - H_1(\tan\alpha'_1 + \tan\theta_i)]h_0$$

$$= \frac{1}{2} \times 4.8 \times (4.8 + 2 \times 3.2) \times 0.25 + \frac{1}{2} \times (3.2)^2 \times 0.521 -$$

$$[5.5 + 0 - 3.2 \times (0.611 + 0.521)] \times 0.593 = 8.275$$

$$R_1 = \frac{E_{1x}}{\cos(\phi + \theta_i)} = \frac{34.22}{\cos(35° + 27°30')} = 74.11$$

$$\tan\theta_2 = -\tan\psi + \sqrt{(\tan\psi + \cot\phi)\left(\tan\psi + \frac{B_0}{A_0}\right) - \frac{R_1\sin(\psi + \theta_i)}{A_0\gamma\sin\phi\cos\psi}}$$

$$= -0.794 + \sqrt{(0.794 + 1.428)(0.794 + \frac{8.274}{32}) - \frac{74.11 \times 0.913}{32 \times 18 \times 0.574 \times 0.783}}$$

$$= 0.647$$

$$\theta_2 = 32°55'$$

验算破裂面位置：

破裂面顶端距墙顶内缘的距离为

$$H\tan\theta_2 - H_2\tan\alpha_2 + H_1\tan\alpha'_1 = 8 \times 0.647\text{m} - 4.8 \times 0.25\text{m} + 3.2 \times 0.611\text{m}$$

$$= 5.93\text{m} > b_0(= 5.5\text{m})$$

破裂面交于荷载外，与假设相符，采用公式正确。

B. 计算土压力 E_2（图 4-52）

$$E_2 = \gamma \frac{\cos(\theta_2 + \phi)}{\sin(\theta_2 + \psi)}(A_0 \tan\theta_2 - B_0) - R_1 \frac{\sin(\theta_2 - \theta_i)}{\sin(\theta_2 + \psi)}$$

$$= 18 \times \frac{\cos 67°55'}{\sin 71°23'}(32\tan 32°55' - 8.275)\text{kN} - 74.11 \frac{\sin 5°25'}{\sin 71°23'}\text{kN}$$

$$= 81.45\text{kN}$$

$$E_{2x} = E_2 \cos(\delta_2 - \alpha_2) = 81.45\cos(17°30' - 14°02')\text{kN} = 81.30\text{kN}$$

$$E_{2y} = E_2 \sin(\delta_2 - \alpha_2) = 81.45\sin(17°30' - 14°02')\text{kN} = 4.93\text{kN}$$

$$h_1 = \frac{H_2[l_0 + d - H_1(\tan\alpha'_1 + \tan\theta_i)]}{(H_2 + H_1)\tan\theta_2 - H_2\tan\alpha_2 - H_1\tan\theta_i}$$

$$= \frac{4.8 \times [5.5 + 0 - 3.2 \times (0.611 + 0.521)]}{(4.8 + 3.2) \times 0.647 - 4.8 \times 0.25 - 3.2 \times 0.521}\text{m} = 3.90\text{m}$$

$$Z_{2x} = \frac{H_2^3 + 3H_1 H_2^2 + 3h_0 h_1(2H_1 - h_1)}{3[H_2(H_2 + 2H_1) + 2h_0 h_1]}$$

$$= \frac{(4.8)^3 + 3 \times 3.2 \times (4.8)^2 + 3 \times 0.593 \times 3.90 \times (2 \times 4.8 - 3.9)}{3 \times [4.8 \times (4.8 + 2 \times 3.2) + 2 \times 0.593 \times 3.9]}\text{m} = 2.12\text{m}$$

⑤墙身截面计算（图 4-52）

通过试算后，取墙顶宽度 $b_1 = 0.5\text{m}$，则上墙底宽 $b_2 = 1.72\text{m}$，下墙底宽 $B = 1.66\text{m}$。

A. 上墙墙身自重 G_1 及其对墙趾的力臂 Z_{G1}

$$G_1 = \frac{1}{2}\gamma_k H_1(b_1 + b_2) = \frac{1}{2} \times 22 \times 3.2(0.5 + 1.72)\text{kN} = 78.14\text{kN}$$

$$Z_{G1} = nH_2 + \frac{b_1^2 + b_1 b_2 + b_2^2 + (2b_1 + b_2)nH_1}{3(b_1 + b_2)}$$

$$= 0.05 \times 4.8 + \frac{(0.5)^2 + 0.5 \times 1.72 + (1.72)^2 + (2 \times 0.5 + 1.72) \times 0.05 \times 3.2}{3 \times (0.5 + 1.72)}\text{m}$$

$$= 0.92\text{m}$$

B. 下墙墙身自重 G_2 及其对墙趾的力臂 Z_{G2}

$$G_2 = \frac{1}{2}\gamma_k H_2(b_2 + d_1 + B) = \frac{1}{2} \times 22 \times 4.8 \times (1.72 + 0.9 + 1.66)\text{kN} = 225.98\text{kN}$$

$$Z_{G2} = \frac{[B^2 + B(b_2 + d_1) + (b_2 + d_1)^2] + [2(b_2 + d_1) + B]nH_2}{3[B + (b_2 + d_1)]}$$

$$= \frac{(1.66)^2 + 1.66 \times (1.72 + 0.9) + (1.72 + 0.9)^2 + [2 \times (1.72 + 0.9) + 1.66] \times 0.05 \times 4.8}{3 \times [1.66 + (1.72 + 0.90)]}$$

$$= 1.22\text{m}$$

C. 第二破裂面与墙背之间的土楔重 G_3 及其对墙趾的力臂 Z_{G3}

$$G_3 = \frac{1}{2}\gamma H_1(d_1 + d_2) = \frac{1}{2} \times 18 \times 3.2 \times (0.9 + 0.29)\text{kN} = 34.27\text{kN}$$

其中：$\quad d_2 = H_i(\tan\alpha'_1 - \tan\alpha_i) = 3.2 \times (0.611 - 0.521)\text{m} = 0.29\text{m}$

$$Z_{G3} = n(H_1 + H_2) + b_1 + H_1\tan\alpha_1 + \frac{d_2^2 + d_2 d_1 + d_1^2 - (2d_2 + d_1)H_1\tan\alpha_1}{3(d_2 + d_1)}$$

$$= 0.05 \times (3.2 + 4.8)\text{m} + 0.5\text{m} + 3.2 \times 0.33\text{m} +$$

$$\frac{(0.29)^2 + 0.29 \times 0.9 + (0.9)^2 - (2 \times 0.29 + 0.9) \times 3.2 \times 0.33}{3 \times (0.29 + 0.9)}\text{m}$$

$$= 1.84\text{m}$$

D. 土楔上荷载重 G_4 及其对墙趾的力臂 Z_{G4}

$$G_4 = \gamma h_0 d_2 = 18 \times 0.592 \times 0.29\text{kN} = 3.09\text{kN}$$

$$Z_{G4} = n(H_1 + H_2) + b_1 + \frac{1}{2}d_1 = 0.05 \times (3.2 + 4.8)\text{m} + 0.5\text{m} + \frac{1}{2} \times 0.29\text{m} = 1.05\text{m}$$

⑥抗滑稳定性验算

$$K_C = \frac{(G_1 + G_2 + G_3 + G_4 + E_{1y} + E_{2y})f}{E_{1x} + E_{2x}}$$

$$= \frac{(78.14 + 225.98 + 34.27 + 3.09 + 65.74 + 4.93) \times 0.6}{34.22 + 81.30}$$

$$= \frac{419.77 \times 0.6}{115.52} = 2.14 > [K_C]$$

⑦抗倾覆稳定性验算

$$Z_{1y} = nH_2 + b_2 + d_1 - Z_{1x}\tan\alpha_i = 0.05 \times 4.8\text{m} + 1.72\text{m} + 0.9\text{m} - 1.21 \times 0.521\text{m} = 2.23\text{m}$$

$$Z_{2y} = B + Z_{2x}\tan\alpha_2 = 1.66\text{m} + 2.12 \times 0.25\text{m} = 2.19\text{m}$$

$$K_0 = \frac{G_1 Z_{G1} + G_2 Z_{G2} + G_3 Z_{G3} + G_4 Z_{G4} + E_{1y}Z_{1y} + E_{2y}Z_{2y}}{E_{1x}(Z_{1x} + H_2) + E_{2x}Z_{2x}}$$

$$= \frac{78.14 \times 0.92 + 225.98 \times 1.22 + 34.27 \times 1.84 + 3.09 \times 1.05 + 65.74 \times 2.23 + 4.93 \times 2.19}{34.22 \times (1.21 + 4.8) + 81.3 \times 2.12}$$

$$= \frac{571.28}{378.02} = 1.51 > [K_0]$$

⑧基底应力及偏心距验算

$$e = \frac{B}{2} - \frac{\sum M_y - \sum M_x}{\sum(G + E_y)} = \frac{1.66}{2}\text{m} - \frac{571.28 - 378.02}{419.77}\text{m}$$

$$= 0.83\text{m} - 0.46\text{m} = 0.37\text{m} > 075 \times \frac{1}{6}B(= 0.21\text{m})$$

$$\sigma_{max} = \frac{2\sum(G + E_y)}{3Z_N} = \frac{2 \times 419.77}{3 \times 0.46}\text{kPa} = 608.36\text{kPa} < [\sigma_0]$$

⑨截面应力验算

已知作用于上墙墙后土体第二破裂面上的主动土压力 E_1 及其水平分力 E_{1x}（= 34.22kN），则作用于上墙实际背上的土压力 E'_i 的水平和垂直分力分别为：

$$E'_{1x} = E_{1x} = 34.22\text{kN}$$

$$E'_{1y} = E'_{1x}\tan\alpha_1 = 34.22 \times 0.33\text{kN} = 11.29\text{kN}$$

对上墙 O_i 的力臂 $Z'_{1x} = \frac{1}{3}H_1 = \frac{1}{3} \times 3.2\text{m} = 1.07\text{m}$

选上墙墙底水平截面验算：

$$Z'_{1y} = b_2 - Z'_{1x}\tan\alpha_1 = 1.72\text{m} - 1.07 \times 0.33\text{m} = 1.37\text{m}$$

$$e_1 = \frac{b_2}{2} - Z_N = \frac{b_2}{2} - \frac{G_1(Z_{G1} - nH_2) + E'_{1y}Z'_{1y} - E'_{1x}Z'_{1x}}{G_1 + E'_{1y}}$$

$$= \frac{1.72}{2}m - \frac{78.14 \times (0.92 - 0.05 \times 4.8) + 11.92 \times 1.37 - 34.22 \times 1.07}{78.14 + 11.29}m$$

$$= 0.86m - 0.36m = 0.50m < 0.3b_2 (= 0.52m) > 0.75 \times \frac{1}{6}b_2 (= 0.21m)$$

$$\begin{aligned} \sigma_1 \\ \sigma_2 \end{aligned} = \frac{G + E'_{1y}}{b_2}(1 \pm \frac{6e_1}{b_2}) = \frac{78.14 + 11.29}{1.72} \times (1 \pm \frac{6 \times 0.50}{1.72})kPa$$

$$= \begin{aligned} &+ 142.68kPa < [\sigma_a] (= 800kPa) \\ &- 38.69kPa < [\sigma_l] (= 80kPa) \end{aligned}$$

$$\tau_1 = \frac{E'_{1x}}{b_2} = \frac{34.22}{1.72}kPa = 19.90kPa < [\tau] (= 160kPa)$$

⑩ 验算荷载计算

按上述相同的方法与步骤,以挂车-100验算荷载计算。验算荷载布置在路基全宽,故下墙土压力按铁路设计手册《挡土墙》中表 27-6 第 4 类公式计算。其计算结果如下:

$$E_1 = 81.15kN; \qquad\qquad E_2 = 86.65kN;$$

$$K_c = 2.03 > 1.3; \qquad\qquad K_0 = 1.44 > 1.3;$$

$$e = 0.41m < \frac{B}{4}(= 0.42m); \qquad \sigma_1 = 666.33kPa < [\sigma](= 800kPa)$$

上墙墙底截面

$$e_1 = 0.53m \approx 0.3b_2 (= 0.52m)$$

$$\sigma_1 = +149.91kPa < 1.25[\sigma_a] (= 1\ 000kPa)$$

$$\sigma_2 = -44.67kPa < 1.25[\sigma_l] (= 100kPa)$$

剪应力 $\qquad \tau_1 = 21.78kPa < 1.25[\tau] (= 200kPa)$

从以上计算可知,所拟定的断面尺寸符合各项要求。

用上述同样的程序,可以得到 K4+540 及其他断面的尺寸。

(3)挡墙长度、分段及与路堤的衔接

按前面初步确定的基础埋深、断面尺寸,在墙趾纵断面上进行布置,确定挡土墙的起讫桩号为 K4+525～K4+576,墙长为 51m,分为 4 段,根据地形变化情况,第 1 段 K4+525～K4+540 和第 4 段 K4+563～K4+576 采用台阶基底,K4+540～K4+551 和 K4+551～K4+563 两段采用水平基底。

两端以锥坡与路堤相衔接。

泄水孔间距为 2～3m,沉降伸缩缝间距为 10～15m。

(4)挡土墙布置图

按以上确定的挡土墙设计方案布置如图 4-50 所示。

(5)对材料要求及施工注意事项

按有关规范要求,此处从略。

第5章 土质路基施工

5.1 概 述

5.1.1 路基施工的重要性

路基施工的重要性主要有以下几个方面：①路基工程涉及范围广，影响因素多，灵活性亦较大，尤其是岩土内部的具体变化，在设计阶段难以尽善，有待施工过程中进一步完善；②路基土石方工程数量大，分布不均匀，不仅与自身的其他工程设施（如路基排水、防护与加固等）相互制约，而且与公路工程中的其他项目，如桥涵、隧道、路面及附属设施相互交叉。因此，路基的施工往往是整个工程项目施工组织管理的关键；③路基是路面的基础。路基的强度和稳定性直接影响到路面的强度和稳定性，质量不合标准将会给路面及路基自身留下隐患，一旦产生病害不仅损害道路使用品质，导致妨碍交通及经济损失，而且往往后患无穷，难以根治。因此，路基施工质量及其组织管理，对于整个公路工程的施工及质量具有十分重要的意义。

5.1.2 路基施工的基本方法

路基施工的基本方法，按其技术特点大致可分为：人工及简易机械化、综合机械化、水力机械化和爆破等几种。

人力施工是传统的方法，使用手工工具，劳动强度大、工效低、进度慢，工程质量难以保证，但在短期内还必然存在，并适用于某些辅助性工作，即使实现机械化施工，亦还有必要保留。为了加快施工进度，提高劳动生产率，对于劳动强度大和技术要求高的工序，应尽量配以机械或简易机械。

机械化施工和综合机械化施工，是保证高等级公路施工质量和施工进度的重要条件，对路基土石方工程来说更具有迫切性。实践证明，单机作业效率，比人力及简易机械施工要高得多，但需要大量的人力与之配合，由于机械和人力的效率悬殊过大，难以协调配合，单机的效率受到限制，势必造成停机待料，机械的生产效率降低，只有对主机配以辅机，相互协调，共同形成主要工序的综合机械化作业，工效才能大大提高。因此，实现综合机械化施工，科学严密地组织和管理，是路基施工现代化的重要途径。

水力机械化施工，亦是机械化施工的方法之一，它是运用水泵、水枪等水力机械，喷射强力水流，冲散土层并流运至指定地点沉积，例如采集砂料或地基加固等。水力机械化施工适用于电源和水源充足，挖掘比较松散的土质及地下钻孔等。对砂砾填筑路堤或基坑回填，还可起到密实作用(称为水夯法)。

爆破施工是石质路基开挖的基本方法,采用钻岩机钻孔与机械清钻,亦是岩石路基机械化施工的必备条件。除岩石路堑开挖外,爆破施工还可用于冻土、泥沼等特殊路基施工,以及清除地面、开石取料等。

上述施工方法的选择,应根据工程性质、施工期限、现有条件等因素而定,而且应因地制宜,各种方法综合使用。高速公路、一级公路以及在特殊地区或采用新技术、新工艺、新材料进行路基施工时,应采用不同的施工方案作试验路段,从中选出路基施工的最佳方案指导施工。

5.1.3 路基施工的一般程序与内容

路基施工的主要内容可分为施工前准备工作和基本工作两大部分,按一般程序介绍如下。

(1)施工前的准备工作

做好施工前的准备工作,是保证正常施工顺利进行的重要前提,它是组织施工的第一步,必须给予足够的重视,并认真做好。

施工的准备工作,内容较多,大致可归纳为组织准备、技术准备和物质准备三个方面。

①组织准备工作 主要是建立和健全施工队伍和管理机构,明确施工任务,制定必要的规章制度,确立施工所应达到的目标等。组织准备是做好一切准备工作的前提。

②技术准备工作 路基开工前,施工单位应在全面熟悉设计文件和设计交底的基础上进行施工现场勘查,核对设计文件,发现问题应及时根据有关程序提出修改意见并报请变更设计,编制施工组织计划,恢复路线,施工放样与清理场地,搞好临时工程的各项工作等。

现场勘查与核对设计文件,目的是熟悉和掌握施工对象特点、要求和内容,它是整个施工的重要步骤。

施工组织计划,包括选择施工方案、确定施工方法、布置施工现场、编制施工进度计划,拟定关键工程的技术措施等,它是整个工程施工的指导性文件,亦是其他各项工作的依据。

临时工程,包括施工现场的供电、给水,修建便道、便桥,架设临时通讯设施,设置施工用房(生活和生产所必需)等,作为展开基本工作的必要条件。

路基恢复定线,清除路基用地范围内一切障碍物,是施工前的技术准备工作的一个组成部分。

路基开工前应做好施工测量工作,内容包括导线、中线、水准点复测,横断面检查与补测,增设水准点等,施工人员则应对路基工程范围内的地质、水文情况作详细调查,通过取样试验确定其性质和范围。

③物质准备工作 包括各种材料与机具设备的购置、采集、加工、调运与储存,以及生活后勤供应等。为使供应工作能适应基本工作的需要,物质准备工作必须制订具体计划,其中有的计划内容,如劳力调配、机具配置及主要材料供应计划,必须服从于保证施工组织计划顺利实施,亦常被列为施工组织计划的一个组成部分。

(2)施工的基本工作

基本工作包括路基和小型人工构造物的施工两部分。路基施工的主要内容为:挖掘路堑,沿路线纵向或横向运土,填筑路堤,压实土基,整平路基表面,修整路基边坡,修筑路基排水及防护设施等。小型人工构造物包括小桥、涵洞、挡土墙等。

土质路基施工仅是整个道路工程中的一个工程项目,以上的准备工作和基本工作具体内容与要求在不同的工程中虽有差别,但基本项目不可缺少。

5.2　土质路基施工

5.2.1　路堤的填筑

(1)路堤填筑应注意的问题

路堤一般都是利用当地土石作填料,按一定方案在原地面上填筑起来的。为了保证路堤的填筑质量,必须注意以下问题:

①路堤基底的处理　路堤基底指路堤填料(土石)与原地面的接触部分。为使两者结合紧密,避免路堤沿基底滑动,需视基底土质、水文、坡度和植被情况及填土高度采取相应的处理措施。

对于密实稳定的土质基底,当地面横坡缓于 1：10～1：5 时,需铲除地面草皮、杂物,除去积水和淤泥后再填筑;当地面横坡为 1：5～1：2.5 时,在清除草皮杂物后,还应将坡面挖成宽度不小于 1.0m 的台阶,台阶顶面做成内倾 2%～4% 的斜坡;当地面横坡陡于 1：2.5 时,应根据土质情况,进行个别设计,特殊处理。

对于覆盖层不厚的倾斜岩石基底,当地面横坡为 1：5～1：1.25 时,需挖除覆盖层,并将基岩挖成台阶,当横坡陡于 1：2.5 时,应进行个别设计,作特殊处理。

当基底为耕地或松土时,需经认真压实后才能填筑。对于水田、塘堰,需预先将基底疏干,必要时采取挤淤、换土等措施,将基底加固后再行填筑。

②填料选择　由于沿线土石的性质和状态不同,用其填筑的路基稳定性亦有很大差异。为保证路堤的强度与稳定性,应尽可能选择当地稳定性良好的土石作填料。

碎石土、卵石土、砾石土、中砂和粗砂等,具有透水性好、摩阻系数大、强度受水的影响小等优点,是填筑路堤的良好填料。

亚砂土、亚粘土、轻粘土等,经压实后能获得足够的强度和稳定性,是比较理想的路堤填料。但需注意,土中的有机质和易溶盐含量不应超出规定的数量。

粉性土、重粘土等,水稳定性较差,一般均不宜用作路堤填料。在季节性冰冻地区尤其如此。

③填土压实　填土压实是保证路堤填筑质量的关键。为此,必须控制土的含水量和压实度,选择合适的压实机械与压实厚度,以及合理的施工填筑方案等。

(2)路堤填筑基本方案

1)分层填筑法

分层填筑法是按照路堤设计横断面,自下而上逐层填筑的施工方法。它可以将不同性质的土,有规则地分层填筑和压实,获得必要的压实度和稳定性。每层填土的厚度,视土质、压实机具的有效压实深度和要求的压实度而定。

正确的分层填筑方案(图 5-1a)应满足以下要求:①不同土质分层填筑;②透水性差的土填筑在下层时,其表面应做成一定的横坡,以保证来自上层透水性填土的水分及时排除;③为保证水分蒸发和排除,路堤不宜被透水性差的土层封闭;④根据强度与稳定性要求,合理地安排不同土质的层位;⑤为防止相邻两段用不同土质填筑的路堤在交接处发生不均匀变形,交接处应做成斜面,并将透水性差的土填在斜面下部(图 5-2)。不正确的填筑方案(5-1b)指:未水平分层,有反坡积水,夹有大土块和粗大石块,以及有陡坡斜面等,其基本特点是强度不均和排水不利。

桥涵、挡土墙等结构物的回填土,为防止不均匀沉陷,应严格按有关操作规程回填和夯实。

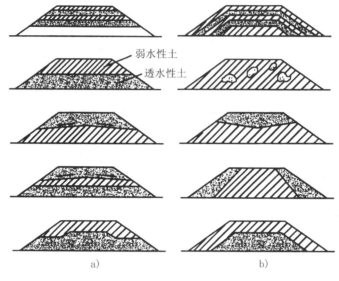

图 5-1 路堤填筑方案
a)正确方案;b)错误方案

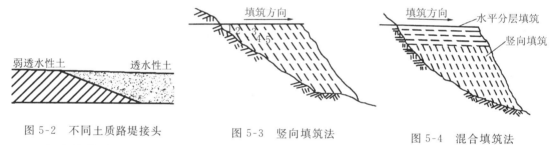

图 5-2 不同土质路堤接头　　图 5-3 竖向填筑法　　图 5-4 混合填筑法

2)竖向填筑法

竖向填筑法指沿路中心线方向逐步向前深填的施工方法,如图 5-3 所示。路线跨越深谷或池塘时,地面高差大,填土面积小,难以水平分层卸土,以及陡坡地段上半填半挖路基、横坡较陡或难以分层填筑的局部路段,可采用竖向填筑方案。竖向填筑因填土过厚不易压实,施工时需采取下列措施:①选用高效能压实机械;②采用沉陷量较小的砂性土或附近开挖路堑的废石方,并一次填足路堤全宽度;③在底部进行强夯。

3)混合填筑法

如因地形限制或堤身较高,不能按前两种方法自始至终进行填筑时,可采用混合填筑法(图 5-4)。即路堤下层用竖向填筑,而上层用水平分层填筑,使上部填土经分层压实获得需要的压实度。

5.2.2 路堑开挖

(1)路堑开挖应注意的问题

实践表明,路堑地段的病害主要是排水不畅,边坡过陡或缺乏适当支挡结构物。因此,无论在整个施工过程中或竣工后都必须充分重视路堑地段的排水,设置必要而有效的排水设施。路堑边坡应按设计坡度,由上而下逐层开挖,并适时进行边坡修整和砌筑必要的防护设施。此外,必须做好施工组织计划,选择合适的施工方法,有效地扩大作业面,以提高生产效率,保证施工安全。

(2)路堑开挖基本方案

按照不同的掘进方向,路堑开挖方案主要有横向全宽挖掘法、纵向挖掘法和混合法几种。

1)横向全宽挖掘法

横向全宽挖掘,就是对路堑的整个宽度和深度,从路堑的一端或两端进行挖掘(图 5-5a)一次挖掘的深度,视施工操作的方便和安全而定,一般为 2m 左右。若路堑很深,为了增加工作面,可分成几个台阶,同时在几个不同标高的台阶上进行开挖(图 5-5b)。每一台阶均应有单独的运土路线和临时排水沟渠,以免相互干扰,影响工效、造成事故。

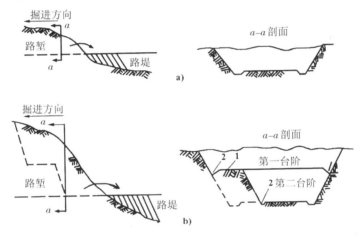

图 5-5　横向全宽挖掘法

a)一层横向全宽挖掘法;b)多层横向全宽挖掘法

1—第一台阶运土道;2—临时排水沟

2)纵向挖掘法

纵向挖掘法又分为分层纵挖法、通道纵挖法和分段纵挖法 3 种。

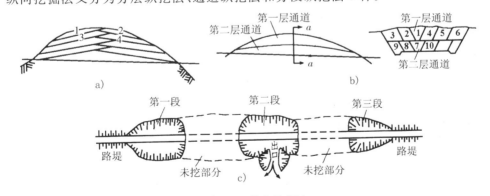

图 5-6　纵向挖掘法

a)分层纵挖法(图中数字为挖掘顺序);b)通道纵挖法(图中数字为拓宽顺序);c)分段纵挖法

分层纵挖法是沿路堑全宽,以深度不大的纵向分层进行挖掘(图 5-6a)。挖掘的地表应保持倾斜,以利于排水。此方案适于铲运机和推土机施工。

通道纵挖法是先沿路堑纵向挖出一条通道,然后再把通道向两侧拓宽(图 5-6b),以扩大工作面,并利用该通道作为运土路线及场内排水的出路。

分段纵挖法是在路堑纵方向选择一个或几个适宜的位置,先从一侧挖成一个或几个出口,把路堑分为两段或几段(5-6c),再分别于各段沿纵向开挖。

3)混合法

当土方量很大时,为扩大工作面,可将横向全宽挖掘法与通道纵挖法混合使用。先沿路堑纵向挖出一条通道,然后沿横向坡面挖掘,以增加开挖坡面(图 5-7a),或再沿横向挖出横向通道(5-7b)。每一开挖坡面的大小,应能容纳一个施工组或一台机械正常工作。

选择挖掘方案,除考虑当地的地形条件、采用的机具等因素外,还需考虑土层的分布及利用。如系利用挖方填筑路堤,则应按不同的土层分层挖掘,以满足路堤填筑的要求。

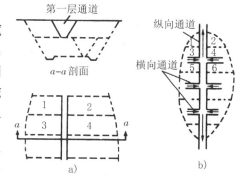

图 5-7 混合挖掘法

箭头表示运土与排水方向;数字表示工作面号数

5.2.3 机械化施工

(1)常用土方施工机械及选择

常用的路基土方机械,有松土机、平土机、推土机、铲运机和挖掘机(配以汽车运土),此外还有各种压实机具及水力机械等。这些机械,按其性能可完成路基土方施工的部分或全部工作。在综合机械化施工中,为发挥各种机械的特性,使之能有效地进行工作,各种机械应配合使用。例如,以挖掘机为主导机械时,须配以松土机或推土机,运土用的汽车,平土用的平土机以及压实用的压路机等。不同机械各有主要用途,为发挥机械的使用效率,选择机械时,要全面考虑工程要求,施工条件和机具设备状况等因素。其中工程要求包括路基横断面形式、填挖高度、工程数量及施工期限等。施工条件主要指土壤性质、运土距离与线路状况、施工地区的水电燃料供应及施工季节的气象情况。机械设备状况指各种机械所能适应的作业项目,可能提供的机械设备及技术状况等。根据以往工程实践经验的总结,几种常用土方机械的适用范围,如表 5-1 所列。按施工条件选择土方机械时,可参考表 5-2。

(2)机械化施工应注意的问题

工程实践证明,再多再好的机械设备,如果组织不好、管理不善、配合不协调,机械化施工就显示不出其优越性,甚至适得其反,造成浪费。因此,机械化施工中必须特别重视并切实加强施工组织计划与管理,使各种机械都能得到合理利用,最大限度地提高主要机械的生产率和利用率。

根据生产实践经验,机械化施工组织应注意以下几点:

①建立健全施工管理体制与相应的组织机构。机械化施工的主要特点是效率高、进度快、各工序各环节联系紧密。因此,必须有一个健全的管理机构,对施工和机械等实行统一计划、统一管理、统一调度。

②制订完善的施工技术与机械技术管理制度,实行科学管理。

表 5-1　常用土方机械适用范围

机械名称	适　用　的　作　业　项　目		
	施工准备工作	基本土方作业	施工辅助作用
推土机	1. 修筑临时道路; 2. 推倒树木,拔除树根; 3. 铲草皮,除积雪及建筑碎屑; 4. 推缓陡坡地形,整平场地; 5. 翻挖回填井、坑、陷穴、坟	1. 高度 3m 以内的路堤和路堑土方; 2. 运距 100m 以内土方的挖、填与压实; 3. 傍山坡挖填结合路基土方	1. 路基缺口土方的回填; 2. 路基粗平,取弃土方的整平; 3. 填土压实,斜坡上挖台阶; 4. 配合挖掘机与铲运机松土、运土
铲运机	1. 铲除草皮 2. 移运孤石	运距 60～700m 以内的挖土、运土、铺平与压实(高度不限)	1. 路基粗平; 2. 借土坑与弃土堆整平
自动平地机	除草、除雪、松土	修筑 0.75m 以内路堤与 0.6m 以内路堑,以及挖填结合路基的挖运、填土	开挖排水沟,平整路基,整修边坡
松土机	翻松旧路面、清除树根与废土层、翻松硬土		1. Ⅲ～Ⅳ类土的翻松; 2. 破碎 0.5m 以内的冻土层
挖掘机		1. 半径 7m 以内的挖土与卸土; 2. 装土供汽车远运	1. 挖沟槽与基坑; 2. 水下捞土(反向铲土等)

③深入调查研究,认真编制施工组织计划和工艺设计,保证指挥准确及时,各环节配合得当,各工序协调一致。

④正确选择施工机械及其技术操作方案。

⑤在机具设备有限的条件下,贯彻抓住重点、兼顾一般的原则,把主要力量集中在重点工程上。切勿平均使用力量,齐头并进,以免延误工期,造成浪费。

⑥加强技术教育,实行技术考核,不断提高管理水平与技术水平。

表 5-2　选择土方机械的施工条件

路基形式及施工方法	填挖高度/m	土方移运水平直距/m	主要施工机械名称	辅助机械	机械施工运距/m	最小工作地段长度/m
(一)路堤						
路侧取土	<0.75	<15	自动平土机	80马力推土机		300～500
路侧取土	<3.00	<40	80 马力推土机		10～40	—
路侧取土	<3.00	<60	100～140 马力推土机		10～60	—
路侧取土	<6.00	20～100	6m³ 拖式铲运机		80～250	50～80
路侧取土	>6.00	50～200	6m³ 拖式铲运机		250～500	80～100
远运取土	不限	<500	6m³ 拖式铲运机		<700	>50～80
远运取土	不限	500～700	9～12m³ 拖式铲运机		<1 000	>50～80
远运取土	不限	>500	9m³ 以上自动铲运机		>500	>50～80
远运取土	不限	>500	自卸汽车运土		>500	(5 000m³)

续表

路基形式及施工方法	填挖高度 m	土方移运水平直距 /m	主要施工机械名称	辅助机械	机械施工运距 /m	最小工作地段长度 /m
(二)路堑						
路侧弃土	<0.60	<15	自动平土机			300～500
路侧弃土	<3.00	<40	80 马力推土机		10～40	—
路侧下坡弃土	<4.00	<70	100～140 马力推土机		10～70	—
路侧弃土	<6.00	30～100	6m³ 拖式铲运机		100～300	50～80
路侧弃土	<15.0	50～200	6m³ 拖式铲运机	80 马力推土机	300～600	>100
路侧弃土	>15.0	>100	9～12m³ 拖式铲运机		<1 000	>200
纵向利用	不限	20～70	80 马力推土机		20～70	—
纵向利用	不限	<100	100～140 马力推土机		<100	—
纵向利用	不限	40～600	6m³ 拖式铲运机		80～700	>100
纵向利用	不限	<800	9～12m³ 拖式铲运机		<1 000	>100
纵向利用	不限	>500	9m³ 以上自动铲运机		>500	>100
纵向利用	不限	>500	自卸汽车运土		>500	(5 000m³)
(三)半挖半填 横向利用	不限	<60	80～140 马力斜角推土机	1	10～60	—

注：表中均指 Ⅰ-Ⅱ 类土,如土质坚硬时应先用松土机将土疏松。1 马力＝735.498W。

5.3 路 基 压 实

5.3.1 路基压实的意义

路基施工破坏了土体的天然状态,致使其结构松散,颗粒重新组合。试验研究表明,土基压实后,土体的密实度提高,透水性降低,毛细水上升高度减小,防止了水分积聚和侵蚀而导致的土基软化,或因冻胀而引起的不均匀变形,从而提高了路基的强度和水温稳定性。因此,路基的压实工作,是路基施工过程中的一个重要工序,是提高路基强度与稳定性的根本技术措施之一。

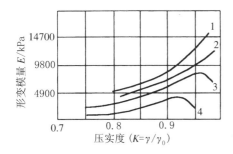

图 5-8 强度与压实度的关系
曲线 1、2、3、4 的含水量分别为：
$0.98w_0$、$1.0w_0$、$1.02w_0$、$1.12w_0$

5.3.2 路基压实机理

路基土是由土粒、水分和空气组成的三相体系。三者具有各自的特性,并相互制约共存于一个统一体中,构成土的各种物理特性:渗透性、粘滞性、弹性、塑性和力学强度等。若三者的组成情况发生改变,则土的物理性质亦随之不同。因此,要改变土的特性,得从改变其组成着手。压实路基,就是利用机械的方法,来改变土的结构,以达到提高土的强度和稳定性的目的。

路基土受压时,土中的空气大部分被排除土外,土粒则不断靠拢,重新排列成密实的新结构。土粒在外力作用下不断地靠拢,使土的内摩阻力和粘结力也不断地增加,从而提高了土的强度,土的强度与密度的这种关系可由试验来加以验证,如图 5-8 所示。同时,由于土粒不断靠拢,使水分进入土体的通道减少,阻力增加,于是降低了土的渗透性。这一规律可以从表 5-3 清楚地看到。

表 5-3　各种土压实前后的毛细高度

土　类	毛细上升高度/m	
	未经压实的土	接近最大的密实度的土
砂　土	0.2～0.6	0.1
亚砂土	0.3～0.6	0.2
粉　土	0.8～1.5	0.5
亚粘土	1.5～2.0	0.4
粘　土	1.5～2.0	0.4

5.3.3　影响路基压实的因素

土的压实过程和结果受到多种因素的影响,包括内因——含水量和土的性质,外因——压实功能与压实工具和方法等。弄清这些影响,对于深入了解土的压实机理和指导压实工作,具有重要的意义。

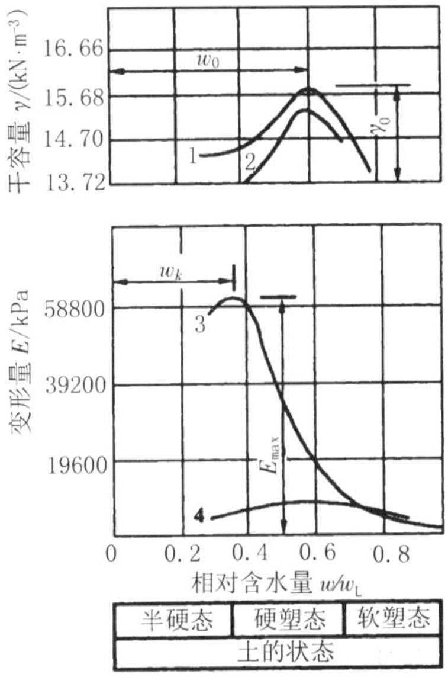

图 5-9　压实土的含水量与
密实度、强度的关系曲线

(1)含水量对压实的影响

为了简明直观地了解含水量对压实的影响,以及为什么要选用干容重作为表征土基密实程度的指标,可参见图 5-9 含水量与密实度、强度的关系曲线。

从曲线 1 可知,当土的含水量小于 w_0(称为最佳含水量)时,密实度(以土的干容重 γ 表示)随含水量增加而增加;当含水量达到 w_0 时,密实度达最大值 γ_0(称为最佳密实度);当含水量超过 w_0 时,密实度随含水量增加而减小。这表明,在最佳含水量范围内增加土的含水量对土基压实有良好作用。超过此范围,含水量增加反而对土基压实不利。产生这一现象的原因是,在 w_0 范围内,含水量增加,包裹于土粒表面的水膜加厚,相应地降低了土粒之间的吸引力,减小了土的内摩阻力,使土粒在外力作用下易产生相对位移,重新排列成紧密的新结构,因此压实效果最好;当含水量超过 w_0 并继续增加时,土粒间的空隙绝大部分被水分充满,此时,外力不能直接作用于土粒,而传给了土粒周围的水分或被封闭的空气,因此,尽管施加很大的压实功能,亦难以改变土粒的本来位置,故压实效果很差。

曲线 3 表明,含水量与强度的关系和含水量与密实度的关系相似。但若对比曲线 1 和 3 则可发现,在相同条件下,土体压实后获得的最佳密实度 γ_0 和最大强度 E_{max} 所对应的含水量 w_0 和 w_k 不相同,且 $w_0 > w_k$。其原因在于含水量较小时,土粒间的吸引力较大,需要很大外力才能克服此引力而使土粒移动,因而其塑性变形比最佳含水量时小,其强度亦较最佳含水量时高。

曲线 2、4 分别是饱水后密度和强度的变化曲线。与曲线 1、3 对比,饱水后土体的密实度和强度均有所降低。但从曲线本身看,两者的降低值 $\gamma_0 - \gamma_s$ 和 $E_k - E_s$ 在最佳含水量处均最小。这是因为,最佳含水量时压实的土体、土粒排列最紧密,相对位置最稳定,而且由于土粒紧接在一起,相邻土粒表面的水膜相互交叠,阻碍着毛细水的活动,使水分不易进入。因此,饱水后土的密度降低不多,土的粘结力和内摩阻力也减小不多。换句话说,控制在最佳含水量 w_0

压实的土基,其强度和水稳定性最好,如果以 w_k 为准,尽管相应的 E_k 值最高,但饱水后的 E 却大大降低,水稳性极差。这就是施工中选用 γ_0 及相应 w_0 作为控制土基压实指标,而不采用模量来控制土基压实程度的机理所在。

根据上述分析,含水量对土基压实的影响主要表现在以下几方面:①含水量是影响压实效果的决定性因素;②在最佳含水量时,即土处于硬塑状态时,容易获得最佳的压实效果;③压实到最佳密实度的土体水稳定性最好。

(2)土质对压实的影响

土质对压实效果的影响亦很大。一般规律是:不同的土质,有不同的 w_0 与 γ_0;分散性(液限、粘性)较高的土,其 w_0 值较高,γ_0 值较低;砂性土的压实效果优于粘性土,如图 5-10 所示。其机理在于土粒愈细,比面积愈大,加之粘土中含有亲水性较高的胶体物质需要较多的水分包裹土粒以形成水膜。砂土的颗粒粗,成松散状态,水分极易散失,最佳含水量的概念对它没有多大的实际意义。亚砂土和亚粘土的压实性能较好,而粘性土的压实性能较差。

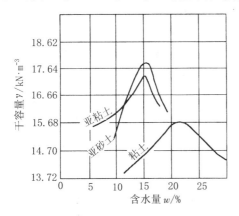

图 5-10　不同土类的 γ-w 关系曲线

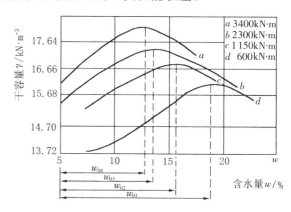

图 5-11　在不同压实功能下土的 γ-w 关系曲线

(3)压实功能的影响

压实功能是指压实工具的重量、碾压次数或锤落高度,作用时间等。它对压实效果的影响,是除含水量以外的另一重要因素。图 5-11 是压实功能与压实效果的关系曲线,曲线表明,同一种土的最佳含水量 w_0 随压实功能的增大而减小,最大干容重 γ_0 随压实功能的增加而增大。在相同含水量条件下,压实功能越大,则土的密实度(即 γ)越大。据此规律,施工中,如果土的含水量低于 w_0 而加水有困难时,可采用增加压实功能(重碾或增加碾压次数)的办法来提高其密实度。但必须指出,用增加压实功能的办法提高土基压实的效果是有一定限度的,当压实功能增加到一定程度后,土的密实度增加就不明显了,如果超过某一限度,再采用增加压实功能的办法来提高土的密实度,不但经济上不合理,甚至功能过大,会破坏土基结构,效果适得其反。相比之下,严格控制最佳含水量,要比增加压实功能收效大得多。因此,土基压实施工中,控制最佳含水量是关键,在此前提下,采取分层填土,控制有效土层厚度,必要时适当增大压实功能,才能使土基压实取得良好效果。

(4)压实机具和方法对压实的影响

压实机具和方法对压实的影响反映在以下几方面:

①压实机具不同,压力传布的有效深度也不同。夯击式机具的压力传布最深,振动式次之,碾压式最浅。但是,一种机具的作用深度在碾压过程中并不是固定不变的,随着碾压次数

的增加,上部土层逐渐密实,土的强度相应提高,其作用深度亦逐渐减小。

②压实机具重量较小时,荷载作用时间越长,土的密实度越高,密实度的增长随作用时间的增长而减小;压实机具较重时,土的密实度随施加荷载时间的增加而迅速增大,但超过某一时间限度后,土的变形急剧增加而产生破坏;机具过重以至超过土的强度极限时,将立即引起土体破坏。

③碾压速度越高,压实效果越差。为了提高压实效果,必须正确确定碾压机具的行驶速度。

综上所述,在土基压实施工中,必须控制土的含水量在最佳含水量范围内,根据土质和压实机具的性能,通过试验,确定合适的分层碾压摊铺厚度,碾压次数以及碾压机具的行驶速度等,以获得最佳的压实效果。

5.3.4　土基压实标准

(1)压实度

从前面分析可知,最大干容重 γ_0 是土基压实的一项重要指标,它与土的强度和稳定性有十分密切的关系,反映了土基使用品质。因此,一般都用它来衡量压实的质量。但是,土基野外施工,受种种条件限制,不能达到室内标准击实试验所得的最大干容重 γ_0。因此,应根据工程实际需要与可能,适当降低要求,拟定压实标准,使其既满足工程的要求,又不至于浪费。我国以压实度作为控制土基压实的标准。所谓压实度,是指工地上压实达到的干容重 γ 与用室内标准击实试验所得的该路基土的最大干容重 γ_0 之比,用 K 表示,即:

$$K = \frac{\gamma}{\gamma_0} \times 100\% \tag{5-1}$$

显然,压实度是一个以 γ_0 为标准的相对值,意为压实的程度。

(2)压实度确定

压实度的确定,要考虑土基的受力状态,路基路面设计要求,施工条件、公路所在地区的气候等因素。同时,必须兼顾需要与可能,讲求实效与经济。对冰冻、潮湿地区和受水影响大的路基要求应高,对干旱地区及水文条件良好地区要求可低些。路面等级高要求应高,等级低要求可低些。路基上部,活荷载影响大,水温变化剧烈,要求应高;中部,活载作用和水温变化逐渐减小,要求可相应降低;下部,活载影响已极微小,要求只须在静荷载(土基自重)作用下不致产生不均匀变形即可。

表 5-4 为适用于各级公路的以重型击实试验为标准的路基压实度。

表 5-5 所列为以轻型击实试验为标准的路基压实度。轻型击实标准的压实度主要适用于铺筑中级或低级路面的三、四级公路。对于高速公路、一级公路和二级公路,路基填料为天然稠度小于 1.1、液限大于 40、塑性指数大于 18 的粘性土,用于上路床时仍应达到表 5-4 所列的重型击实标准的压实度要求,用于下路床及上、下路堤,而采用重型击实标准难以达到表 5-4 所列的压实度时,也可采用轻型击实标准,但不得低于表 5-5 所列的压实度。

填石路堤,包括分层填筑和倾填爆破石块的路堤,不能用土质路基的压实度来判定其密实程度。其判定方法目前国内外规范尚无统一规定。我国城市道路路基工程施工及验收规范规定,填石路堤须用重型压路机或振动压路机分层碾压,表面不得有波浪、松动现象,路床顶面压实度标准是 12~15t 压路机的碾压轮迹深度不应大于 5mm。国外填石路堤有采用在振动压路机驾驶台上装设的压实计反映的计数值来判定是否达到要求的紧密程度。但无定量值的规定,且只限于有此种装置的压路机。

表 5-4　路基压实度(重型)

填挖类型		路面底面以下深度/cm	压实度/%	
			高速公路、一级公路	其他等级公路
填方路基	上路床	0～30	≥95	≥93
	下路床	30～80	≥95	≥93
	上路堤	80～150	≥93	≥90
	下路堤	150 以下	≥90	≥90
零填及路堑路床		0～30	≥95	≥93

注:①表列数值系按《公路土工试验规程》重型击实试验法求得的最大干密度的压实度;
　②当其他等级公路修建高级路面时,其压实度应采用高速公路、一级公路的规定值;
　③特殊干旱或特殊潮湿地区,压实度标准可根据试验资料确定或较表列数值降低 2～3 个百分点。

表 5-5　路基压实度(轻型)

填挖类型		路面底面以下深度/cm	压实度/%	
			高速公路、一级公路	其他等级公路
填方路基	上路床	0～30	—	≥95
	下路床	30～80	≥98	≥95
	上路堤	80～150	≥95	≥90
	下路堤	>150	≥90	≥90
零填及路堑路床		0～30	—	≥95

注:表列数值系按《公路土工试验规程》重型击实试验法求得的最大干密度的压实度。

　　我国《公路路基施工技术规范》(JTJ033—95)参考了城市道路的方法,但将碾压后轮迹改为零作为密实状态的判定,这是因为石块本身是不能压缩的,只要石块之间大部分缝隙已紧密靠拢,则重型压路机进行压实时,路堤应达到稳定,不应有下沉轮迹,故可判为密实状态。

　　(3)压实度检测
　　土质路基的压实度试验方法可采用灌砂法、环刀法、灌水法(水袋法)或核子密度湿度仪法。各种试验方法的原理和操作方法详见公路土工试验规程。

第**6**章
石质路基爆破施工

山区公路路基石方工程量大且集中,据统计一般占土石方总量的 45% ~75%。爆破是石方路基施工最有效的方法,亦可用以爆松冻土、淤泥,开采石料等等。在公路工程中采用综合爆破,不但施工技术获得了重大革新,而且对公路选线、设计也有较大的影响。例如,沿溪线常遇到悬岩峭壁,施工困难,工程量也很大,过去多采用展线翻越,或跨河绕避的方案。展线方案,由于急弯陡坡较多,既降低路线的技术标准,又增加公路里程。跨河方案,增加的桥梁工程不仅增加工程费用,还可能遇到基础施工等困难。如能采用综合爆破法施工,功效较高,工期较短,占用劳动力较少,成本也可降低,且可考虑采用平缓顺直的沿溪线方案而无须展线或跨河。又如,公路通过鸡爪地形地段时,为了避免施工困难和节省工程量,往往随地形弯曲起伏,如采用爆破法施工,可取线形更佳的路线方案。

6.1 炸药与起爆方法

6.1.1 炸药的性质

炸药是一种化学性质不稳定的物质,在外力的作用下(如冲击、摩擦等),易发生爆炸。爆速高达每秒几千米,爆温高达 $1\,500\sim4\,500℃$,爆炸所产生的气体比原体积大一万倍以上,爆压超过十万个大气压,因而具有极大的破坏力。

炸药的性质取决于它所含的化学元素。其一般的使用特性如下:

①氧平衡性 炸药的成分中大都含有氧(O)、碳(C)、氢(H)、氮(N)4 种元素。如果炸药爆炸后,其中氧恰好能够使碳、氢完成氧化生成水蒸气和二氧化碳,无剩余的氧,则称为零氧平衡;如果氧有多余或不足,则分别称为正氧平衡或负氧平衡。零氧平衡的炸药,爆破效果和安全性都较好;否则,爆破效果降低,同时产生剧毒的一氧化氮(NO)、二氧化氮(NO_2)和一氧化碳(CO)等气体。因此在配制炸药时,应接近零氧平衡,或具有不大的正氧平衡。例如,自制的铵油炸药在爆炸时有棕红色气体产生,就说明有多余的氧,产生了一氧化氮或二氧化氮气体,应当再加些可燃物,使其达到零氧平衡。

②敏感性 炸药对外界能量的作用有一定的敏感性。特别敏感的炸药,使用时非常危险,而敏感度过低的炸药,在实际使用中又很不方便。

③湿度 炸药内所含水分与炸药重量之比的百分数,称为炸药的湿度。湿度对含有硝酸铵的炸药影响较大,湿度大则爆速低,过大甚至不爆炸(也称为拒爆)。

④爆力 爆力是指炸药破坏一定介质(岩体)的能力。用一定量炸药放在铅柱孔槽内,以

爆炸后体积增大的程度来表示。标准炸药的爆力为 300mL。

⑤猛度　猛度是指炸药在裸置情况下爆炸的威力。用一定量炸药放在直径为 40mm 的铅柱上,以爆炸后压缩铅柱的长度来表示。猛度大对介质的粉碎性就强。标准炸药的猛度为 11mm。

6.1.2　炸药种类

炸药的种类繁多,爆破工程中按所起作用可分为以下两大类:

(1)起爆炸药

起爆炸药是一种爆炸速度极高的烈性炸药,爆速可达 2 000～8 000m/s,用以制造雷管。起爆炸药又可分为正起炸药和副起炸药。正起炸药对热能和机械冲击能均具有强烈的敏感性,如雷汞、叠氮铅、黑索金、泰安等;副起炸药需由正起炸药起爆,其爆速甚高,可加强雷管的起爆能量,如三硝基甲硝胺,四硝化戊四醇等。

(2)主要炸药

用以对岩石或其他介质进行爆炸的炸药称为主要炸药,它的敏感性较低,要在起爆炸药强力的冲击下才能爆炸。它可分为:缓性炸药(爆速为 1 000～3 500m/s,如硝铵炸药、铵油炸药等)、粉碎性炸药(爆速为 3 500～7 000m/s,如梯恩梯、胶质炸药)等。道路工程中常用的主要炸药的成分和性能如下:

①黑色炸药　它是由硝酸钾(或硝酸钠)、硫磺及木炭所组成的混合物,其配合比以 75：10：15 最佳。好的黑色炸药为深灰色的颗料,不沾污手。对火星和碰击极敏感,易燃烧爆炸,怕潮湿,威力低,适用于开采石料。

②梯恩梯(三硝基甲苯)　它呈结晶粉末状,淡黄色,压制后呈黄色,熔铸块呈褐色,不吸湿,爆炸威力大。但本身含氧不足,爆炸时产生有毒的一氧化碳(CO)气体,不宜用于地下作业。

③胶质炸药　它是由硝化甘油和硝酸铵(有时用硝酸钾或硝酸钠)的混合物,另加入一些木屑和稳定剂制成的。可分为耐冻、非耐冻两种。工业上常用的是硝化甘油及二硝化乙二醇含量各为 62% 和 35% 的耐冻胶质炸药。它对冲击、摩擦和火星都很敏感,如果湿度较高或储存时间过久,容易分解、渗油和挥发。此时对外界的作用更敏感,受冻后尤其危险,它是一种危险性较大的炸药。但胶质炸药威力大,不吸湿,有较大密度和可塑性,适合于水下和坚石中使用。

④硝铵炸药　它是硝酸铵、梯恩梯和少量木粉的混合物。道路工程中常用的 2 号岩石硝铵炸药,其配合比例为 85：11：4,具有中等威力和一定的敏感性,在 8 号雷管的作用下可以充分起爆,是安全的炸药。但是它有吸湿性与结块性,受潮后敏感性和威力显著降低,同时产生毒气。规程中规定,用于地下爆破时其含水率应小于 0.5%,露天应小于 1.5%,若含水率超过 3%,则可能拒爆。

⑤铵油炸药　它是硝酸铵(NH_4NO_3)和柴油(或加木粉)的混合物,通常两者的比例为 94.5：5.5,当加木粉时,其比例为 92：4：4。这是一种廉价、安全、制造简单、威力比硝酸铵炸药略低,敏感性低的炸药。其具有结块性和吸湿性,使用时不能直接以 8 号雷管起爆,须同时用 10% 的硝铵炸药作起爆体,才能使其充分起爆。工地就地拌制的铵油炸药目前在爆破中应用较多。

⑥浆状炸药　它是以硝酸铵、梯恩梯(或铝、镁粉)和水为主混合而成的一种浆糊状炸药,它的威力大抗水性强,适用于深孔爆破,但需烈性炸药起爆。

⑦乳化油炸药　它是以硝酸铵、硝酸钠、高氯酸钠等水溶液,石蜡、柴油和失水山梨醇单油酸脂的乳化剂,以及含有微小气泡的物质如空心玻璃球或膨胀珍珠岩等混合而成的一种乳胶状抗水炸药,具有中等威力,8 号雷管可以直接起爆。

6.1.3　起爆材料与起爆方法

(1)雷管与电力起爆方法

雷管是常用的起爆材料。按照引爆方式分为火雷管和电雷管两种。电雷管又分为即发、延期及毫秒雷管。雷管外壳有纸、铜、铁等几种。工业上依雷管内起爆药量多少,分成 10 种号码,通常使用 6 号和 8 号两种。6 号雷管相当于 1g 雷汞的装药量,8 号相当于 2g 雷汞的装药量。

1)雷管的构造

雷管由雷管壳、正副装药、加强帽三部分组成,如图 6-1 所示。火雷管与电雷管的不同之处,是在管壳开口的一端,火雷管留出 15mm 左右的空隙端,以备导火索插入之用;而电雷管则有一个电气点火装置,并以防潮涂料密封端口。延期和毫秒电雷管的特点是,在点火装置和正装药之间加了一段缓燃剂。

电气点火装置的构造,是在脚线(纱包绝缘铜线)的端部焊接一段高电阻的金属丝(一般为康铜丝,也有铬镍合金或铱合金丝),称为电桥丝。电桥上滴上一滴引燃剂,通电时灼热的电桥就能点燃引燃剂,使电雷管的正副起爆药发火起爆。

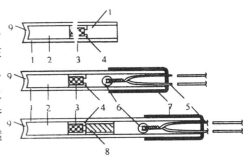

图 6-1　雷管的构造

1—雷管壳;2—副装药;3—正装药;4—加强帽;5—电器点火装置;6—滴状引燃剂;7—密封胶和防潮涂料;8—延缓剂;9—窝槽(集能槽);10—帽孔

2)电雷管的主要指标

为了保证电雷管的准爆和操作安全,现将使用电雷管的有关参数介绍如下:

①电阻　一般使用的电雷管,电阻为 $0.5 \sim 1.5\Omega$(2m 长铜脚线、康铜电桥丝)。按安全规定串联在一起的电雷管,电阻差彼此不能超过 0.25Ω。

②最大安全电流和准爆电流　所谓最大安全电流,是指在通电 5min 左右而不引起爆炸的最大电流。康铜电桥丝的雷管最大安全电流和准爆电流为 $0.3 \sim 0.4A$,铬镍合金电桥丝的雷管为 $0.15 \sim 0.2A$。用来测定电雷管的仪器输出电流,不得超过 $0.05A$。

所谓最小准爆电流,是指在 2min 左右的时间内,通电而使雷管准爆的最小电流。康铜电桥丝的为 $0.5 \sim 0.8A$,铬镍合金电桥丝的为 $0.4 \sim 0.5A$。按照安全规定,成组串联电雷管的准爆电流,直流电为 2A,交流电为 2.5A。若能保证有 $2.0 \sim 5.0A$ 的电流通过每个电雷管,则可充分保证准爆。

3)电力起爆法

通过电爆网路实现起爆的方法称为电力起爆法。电爆网路中,电爆管的联结形式有串联、并联和混合联 3 种。

(2)导火索与火花起爆法

导火索是点燃火雷管的配置材料,外形为圆形索线,索芯内有黑火药,中间有纱导线,芯外紧缠着一层纱包线或防潮剂。导火索的要求是燃烧完全,燃速恒定。根据使用的要求,导火索的正常燃速为 $100\sim120s/m$,缓燃导火索燃速为 $180\sim210s/m$。

导火索在使用之前必须进行外观检查,不得有表层破损、折断、曲折、沾有油脂及涂料不均匀等情况,并应作燃速试验。

火花起爆法是利用导火索燃烧引爆雷管,从而使药包爆炸的一种起爆方法。

(3)传爆线与传爆线起爆方法

传爆线又称导爆线,其索芯用高级烈性炸药制成,内有双层棉织物,一层为防潮层,一层为缠绕着的纱线。为与导火索区别,表面涂成红色或红黄相间等色。我国制造的传爆线是用黑索金或泰安为索芯的,爆速为 $6\,800\sim7\,200m/s$。

传爆线着火较困难,使用时须在药室外的一段传爆线上捆扎一个 8 号雷管来起爆,其传爆网路与药包的联结方式有并联、串联、并簇联等。由于传爆线的爆速快,故在大量爆破的药室中,使用传爆线起爆可以提高爆破效果。但必须严格遵守安全规定。

(4)塑料导爆管及非电起爆方法

塑料导爆管由高压聚乙烯,制成内外径分别约为 1.4mm 和 3mm 的软管,内涂有以奥克托金(Homoclonite)或黑索金为主的混合炸药,药量为 $14\sim16mg/m$。国产导爆管爆速为 $1\,600\sim2\,000m/s$。可用雷管、导爆索、火帽、引火头等能产生冲击波的器材激发。塑料导爆管使用很安全,可作为非危险品运输。一个 8 号雷管可激发 $30\sim50$ 根导爆管。

塑料导爆管起爆网路与药包的联结方式有并联、串联、簇联和复式联结法等。该起爆方法具有抗杂电、操作简单、使用安全可靠、成本较低等优点,致使有逐渐替代导火索和导爆索起爆法的趋势。

6.2 爆 破 原 理

6.2.1 药包在无限介质内的作用

为了爆破某一岩体,在其内部或表面放置一定数量的炸药,称为药包,按其形状或集结程度的不同,可以分为集中药包、延长药包和分集药包 3 种。凡药包形状接近球形或立方体,以及高度不超过直径 4 倍的圆柱体和最长边不超过最短边 4 倍的直角六面体,均属于集中药包;相反,药包的长度或高度超过上述情况者,属于延长药包。分集药包是提高炸药有效能量利用率的新型装药方式,它是将一个集中药包分为两个保持一定距离集中的子药包,如图 6-2 所示。

药包在无限介质内爆炸时,炸药在瞬时间内通过化学反应转化为气体状态的爆炸产物。由于膨胀作用,体积增加数百倍乃至数千倍,而产生静压力,同时产生温度很高、

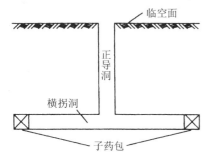

图 6-2　分集药包示意图

速度高达每秒上千米的冲击波,以动压力的形式作用于药包周围。这种极其巨大的爆炸能,差不多在爆炸的同时自药包中心按球面等量扩展,传递给周围介质,使介质产生各种不同程度的破坏和振动现象。这种作用随着距药包中心距离的增大而逐渐消失。按破坏性质与程度的不同大致分为几个区间,如图 6-3 所示。

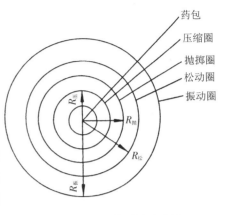

①压缩圈　图 6-3 中 $R_{压}$ 表示压缩圈半径,在这个作用圈范围内,介质直接承受药包爆炸,产生极其巨大的作用力。如果介质是可塑性的土,便会遭到压缩形成空腔;如果是坚硬的脆性岩石,便会被粉碎。因此把 $R_{压}$ 这个球形区叫做压缩圈或破碎圈。

图 6-3　爆破作用圈示意图

②抛掷圈　在压缩圈范围以外至 $R_{抛}$ 的区间,所受的爆破作用力虽较压缩圈内小,但介质原有的结构受到破坏,分裂成为不同尺寸和形状的碎块,而且爆破作用力尚有足以使这些碎块获得运动速度的余力。如果在有限介质内,这个区间的某一部分,处在临空的自由条件下,破坏了的介质碎块便会产生抛掷现象,因而叫做抛掷圈。在无限介质内不会产生任何的抛掷现象。

③松动圈　在抛掷圈以外至 $R_{松}$ 的区间,爆破的作用力更弱,但能使介质结构受到不同程度的破坏,因而叫做松动圈。

④振动圈　松动圈范围以外,微弱的爆破作用力不能使介质产生破坏。这时介质只能在应力波的传播下发生振动,如图 6-3 中 $R_{松}$ 至 $R_{振}$ 所包括的区间,就叫做振动圈。振动圈以外爆破作用的能量就完全消失。

以上现象就称为药包的球形爆破作用。

6.2.2　药包在有限介质内的爆破作用与爆破漏斗

药包在有限介质内爆炸时,药包的球形爆炸作用将在具有临空面的表面,形成漏斗状的爆破坑,其形状、数量和大小,不但与药包量大小、炸药性能、介质的性质等有关,同时还与临空面的数量和边界条件有关。在倾斜边界条件下,则会形成卧置的椭圆锥体,如图 6-4 所示。O 为药包中心,ML 表示介质的临空面。ON 为药包中心至临空面的最短距离,称为最小抵抗线,用 W 表示。药包爆炸时,爆破作用首先沿着 ON 方向阻力最小的地方,使岩(土)产生破坏,隆起鼓包或抛掷出去,这就是作为爆破理论基础的"最小抵抗线原理"。

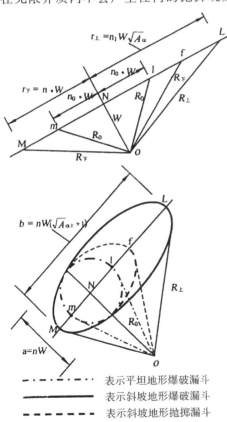

－－－－　表示平坦地形爆破漏斗
－－－－　表示斜坡地形爆破漏斗
－－－－　表示斜坡地形抛掷漏斗

图 6-4　倾斜地形爆破漏斗示意图

可以认为 Mf 两点是以 $R_\mathrm{下}$ 为半径的球面与临空面的交点，mOf 漏斗内的岩石会被破碎成块并部分抛掷出去，因此称 mOf 为抛掷漏斗。在抛掷漏斗之外还有一个随地面坡度变陡而增大的松动漏斗，它由 MOm 和 fOL 所包围的漏斗组成。松动漏斗中岩体可能被推出或因自重而崩塌下落，故又将 fOL 区称为崩塌漏斗。又因为 $OM(R_\mathrm{下})$ 和 $Om(R_0)$ 在实践中很难区分，故两者可统称下破坏作用半径 $R_\mathrm{下}(R_\mathrm{下}\approx R_0)$，$OL$ 称上破坏作用半径 $R_\mathrm{上}$。$R_\mathrm{下}$ 和 $R_\mathrm{上}$ 所包围的漏斗称为爆破漏斗。$R_\mathrm{下}$ 与 $R_\mathrm{上}$ 称爆破漏斗口径，a 为椭圆的短轴，b 为长轴。当地面坡度等于零时，崩塌漏斗消失，爆破漏斗成为倒置的圆锥体(图 6-5)。mDl 称为可见的爆破漏斗，其体积 V_{mDl} 与爆破漏斗 V_{mOl} 之比的百分数 E_0，称为平坦地形的抛掷率；R_0 与 W 的比值 n_0 称为平地爆破作用指数，$n_0 = \dfrac{R_0}{W}$。

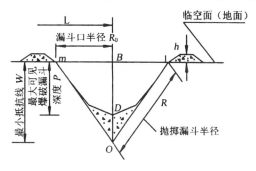

图 6-5 平坦地形爆破漏斗示意图

$$E_0 = \frac{V_{mDl}}{V_{mOl}} \times 100\%$$

当临空面不只是一个，而是数个通过上述各圈或个别作用圈，且最小抵抗线均相等时，则在各临空面内均形成爆破漏斗，爆能将在各临空面内均匀分布。当药包中心至各临空面的最短距离不相等时，其最小的一个才是该药包的最小抵抗线。在具有最小抵抗线的临空面上，爆能才能充分发挥出来。而在其他几个临空面上，爆能的作用则显著降低，有的则以冲击波形式，被无限介质所吸收。

以上各边界条件下药包的爆破作用，是药包在无限介质内的球形爆破作用，通过最小抵抗线原理在有限介质中的体现。

6.2.3 多边界条件下爆破作用的特性

多边界条件即地形变化条件。在爆破工程中，一般分为平坦地形(地面坡度角 $\alpha = 0 \sim 15°$)、倾斜地形($\alpha > 15°$)、凸形多面临空地形(山包地形)以及凹形及垭口地形 5 类。其中倾斜地形又分为缓坡地形($\alpha = 15° \sim 30°$)和陡坡地形($\alpha > 50°$)。

(1)爆破漏斗的形成过程与体积计算

根据大量生产性使用的研究和高速摄影观察得知，药包在多边界条件下的爆破作用特点，可以从倾斜边界条件爆破漏斗的形成过程中得到反映，如图 6-6 所示。这一过程可分为 5 个阶段：

第一阶段 从炸药爆炸瞬间起至压缩波到达临空面时止，介质的运动完全与药包在无限介质中爆炸的运动相似。临空面对药包周围介质运动没有影响，爆炸作用保持球面等量分布，形成空腔，如图 6-6a)所示。大量爆能消耗在使药包周围介质产生粉碎或塑性变形，形成压缩圈。

第二阶段 爆炸能量主要消耗于使介质在垂直临空面方向获得加速度。最后爆能的球形分布被破坏，临空面介质沿最小抵抗线方向逐渐隆起形成"鼓包"，如图 6-6b)所示。鼓包壳的厚度，随鼓包上升而拉薄，以致从顶部破坏成碎块。爆炸产物剩余能量将逸散于大气中不做功。

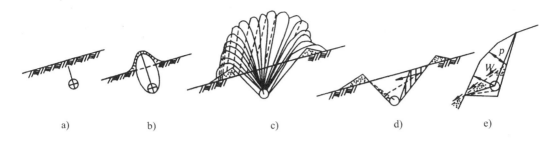

图 6-6　倾斜边界条件爆破漏斗形成过程示意图

a)形成空腔阶段;b)鼓包阶段;c)岩土飞扬阶段;d)崩塌阶段;e)坍滑阶段(陡峭地形时)

第三阶段　抛掷漏斗内介质,在重力场作用下作弹道飞行,如图 6-6c)所示。介质的抛掷距离,由破碎介质中所储藏的动、位能,发射角和空气阻力等因素所决定。

第四阶段　抛掷漏斗以上岩体,具有较大位能,在药包的爆震破坏下,因自重而崩塌下来,坠入抛掷漏斗,减小可见漏斗,形成崩塌漏斗,扩大了爆破量,如图 6-6d)所示。崩塌量由地面坡度、岩性和结构软弱面形状所决定。

第五阶段　介质由整体经药包的破碎作用变为松散体,在其自身所含位能的作用下为达到新的平衡而坍滑出路基,最后在漏斗内和坡脚推积成稳定的岩堆。其坡角为岩石碎块的安息角,如图 6-6e)所示。坍滑量由介质所含位能、岩性和地形所决定。

以上 5 个阶段,并非在任何条件下均可同时出现,也不能截然分开。在倾斜地形条件下,当 $\alpha < 45°$ 时,坍滑阶段将消失。在水平边界条件下,崩塌与坍滑两阶段都将消失,鼓包和抛掷方向均垂直向上,位能的作用趋于零。多面临空地形,变化比较复杂,但最终还是由上述 5 个阶段组合而成。

多边界条件的爆破漏斗体积可按下式计算:

①倾斜、水平和多面临空地形

$$V = \frac{1}{2} n^2 W^3 (\sqrt{A\alpha_{\text{上}}} + B), \quad \text{m}^3 \tag{6-1}$$

②凹形垭口地形

$$V_Y = nW^3 \cos\alpha \sqrt{A \cdot \alpha_{\text{上}}\, n^2 + \sin^2\alpha} - \sin\alpha), \quad \text{m}^3 \tag{6-2}$$

式中:A——崩塌系数,与岩性有关,一般为 0.05～0.12;

B——边界条件系数,倾斜地形为 1,多面临空地形

$$B = \frac{2r'}{nW} + 1 \tag{6-3}$$

r'——最小抵抗线出口点至山脊的距离,m;

$\alpha_{\text{上}}$——崩塌漏斗附近的地面坡角,(°),$A \cdot \alpha_{\text{上}} \geqslant 1$;

其余符号同前。

根据式(6-1)、(6-2)计算,倾斜地形爆破漏斗体积比平坦地形大 1～1.84 倍,多面临空地形比平坦地形大 1.8～2.8 倍,凹形地形当地面横坡较陡时,爆破漏斗体积可能反而比平坦地形爆破漏斗体积小。

(2)药包在多边界条件下的主要搬运作用

①上抛作用　药包爆炸的一个作用是把介质向上升起,然后再向四周抛掷出去形成爆破

漏斗。若药包埋置较深或抛掷率 $E < 50\% \sim 55\%$，被抛起的介质有可能大部分将重新落入爆破漏斗，使实际的可见漏斗体积减小，甚至与松动爆破的漏斗相似。因此，在水平边界条件下，抛掷率与药包量大小成正比，即 $E_0 \propto Q_0$。上抛作用，是平坦地形和凹形地形确定可见漏斗体积的依据。爆破漏斗的主要尺寸可按以下关系估计(图 6-4)：

堆积高度： $\qquad\qquad h = (0.32 \sim 0.36)W \qquad\qquad$ (6-4)

堆积距离： $\qquad\qquad L = (0.1E_0 + 1.5)W \qquad\qquad$ (6-5)

爆破漏斗体积 V_0： $\qquad\qquad V_0 \approx W^3 \qquad\qquad$ (6-6)

因边界条件为水平，$B = 1$，$\alpha_\perp = 0$，$A\alpha_\perp = 1$，代入式(6-1)，得到 $V_0 = n_0^2 W^3$，当 $n_0 = 1$ 时，则 $V_0 \approx W^3$。

②崩塌作用　在非水平地形条件下，崩塌漏斗(图 6-4 中 fOL 区)内的岩体结构由于爆能的作用被破坏，在本身自重作用下发生崩塌，明显地扩大了爆破范围，一定程度上增加了爆破量。其体积 $V_崩$ 可由下式计算：

$$V_崩 = \frac{1}{2} n^2 W^3 (\sqrt{A\alpha_\perp} - 1) \qquad\qquad (6-7)$$

崩塌作用将降低单位耗药量。但因崩塌漏斗内大部分岩体抛不出去，故相应地降低了抛掷率。在缓坡地形最少要降低 $30\% \sim 40\%$；在斜坡和陡坡地形这种不利作用，将在一定程度上为侧抛作用所克服。但必须指出，即使在斜坡地形条件下，由于崩塌作用，路堑内岩体亦不能全部抛出路基。

③坍滑作用　岩体因爆能的作用破坏成松散岩块所释放出来的位能，使岩块向路基坍滑(图 6-6e)。这是"抛坍爆破"能获得抛坍率的主要理论根据。它与地面坡度、岩石的爆破安息角、松散系数等有关。

A. 爆破安息角 θ

在斜坡地形，无论是采用抛掷药包或松动药包，当药量相差数倍甚至十倍时，爆后路基面上均残留有三角形的岩堆，其坡角 θ 变化在 $23° \sim 40°$，略小于自然安息角，故称为爆破安息角。它可近似用下式表示

$$\theta = 17 + \frac{\alpha}{4} \qquad\qquad (6-8)$$

若松散岩块的边坡角大于爆破安息角，则岩块将因自重而坍出。

B. 坍滑作用力的分析

为了不伤及路基(图 6-7)，药包必须提高，使下破坏作用斗径与路基交于有效路基宽度之外。如图 6-7a)所示，设其药包角为 Ψ。因为 $R_下 = 1.41W$，即 $AC = W$，故 $\angle CAO = 45° = $ 常数，α 角为地面坡度角，则：

$$\Psi = \alpha - 45°$$

如图 6-7b)所示，当 Ψ 角足够大时，崩塌的岩石，将沿 OA 斜面坍滑出路基。

$$H = G\sin\Psi$$
$$F = fN = f \cdot G\cos\Psi \qquad\qquad (6-9)$$

式中：f——岩石的摩阻系数，$f = \tan\theta$；

$\qquad \theta$——动或静安息角，一般 $\theta_动 = 21°$，$\theta_静 = 32°$；

$\qquad G$——岩块 M 的重量。

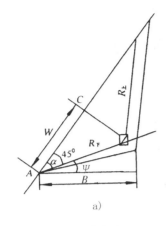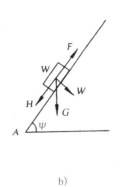

a)药包布置　　　　　　　　　b)滑体受力

图 6-7　横断面药包布置示意图

若使 M 岩块向下滑动(或滚动),必须符合下列条件

$$G\sin\Psi - f \cdot G\cos\Psi > 0 \tag{6-10}$$

$$\tan\Psi > f = \tan\theta$$

或　　　　　　　　　　$\Psi > \theta$

令　$\Psi = \theta$,则由式(6-8)可得

$$\alpha = \theta + 45°$$

当　$\theta = 21°$时,$\alpha = 66°$;

当　$\theta = 32°$时,$\alpha = 77°$。

由此可知,若考虑动摩阻角,当 $\alpha > 66°$时,崩塌岩块即可沿面 AO 坍滑,当 $\alpha > 77°$后,一般静止的岩块亦因自重而发生坍滑。这证明,在陡坡地形,岩体一经松动,便会因自重而坍滑出路基。当 $\alpha < 45°$时,坍出率将减小或完全没有坍出率。

C. 坍滑作用与抛掷率的关系

药包仅起破碎岩石的作用时,根据破碎岩块的安息角,岩石的松散系数和自然地面坡度的关系(图 6-8),可推导出坍出率的计算公式

图 6-8　岩石的安息角与自然地面坡度示意图

$$E_{出} = 1 - \frac{1}{\xi} \left[\frac{\dfrac{\tan\theta}{1 - \cot\varphi \cdot \tan\theta} - \dfrac{\tan\Psi}{1 - \cot\varphi \cdot \tan\Psi}}{\dfrac{\tan\alpha}{1 - \cot\varphi \cdot \tan\alpha} - \dfrac{\tan\Psi}{1 - \cot\varphi \cdot \tan\Psi}} \right] \tag{6-11}$$

式中:$E_{出}$——药包仅起破碎作用时,岩石的坍出率,以百分率表示;

ξ——岩石的松散系数,一般采用 1.3;

θ——岩石的爆破安息角,(°);

Ψ——设计的路堑边坡线与水平面所成的角度,一般为 $53°\sim 90°$。

根据斜坡地形药包布置的基本原则,当 $\alpha \leqslant 45°$时,药包一般可靠近路基顶面布设。因此,可近似认为 Ψ 为零,这样,式(6-11)即变成以下形式:

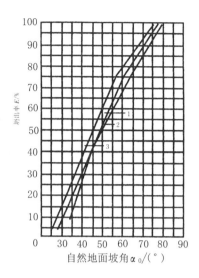

图 6-9　药包仅起破碎作用时坍出率与自然地面坡度的关系曲线

$1—\theta=35°,\xi=1.3;2—\theta=40°,\xi=1.3;3—\theta=35°,\xi=1.5$

$$E_{出} = 1 - \frac{1}{\xi}\left[\frac{\dfrac{\tan\theta}{1-\cot\varphi\cdot\tan\theta}}{\dfrac{\tan\alpha}{1-\cot\alpha\cdot\tan\alpha}}\right] \tag{6-12}$$

设 $\varphi=90°,\xi=1.3$ 和 $1.5,\theta=35°$ 和 $40°$，根据式(6-12)计算，所得结果如图 6-9 所示。

由图 6-9 看出，在药包仅起炸碎岩石的作用时，坍出率将随自然地面坡度的变陡而剧增。例如曲线"1"，当 $\alpha=40°$ 时其坍出率为 32%；当 $\alpha=50°$ 时，其坍出率竟高达 59.4%，相当于斜坡地形采用抛掷爆破的最佳抛掷率。

这一结果表明，在斜坡地形条件下，无须采用抛掷爆破。因为，岩体本身所含的位能已经代替将岩块抛出路基所需的爆能。

④侧抛作用　由图 6-6b)可以看出，"鼓包"沿最小抵抗线倾斜上升，岩体具有一定的位能和有利的抛射角，使侧向抛起的岩块不易再落回爆破漏斗。因此只需要较小的抛起高度和抛距，即可获得较高的抛掷率。这种动位能的共同作用，称为"抛掷作用"。在此情况下，如药包量不变，爆破效果与自然地面坡度成正比，即 $Q=$ 常数，$E\propto\alpha$。侧抛作用的大小，可近似地用标准抛掷爆破时，抛掷率的增量 ΔE 表示。

$$\Delta E = -77.52\lg f(\alpha),\% $$

6.3　爆破设计参数的确定

6.3.1　单位耗药量 K 值

单位耗药量 K 是在水平边界条件下，形成标准抛掷漏斗时爆破单位体积介质所需要的炸药用量。它是衡量岩石爆破性能的综合性指标。影响单位耗药量的因素很多，在爆破时，一般按以下几种方法综合分析选取 K 值。

1)根据岩石等级,由表 6-1 查出

除查表外,亦可根据岩石等级用下式计算各级岩石的平均 K 值。

$$K = 0.1N + b \tag{6-13}$$

式中:N——岩石等级(按 16 级分级法);

b——系数。当 ≤7 级时,$b = 0.7$;当 $N > 7$ 级时,$b = 0.6$。

2)根据岩石密度(ρ),由下式计算

$$K = 1.3 + 0.7\left(\frac{\rho}{1\,000} - 2\right)^2 \tag{6-14}$$

表 6-1　不同岩石单位耗药量 K 值表

岩石名称	岩石等级 N	坚实系数 f	岩石密度 $\gamma/(\mathrm{kg \cdot m^{-3}})$	标准抛掷单位耗药量 $K/(\mathrm{kg \cdot m^{-3}})$
砂	I	0.5~0.6	1 500	1.8~2.0
密实的或潮湿砂	—	0.5~0.6	1 600	1.4~1.5
重亚粘土、砂质粘土	III	0.6~0.8	1 750　1 600(I)	1.2~1.35
坚实粘土	IV	0.8~1.0	2 000	1.2~1.5
黄土	IV~V	1.0~1.5	1 800　1 600(II)	1.1~1.5
白垩土	V	1.5~2.0	1 550　2 600(VI)	0.9~1.1
石膏(硬石膏)	V~IV	2.0~0.6	2 200　2 900(VII)	1.2~1.5
蛋白石(硅藻土)	V~IV	2.0~4.0	2 200	1.2~1.5
泥灰岩	V~IV	2.0~4.0	1 900　2 300	1.2~1.5
裂纹喷出岩(凝灰岩)	VI	2.0~4.0	1 100	1.5~1.8
重质浮石	VI	2.0~4.0	1 100	1.5~1.8
贝壳—石灰岩	VI~VII	4.0~6.0	1 200	1.8~2.1
钙质砾岩	VI~VII	4.0~6.0	2 200~2 800	1.35~1.65
砾岩	VI~VII	4.0~6.0	2 500	1.35~1.65
粘土质砂岩	VI~VIII	6.0~8.0	2 200	1.35~1.65
泥质页岩、石灰岩	VI~VIII	6.0~8.0	2 300	1.35~1.65
泥灰岩	VII~VIII	6.0~8.0	2 500	1.35~1.65
白云岩	VIII~X	8.0~12.0	2 700　2 900(XI)	1.5~1.95
石灰岩	VIII~X	8.0~12.1	2 700	1.5~1.95
镁质岩	VIII~X	8.0~12.0	3 000	1.5~1.95
钙质砂岩	VIII~X	8.0~12.0	2 600	1.5~1.95
石灰岩	VIII~XII	80.~12.0	2 900　3 100	1.5~2.4
砂岩	VIII~XII	8.0~16.0	2 700	1.5~2.4
花岗岩	IX~VII	10.0~15.0	2 800　3 100　3 300	1.8~2.55
玄武岩	XII~XVI	14.0~20.0	2 700　3 100　3 300	2.1~2.7
安山岩	XII~XVI	14.0~20.0	2 700　3 100	2.1~2.7
石英岩	XVI	18.0~20.0	2 800　3 300	1.8~2.1
斑岩	XVI~XV	18.0~25.0	2 800　2 700　3 300	2.1~2.55

注:括号内的罗马字母代表相应容重的岩石等级。

当最小抵抗线穿过不同岩层时,可用加权平均的方法计算,或以占大于 30% 的最小抵抗线岩性的 K 值,作为整个药包 K 的值。当所遇岩体节理发育或风化严重时,可酌情降低岩石

等级 1～2 级选用 K 值。

3)松动药包的单位耗药量 K',一般可近似取 $K/3$,也可按下列公式计算

①在地面钻孔爆破中,当破碎岩块的平均尺寸为 $0.3～0.4m$ 时

$$K' = 0.8 - 0.018\left(\frac{\rho \cdot C}{10^5} - 20\right)^2 \tag{6-15}$$

②当地下开挖爆破中,当破碎岩块的平均尺寸为 $0.15～0.2m$ 时

$$K' = 1.05 - 0.002\left(\frac{\rho \cdot C}{10^5} - 20\right)^2 \tag{6-16}$$

式中:K'——松动药包单位耗药量,kg/m^3;

ρ——岩石的密度,kg/m^3;

C——岩体的当地声波传播速度,m/s;

$\rho \cdot C$——波阻抗。

6.3.2 炸药换算系数 e 值

以标准炸药为准,令其换算系数 $e=1$。标准炸药的爆力为 $300mL$,猛度为 $11mm$。若所用炸药不是标准炸药,则按下式求算系数。

$$e = \frac{300}{\text{所用炸药的实际爆力}} \quad \text{或} \quad e = \frac{11}{\text{炸药实际的猛度}} \tag{6-17}$$

在换算中,也有采用爆力与猛度同时考虑其平均值者。大爆破应以爆力为准。一般可按表 6-2 选用。

表 6-2　炸药换算系数 e 值表

炸药名称	型　号	换算系数	炸药名称	型　号	换算系数
露天铵梯	1	1.00	3 号铵油炸药	—	1.05～1.10
岩石铵梯	2	0.94	62% 胶质炸药	耐冻	0.78
岩石铵梯	1	0.85	35% 胶质炸药	耐冻	0.93
硝酸铵	—	1.35	梯恩梯(TNT)	—	0.95～1.0
黑火药		1.5	苦味酸	—	0.90

6.3.3 堵塞系数 d

从导洞至药室的转弯长度小于 $1.5m$ 或堵塞长度小于 $1.2W$ 时,d 在 $1～1.4$ 范围内选用,一般 $d=1$。

6.3.4 自然地面坡度 α

地面坡度角是指最小抵抗线与下破坏作用斗径间的地面坡度,量取方法如下:

①地面顺直时,直接量取自然地面坡度。

②地面呈凸形时(图 6-10),可取 $\overline{AB}$(图中虚线)与水平面的夹角。

③阶梯形地面或地面向内凹时(图 6-11),地面坡度按下式计算

$$\alpha = \frac{\alpha_1 + \alpha_2}{3} \tag{6-18}$$

式中：α——设计的自然地面坡度，($^\circ$)；

　　　α_1——缓和段的地面坡角，($^\circ$)；

　　　α_2——陡坡段的地面坡角，($^\circ$)。

采用猫洞炮与药壶炮时，可取主坡角 α_2。

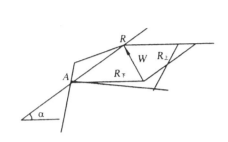

图 6-10　凸形地面时 α 值的量取

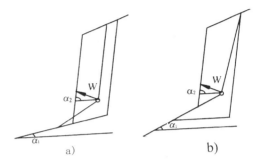

图 6-11　地形变化较大时 α 值的量取

a)阶梯地形；b)地面向内凹地形

6.3.5　抛掷率 E

抛掷率或抛坍率，不但是爆破设计时的主要参数，同时也是检验爆破效果的主要指标。应根据地形地质条件，结合工程单位的要求来确定。

①在平坦地形，根据实际抛掷每立方米土石所用药量最小的经验，土的最佳抛掷率 $E=80\%\sim95\%$，岩石的最佳抛掷率 $E=70\%\sim85\%$。

②在斜坡地形和多面临空地形，最佳抛掷率一般 $E=65\%\sim75\%$。

③斜坡地形的半路堑，由于坍滑作用，抛坍率的多少与药包性质关系不大。按抛坍爆破经验，最佳抛坍率可按下式计算

$$E_{坍}=0.014(\alpha-30)^2+48\% \tag{6-19}$$

6.3.6　爆破作用指数 n 值

爆破作用指数 n 值，是决定破坏范围大小、抛掷距离远近的主要参数，可根据抛掷率 E 与地面坡角 α 按下式计算

$$n=\left(\frac{E}{55}+0.51\right)\sqrt[3]{f(\alpha)} \tag{6-20}$$

$f(\alpha)$ 为抛坍系数，在半路堑抛坍爆破中，$n=1$。

6.3.7　压缩圈半径 $R_{压}$

对于路堑

$$R_{压}=0.062\sqrt[3]{\mu Q}，\quad \text{m} \tag{6-21}$$

式中：μ——压缩系数，与岩石性质有关，对于粘土、坚硬土、松石、次坚石、坚石分别为 250、150、50、20、10。

在试布药包过程中，可取

$$R_{压}=(0.2\sim0.25)W，\quad \text{m} \tag{6-22}$$

对于半路堑,上、下压缩圈半径可取

$$R_{压上} = 0.16W, \quad \text{m} \tag{6-23}$$

$$R_{压下} = 0.185W, \quad \text{m} \tag{6-24}$$

6.3.8 破坏作用半径 R、$R_下$、$R_上$

平坦地形爆破漏斗的抛掷作用半径 R,斜坡地形的下破坏作用半径 $R_下$,以及多面临空地形的弧形作用剖面上的破坏作用半径 $R_弧$,均用下式计算

$$R_下 = W\sqrt{n^2 + 1}, \quad \text{m} \tag{6-25}$$

上破坏作用半径 $R_上$($A_{a上} \geqslant 1$)

$$R_上 = W\sqrt{A_{a上}n^2 + 1}, \quad \text{m} \tag{6-26}$$

对于半路堑:

$$R_上 = \psi W, \quad \text{m} \tag{6-27}$$

式中,崩塌系数 A 和破裂系数 ψ,由表6-3查出。

表6-3 破裂系数 ψ 值和坍塌系数 A 值

爆破方法	石质 / 地面坡度 $\frac{H}{W}$	破 裂 系 数 (ψ)					
		土 软 石		次 坚 石		坚 石	
		<2	>2	<2	>2	<2	>2
抛坍	30°~50°	1.8~2.3	—	1.6~3.0	—	1.5~1.8	—
	50°~70°	2.0~2.5	2.5~3.0	1.8~2.4	2.3~3.6	1.8~2.0	2
	>70°	—	—	2.1~2.6	2.6~3.2	2.0~2.3	2.3~2.6
抛掷	A 值	0.1~0.12		0.06~0.08		0.05~0.06	

6.3.9 药包间距 α

为使拟爆破路段一次爆破形成需要的路堑,必须采用药包群。如果药包间的距离太远,爆破后将形成一个个互不相联系的爆破漏斗,其间残留一部分没有破碎的岩梗。药包距离太近,则爆破作用的重复性太大,增加导洞药室开挖工作量,大量浪费炸药,影响边坡的稳定性,飞石安全距离也无法保证。因此,必须确定一个适合的药包间距,保证药包爆破时互相产生比较理想的共同作用。在生产中一般按下列公式计算:

(1)同一层药包间距 α

1)在抛掷爆破中

$$\alpha = (0.095 \sim 1.0)W\sqrt[3]{F(E, \alpha)}, \quad \text{m} \tag{6-28}$$

或

$$\alpha = (0.1\bar{E} + 0.8)\bar{W}\sqrt[3]{f(\alpha)} \tag{6-29}$$

式中:$\bar{W}$、$\bar{E}$——分别为相邻两药包的最小抵抗线和抛掷率的平均值。

2)在抛坍爆破和松动爆破中

$$\alpha = (1 \sim 1.3)\bar{W} \tag{6-30}$$

(2)上下层药包距 b(m)

在一般情况下

$$b \leqslant 2W_下 \tag{6-31}$$

需加大药包间抛距时

$$b = \bar{n}\,\bar{W} \qquad (6-32)$$

式中：$W_{\text{下}}$、$\bar{W}$ 分别为下层药包的最小抵抗线和上、下层药包平均抵抗线；

　　　$\bar{n}$ 为相邻两层药包的爆破作用指数的平均值。

充分利用崩塌作用时

$$b \leqslant \psi\bar{W} \qquad (6-33)$$

(3)分集药包的药包间距

1)子药包间距 c

$$c = 0.5\bar{n}\,\bar{W}\sqrt[3]{\sin\alpha + 1} \qquad (6-34)$$

2)分集药包的药包间距 $a_{\text{分}}$

当纵向分集时(沿路线方向分集)，在抛坍爆破中采用

$$a_{\text{分}} = (Z + 0.25)\sqrt[3]{(\sin\alpha + 1)W} \qquad (6-35)$$

式中：Z——系数，$Z = 1.0 \sim 1.3$；

　　　$\bar{W}$——两子药包最小抵抗线的平均值。

在抛掷爆破中

$$a_{\text{分}} \leqslant 1.2\bar{n}\,\bar{W} \qquad (6-36)$$

当一边用分集药包，一边用集中药包时，药包间距采用

$$a = \frac{a_{\text{分}} + a_{\text{集}}}{2} \qquad (6-37)$$

当采用横向分集药包时，药包间距采用

$$a_{\text{分}} = a_{\text{集}} \qquad (6-38)$$

采用分集药包，横断面上的破坏作用半径，仍按一般集中药包的公式计算。但在断面上划破坏作用半径时，不是以分集药包中心为圆心，而是以子药包中心为圆心，以破坏作用半径弧与地面线相交的连线，得到设计的爆破漏斗。

6.3.10　最大可见漏斗深度

最大可见漏斗深度 P 值，是爆破后测出的新地面线与原地面线之间的最大距离。它是在断面图上预先估计爆破效果及清方工作量的一个参数。其值一般与抛掷率和自然地面坡度有关，其所在位置与边界条件有关。

(1)在抛掷爆破中

$$P = (0.01 \sim 0.012)EW, \quad \text{m} \qquad (6-39)$$

土和高抛掷率($E \geqslant 70\%$)时，采用上限，其位置在平坦地形与最小抵抗线一致，在斜坡地形路堑一般在 $\frac{1}{2}R_{\text{下}}$ 附近，并按爆破安息角堆积。

(2)在抛坍爆破中

根据坍滑作用，最大可见漏斗深度 P 值，可在下破坏作用半径 $R_{\text{下}}$ 与地面线相交处，按爆破安息角作斜线，与压缩圈的切线相交点 C 处直接量取，如图 6-12 所示。亦可由下式近似计算。

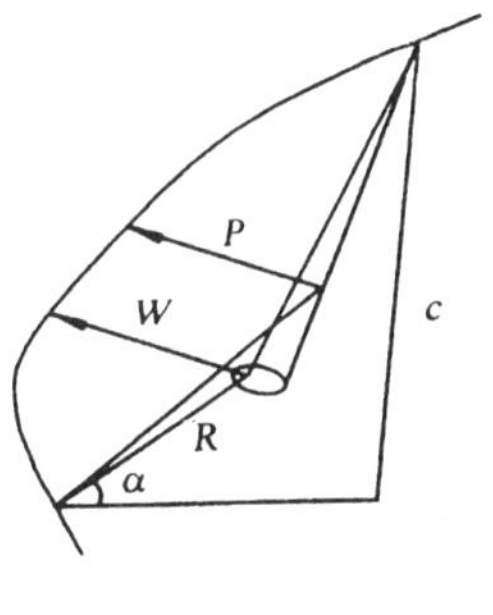

图 6-12　爆破漏斗的可见深度图

$$P = (0.004\alpha + 0.5)W, \quad \text{m} \tag{6-40}$$

6.3.11 岩石的坍散宽度和高度

(1)在抛掷爆破中(图 6-16),最大的坍散宽度 x 和高度 y

$$x = (0.1E + 2)W\sqrt[3]{f(\alpha)}, \quad \text{m} \tag{6-41}$$

$$y = 0.55\frac{H}{n}, \quad \text{m} \tag{6-42}$$

式中:α——坡脚处自然地面坡度角;

H——如图 6-13 所示,其他符号同前。

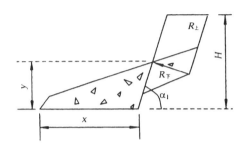

图 6-13 抛掷爆破中坍散宽度与高度示意图

(2)抛掷爆破时垂直于抛掷方向的最大宽度 $B(\text{m})$

$$B = \sum a + 2\overline{R}_{\text{下}} + 2 \times (1.5 \sim 3\overline{n}W) \tag{6-43}$$

式中:a——横向药包间距;

$\overline{R}_{\text{下}}$、$\overline{n}$ 和 $\overline{W}$——两头药包的平均值。

(3)在抛坍爆破中,岩堆的坍散高度和宽度(图 6-13)

可根据爆破时抛坍出来的岩体,在坡脚下按爆破安息角堆积成三角形岩堆的体积平衡原则,推导出下列公式。

当坡脚地面坡度小于 90°时

$$y = \sqrt{\frac{2F_\Delta \tan\alpha_1 \tan\theta}{\tan\alpha_1 - \tan\theta}} \tag{6-44}$$

$$x = \sqrt{\frac{2F_\Delta (\tan\alpha_1 - \tan\theta)}{\tan\alpha_1 \tan\theta}} \tag{6-45}$$

或

$$x = \frac{2F_\Delta}{y} \tag{6-46}$$

当坡脚地面坡度等于 90°时

$$y = x\tan\theta \tag{6-47}$$

$$x = \sqrt{2F_\Delta/\tan\theta} \tag{6-48}$$

式中:y——岩堆的坍散高度,m;

x——岩堆的坍散宽度,m;

α_1——坡脚处自然地面坡角,(°);

θ——爆破安息角,(°);

$F_\triangle$——在最小抵抗线方向处,沿路线方向取 1m 长的岩堆方数(即岩堆断面积),其值与抛坍方量有关,可按下式估算

$$F_\triangle = (0.8 \sim 1.0)F_坍 \tag{6-49}$$

6.3.12　不逸出半径($W_逸$)的临界值

在抛掷爆破特别是定向爆破中,为保证爆能集中在主抛方向,避免对其他临空面造成破坏,可根据地形地质条件,采用不逸出半径"$W_逸$"控制药包所在位置,有以下几种情况:

①为使不逸出方向的岩体不致受到破坏,当采用中间性和缓和性炸药时(如硝铵炸药)

$$W_逸 \geqslant 1.75W_2 \sqrt[3]{F(E_1,\alpha_1)}, \quad m \tag{6-50}$$

如果采用烈性炸药时,则

$$W_逸 \geqslant 2W_1 \sqrt[3]{F(E_1,\alpha_1)}, \quad m \tag{6-51}$$

②如果不逸出方向为良好的临空面,在爆破中易遭破坏时(如临河陡坎、山后冲沟很深、山峰高耸、坡度陡峻、山体较薄或地质不良层理外倾等),为确保侧面或山后不破坏和路基不致炸毁形成坍方,此时不逸出半径按下列计算:

对于中间性和缓性炸药

$$W_逸 = (2.1 \sim 2.45)W_1 \sqrt[3]{F(E_1,\alpha_1)}, \quad m \tag{6-52}$$

对于烈性炸药

$$W_逸 = (2.4 \sim 2.8)W_1 \sqrt[3]{F(E_1,\alpha_1)}, \quad m \tag{6-53}$$

③当不逸出面可以破坏或松动,但不允许抛掷时,用下式计算

$$W_逸 \geqslant 1.3W_1 \sqrt[3]{\frac{F(E_1,\alpha_1)}{f(\alpha_2)}}, \quad m \tag{6-54}$$

以上各式中的 W_1、$F(E_1,\alpha_1)$ 均为最小抵抗线方向的有关参数,而 W_2、$f(\alpha_2)$ 则为不逸出方向的有关参数。

6.3.13　爆破区安全距离的确定

(1)个别飞石的安全距离 $r_石$

$$r_石 = 20n^2 WK \tag{6-55}$$

式中:n、W——采用炮群中最大药包的相应值。

K——安全系数,对于人,$K=1.5\sim2.0$;对于机械 $K=1.0$。

沿最小抵抗线方向,个别飞石距离应增加 50%。

(2)爆震的安全距离

1)爆破对基岩的破坏或爆震对井巷工程的安全距离 $r_震$

$$r_震 = KW \sqrt[3]{F(E,\alpha)}, \quad m \tag{6-56}$$

式中:K——系数,对于一般地下建筑和地质条件 $K=2$;对于重要的地下建筑 $K=3$。亦可参照不逸出半径公式计算,见式(6-50)~(6-52)。

2)爆震对地面建筑的安全距离 $r_震$

$$r_震 = Ka \sqrt[3]{Q}, \quad m \tag{6-57}$$

式中:Q——总装药量,kg,如用毫秒差爆破,延发时间大于 30ms 时,采用分段的总装药量;

    a——系数,一般等于1;

    K——系数,坚石 $K=3$,次坚石 $K=5$,土 $K=7\sim15$。

(3)空气冲击波的安全距离 $r_气$

$$r_气 = K\sqrt{Q}, \quad \text{m} \tag{6-58}$$

式中:Q——总装药量,kg;

    K——系数,对于建筑物采用 $3\sim5$,对于人取5。

(4)抛掷的最大高度

$$y_{\max} = \frac{\rho \cdot E \cdot W}{30\ 000} \cdot \sqrt{f(\alpha)}, \quad \text{m} \tag{6-59}$$

式中:ρ——岩石的密度,kg/m³。

6.4 综合爆破方法

6.4.1 综合爆破的内容及特性

综合爆破是根据石方的集中程度,地质、地形条件,公路路基断面的形状,结合各种爆破方法的最佳使用特性,因地制宜,综合配套使用的一种比较先进的爆破方法。一般包括小炮和洞室炮两大类。小炮主要包括钢钎炮、深孔爆破、药壶炮和猫洞炮;洞室炮则随药包性质、路基断面形状和微地形的变化而不同。用药量 1t 以上为大炮,1t 以下为中小炮。现将各种爆破方法在综合爆破中的作用与特性分述如下:

(1)钢钎炮(眼炮)

在路基工程中,钢钎炮通常指眼炮直径和深度分别小于 7cm 和 5cm 的爆破方法。一般情况下,单独使用钢钎炮爆破石方是不大经济的,其原因是:①炮眼浅,用药小,每次爆破的方数不多,并全靠人工清除,因此功效较低。②不利于爆破能量的利用。由于眼浅,爆破时爆炸气体很容易冲出,变成不做功的声波,以致响声大而炸下的石方不多,个别石块飞得很远。因此,在公路工程中,应尽可能少用这种炮型。但是,由于它比较灵活因而它又是一种不可缺少的炮型,在地形艰险及爆破量较小地段(如打水沟、开挖便道、基坑等)仍属必需,在综合爆破中是一种改造地形,为其他炮型服务的辅助炮型。其用药量按式(6-13)估算。

(2)深孔爆破

深孔爆破就是孔径大于 75mm、深度 5m 以上、采用延长药包的一种爆破方法。炮孔需用大型的潜孔凿岩机或穿孔机钻孔,如用挖运机械清方可以实现石方施工全面机械化,是大量石方(万方以上)快速施工的发展方向之一。其优点是劳动生产率高,一次爆破的方量多,施工进度快,爆破时对路基边坡的影响比大炮小。若配合预裂或光面爆破,则边坡平整稳定,爆破效果容易控制,爆破时比较安全。但由于需要用大型机械,故转移工地、开辟场地、修筑便道等准备工作都较复杂,且爆破后仍有 $10\%\sim25\%$ 的大石块需经第二次爆破改小。

进行深孔爆破,要求先将地面修成台阶,称为梯段。梯段的倾角最好为 $60°\sim75°$,高度应在 $5\sim15$m。炮孔分垂直孔和斜孔两种,如图 6-13 和图 6-14 所示,炮孔直径 D 一般为 $80\sim300$mm,公路工程中以用 $100\sim150$mm 为宜。超钻长度 h 大致是梯段高度的 $10\%\sim15\%$,岩

石坚硬者取大值。因此,

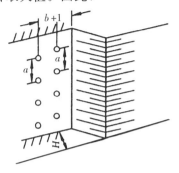

图 6-14　垂直和斜炮梯断面

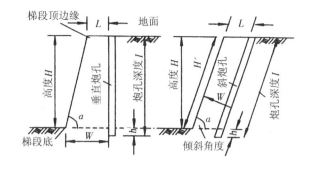

图 6-15　炮孔布置立面图

垂直孔的深度

$$\left. \begin{array}{l} l = H + h \\ l = H' + h \end{array} \right\} \tag{6-60}$$

斜孔的深度

炮孔间距

$$a = mW \tag{6-61}$$

底板抵抗线

$$W = D\sqrt{\frac{7.85\rho\tau l}{K'mH}} \tag{6-62}$$

式中:m——系数,为 0.6～1.4,通常取 0.7～0.85;

　　D——钻孔直径,m;

　　ρ——炸药密度,kg/m³,K'——单位耗药量,kg/m³,$K' = \frac{1}{3}K$;

　　τ——深孔装药系数,$H < 10m$,$\tau = 0.6$;$H = 10～15m$,$\tau = 0.5$;$H = 15～20m$,$\tau = 0.4$。

W 值确定后可按下式估算 L 值

$$L = W - H \cdot \cot\alpha \tag{6-63}$$

式中:L——炮孔与梯段顶边缘的距离,为确保凿岩机作业的安全,此值应大于 2～3m,否则需调整 W 值。

多排孔时,排的间距 b 可取 $b = W$。最后按下式计算炸药量:

$$Q = eK'WH\alpha, \quad kg \tag{6-64}$$

深孔爆破除需正确选用设计参数和布孔外,对装药、堵塞等操作技术要求也比较严格。随着石方施工机械化程度的提高,深孔爆破已开始在石方集中,地形较平缓的垭口或深路堑中使用,并获得较好的较果。单位耗药量为 0.45～0.75kg/m³,平均每米钻孔爆落岩石 11～20m³。因此,在有条件时应尽可能采用这种爆破方法。

(3)微差爆破

两相邻药包或前后排药包以毫秒的时间间隔(一般为 15～75ms)依次起爆,称为微差爆破,亦称毫秒爆破。多发一次爆破最好采用毫秒雷管。当装药量相等时其优点是:可减震 1/3～2/3;前发药包为后发药包开创了临空面,从而加强了岩石的破碎效果;降低多排孔一次爆破的堆积高度,有利于挖掘机作业;由于逐发或逐排依次爆破,减少了岩石夹制力,可节省炸药 20%,并可增大孔距,提高每米钻孔的炸落方量。炮孔排列和起爆顺序,根据断面形状和岩性,有图 6-16 的几种。多排孔微差爆破是浅孔深孔爆破发展的方向。

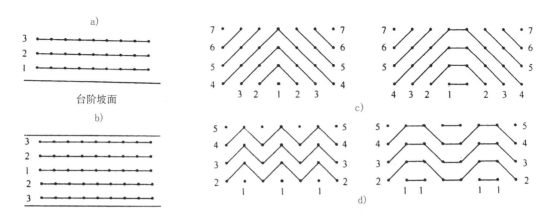

图 6-16　微差爆破起爆网路图

a)直排依次顺序起爆法;b)直排中心掏槽起爆法;c)"V"形起爆网路;d)波形起爆网路

(4)光面爆破和预裂爆破

光面爆破是在开挖限界的周边,适当排列一定间隔的炮孔,在有侧向临空面的情况下,用控制抵抗线和药量的方法进行爆破,使之形成一个光滑平整的边坡。

预裂爆破是在开挖限界处按适当间隔排列炮孔,在没有侧向临空面和最小抵抗线的情况下,用控制药量的方法,预先炸出一条裂缝,使拟爆体与山体分开,作为隔震减震带,起保护和减弱开挖限界以外山体或建筑物的地震破坏作用。光面与预裂爆破后,在边坡壁上通常均留下半个炮孔的痕迹。

进行光面或预裂爆破时,应严格保持炮孔在同一平面内,炮孔间距和应小于0.8W。装药量应控制适当,并采用合理的药包结构,通常使炮孔直径大于药卷直径1~2倍,或采用间隔药包、间隔钻孔装药。预裂炮的起爆时间在主炮之前,光面炮在主炮之后,其间隔时间可取 25~50ms。同一排孔必须同时起爆,最好用传爆线起爆,否则会影响爆破质量。光面和预裂爆破的主要设计参数如下(d 为钻孔直径,cm):

光面炮眼间距　　　　$a_1 = 16d$,　　cm

预裂炮眼间距　　　　$a_2 = (8\sim12)d$,　　cm

光面炮眼抵抗线　　　$W = 1.33a_1 = 21.5d$,　　cm

每米钻孔装药量　　　$q' = 9d^2$,　　kg/m

(5)药壶炮(烘膛炮)

药壶炮是指在深 2.5~3.0m 以上的炮眼底部用少量炸药经一次或多次烘膛,使眼底成葫芦形,将炸药集中装入药壶中进行爆破,如图 6-17 所示。其使用条件是:岩石应在 Ⅺ 级以下,不含水分,阶梯高度(H)小于 10~20m,自然地面坡度在 70°左右。如果自然地面坡度较缓,一般先用钢钎炮切脚,炸出台阶后再使用。经验证明,药壶炮最好用于 Ⅶ~Ⅸ 级岩石,中心挖深 4~6m,阶梯高度在 7m 以下。装药量可根据药壶体积而定,一般介于 10~60kg 之间,最多可超过 100kg。每次可炸岩石数十方至数百方,是小炮中最省工、省药的一种方法。

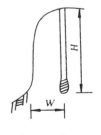

图 6-17　药壶炮

(6)猫洞炮(蛇穴炮)

猫洞炮系指炮洞直径为 0.2～0.5m,洞穴成水平或略有倾斜(台眼),深度小于 5m,用集中药包在炮洞中进行爆破的一种方法,如图 6-18 所示。其特点是充分利用岩体本身的崩塌作用,能用较浅的炮眼爆破较高的岩体,一般爆破可炸松 15～150m³。其最佳使用条件是:岩石等级一般为Ⅸ级以下,最好是Ⅴ～Ⅶ级;阶梯高度最少应大于眼深的两倍,自然地面坡度不小于 70°。由于炮眼直径较大,爆破利用率甚差,故炮眼深应大于 1.5～2.0m,不能放孤炮。猫

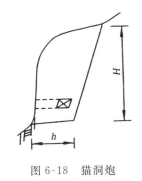

图 6-18　猫洞炮

洞炮功效,一般可达 4～10m³,单位耗药量在 0.13～0.3kg/m³ 在有裂缝的软石和坚石中,阶梯高度大于 4m,药壶炮药壶不易形成时,采用这种爆破方法,可以获得好的爆破效果。

(7)洞室炮

为使爆破设计断面内的岩体大量抛掷(抛坍)出路基,减少爆破后的清方工作量,保证路基的稳定性,可根据地形和路基断面形式,采用以下不同性质的洞室炮爆破法。

1)抛掷爆破

①平坦地形。自然地面内坡角 $\alpha<15°$,路基设计断面为拉沟路堑,石质大多数是软石的,为使石方大量扬弃到路基两侧,通常采用稳定的加强抛掷爆破。抛掷率为 55%～98%($n=$1.5～2.2),一般在 80% 左右。根据经验,当 $n=2$ 时($E=83\%$),抛掷 1m³ 岩石的耗药量为 1.4～2.2kg。炸药费用一般占总工程造价的 80% 左右,爆后对路堑边坡的稳定性影响很大,故在公路工程中很少采用。

②斜坡地形。自然地面坡角 α 在 15°～50° 之间,岩石也较松软时,可采用抛掷爆破。抛掷率一般设计在 60% 左右,根据地面坡度的不同,爆破作用指数在 1～1.5,单位耗药量大于1kg,炸药费用占整个工程造价 60% 以上,对路堑边坡的稳定性有较大的影响。

2)抛坍爆破

①自然地面坡度大于 30°,地形地质条件均较复杂,临空面大时,可采用这种爆破方法。在陡坡地段,岩石只要充分被破碎,就可以利用岩石本身的自重坍滑出路基,提高爆破效果。抛坍爆破的抛坍率一般为 45%～85%,单位耗药量为 0.1～0.42kg/m³。炸药费用不到总造价的 40%,而功效在 6～15m³/工日,比小炮功效高 2～4 倍,总的路基工程造价可降低 16% 以上,爆后路堑边坡稳定。

②多面临空地形。路线通过波浪起伏的峡谷或鸡爪地形地段,横切山脉或山嘴时,临空面较多,有利于爆破。由于山包或山嘴的石质,一般较周围岩体坚固完整,因此爆破后可获得较陡的稳定边坡。多面临空地形的爆破抛掷率(抛坍率)为 60%～80%,单位耗药量为 0.2～0.8kg/m³,工效为 10～20m³/工日,最高可达 70m³/工日,比小炮高 6～15 倍或更多,但工程造价只比小炮减少约 5%。

3)定向爆破

这是利用爆能将大量土石方按照指定的方向,搬移到一定的位置并堆积成路堤的一种爆破施工方法。它减少了挖、装、运、夯等工序。在公路工程中用于以借为填或移挖作填地段,特别是在深挖高填相间、工程量大的鸡爪形地区,采用定向爆破,一次可形成百米以至数百米路基。

4)松动爆破

大型松动爆破主要用于不宜采用大型洞室抛掷爆破的次坚石、软石路基,或配合机械化清方的地段。在坚石中,宜采用深孔炮。

大型洞室爆破,威力大、效率高,可以缩短工期,节约劳力,技术安全可靠性也大,但使用不当,则可能破坏山体平衡,造成路基后遗病害。使用时必须进行现场调查,摸清当地的工程地质条件及周围环境,通过技术经济比较来确定。

不宜进行大爆破的工程地质条件是:

①岩堆、滑坡体,坡顶上部堆积的覆盖层较厚且倾向路基的不良地段。

②断层破碎带,侵入体与围岩的接触带,节理破碎带,以及具有引起坍方的地质软弱面的地段。

③当软弱面通过路基的后方或下方时,爆破不易形成路基的地段。

④层理面、错动面以及其他构造软弱面,倾向路基且其倾角大于临界倾角(B_0),并小于50°,层面胶结不良的地段。

⑤山脊较薄,山后有良好临空面,不逸出半径可使整个山头破坏,引起坍方的地段。

⑥多组软弱面,形成坍方体的地段。

此外,对周围环境亦需考虑,如有良田、果树、重要建筑物等,在无法确保其安全时,不宜采用大爆破。

6.4.2 选用爆破方法的基本原则

为了充分发挥各种爆破方法的特点,利用微地形和地质的客观条件,在路基石方工程中采用综合爆破,选用各种爆破方法,组织炮群,有计划有步骤地爆破拟开挖的石方是十分重要的。为此,石方工程的施工方案应按以下原则与步骤进行。

(1)全面规划,重点设计

对拟爆破的路基工程,应根据石方集中的程度、微地形的变化、路基设计断面的形状,以及地质条件所能允许的爆破规模,结合各种爆破方法的特点,进行全面规划,确定哪些地段采用洞室炮、深孔炮,哪些地段采用小炮群(一般中心挖深大于 6m 时可采用洞室炮,小于 6m 可采用小炮群),以及各段的开挖顺序。然后对石方集中的点进行重点设计。在生产中,一般可首先制定爆破方案选择表(表 6-4)。

表 6-4 爆破方案选择表

编号	起讫桩号	中心挖深 /m	爆破地段长度/m	自然坡度 /(°)	断面石方量/m³	爆破类型	备 注
1	K1+500～K1+600	3～5	100	30～45	3 000	小炮群	软石
2	K3+700～K3+900	6～9	200	50～70	7 000	抛坍爆破洞室炮群	坚石
3	K4+100～K4+140	12	40	40	4 000	多面临空面地形爆破	次坚石节理不发达

(2)由路基面开挖,形成高阶梯

为了充分利用岩石的崩塌作用,开挖应从路基面开始,形成大倾角高阶梯,为深孔炮、药壶炮或猫洞炮创造有利条件。

(3)综合利用小炮群,分段分批爆破

一般有以下几种方法:

①在半挖半填的斜坡地形,采用一字排炮,对自然坡度较缓的地形,应先用钢钎炮切脚,改造地形后,再采用一字排炮。

②路线横切小山包时,采用钢钎炮三面切脚,改造地形后,再在中间用药爆破。

③遇路面基加宽,阶梯较高的地形,采用上下互相配合的小炮群,如图 6-19 所示。

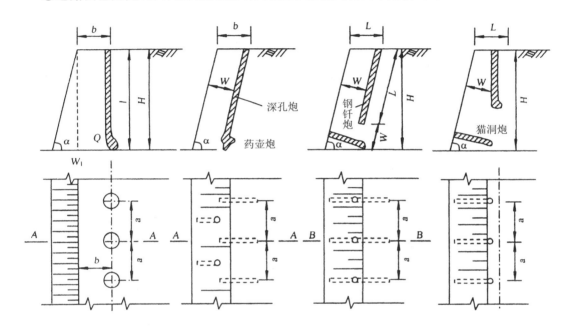

图 6-19　上下互相配合的小炮群

④对路堑爆破施工,采用两头开挖时,可以用竖眼揭盖,平眼搜底的梅花炮。

⑤机械化清方时,如遇坚石,可采用眼深 2m 以上的钢钎炮,组合成 30～40 个的多层炮群,或采用深孔炮。在坚硬岩石中,为使岩石破碎的程度满足清方的要求,除调整炮群设计参数外,还可以采用微差爆破和间隔药包。遇软石或节理发育的次坚石,可用松动爆破开挖。

虽然综合爆破具有不少优点,因耗药较大致工程造价的降低并不显著,在快速施工方面也很不理想。目前,特别严重的是导洞掘进和清方这两道工序很慢,一般人工开挖导洞就需要 15～30 天,爆破后虽有 65% 左右的岩体被抛掷(抛坍)出路基,但剩下岩体若用人工清方,仍需较长时间。这种两头慢中间快的不协调现象,只有采用机械化打眼和机械化、半机械化清方的办法才能改变。

6.5 大爆破设计及施工

6.5.1 大爆破设计

(1)爆破设计文件的内容

大爆破设计文件包括说明书和设计图表。设计说明书的内容如下:

①概述。包括设计任务、工程情况、对爆破结果提出的要求,以及设计中特殊情况的考虑和估计(如有关地面、地下人工建筑物、道路、良田和果树等)。

②地形、地质及水文地质资料的分析。

③爆破方案的选择,爆破规模和炮群大小的确定及其依据。

④药包布置及选择设计参数的依据。

⑤药包量的计算和导洞、药室布置的设计。

⑥电爆网路选择的依据和计算。

⑦安全范围的规定和计算公式。

⑧预计爆破效果的分析。

(2)分集药包群抛坍爆破设计示例

某公路 K440+852~K440+993 一段需进行爆破,有关资料、设计方案及爆效分析如下:

1)地形地质及水文地质情况

爆破工点全长 70 余米,为沿溪线中的一段,路基距河面 10~40m,自然地面横坡度为 65°~85°,陡坡地形,岩石为玄武岩,石质坚硬完整,河岸不时出现倒坡,经鉴定为坚石及特坚石岩石,密度 ρ 为 2 900~3 000kg/m³。气候干燥,无地下水。

2)设计方案的确定

由路线横断面图看出,这段路基全为半路堑,大部属于低坡脚。将 α＝65°~85°代入式(6-19)得到抛坍率 $E_{坍}$＝65%~90%,因此该段为进行抛坍爆破最有利地形。又因该爆破工地运输十分困难。炸药需要人运,同时河谷很窄,起炸方量应尽可能减少,以免堵塞河道,增加河道清理工程量。故决定按抛坍爆破设计,抛坍系数按公式计算,其中 A、B 分别取值为 26 和 0。

在确保爆破后边坡稳定、抛坍率 $E_{坍}$＝65%的条件下,为进一步使炸药的爆炸力沿着路线方向,在拟爆破区段内的岩体中均匀分布,尽可能减少炸药用量,决定采用纵向分集的分集药包群。

3)在横断面上布置药包及药量计算

①根据药包布置中应注意的问题,详细研究路线设计所提供的资料,药包尽可能靠近靠山边坡,并保证路基有效宽度。

②按横断面上药包布置的一般步骤,在各横断面上布置药包。因岩石为坚石,岩体完整、裂缝很少、自然地面横坡大于70°,参照表 6-4 决定破裂系数 Ψ 在 2.0~2.3 内选取。

压缩圈半径 $R_{压}$,下破坏作用半径 $R_{下}$,上破坏作用半径 $R_{上}$,分别用公式(6-23)、(6-24)、(6-25)、(6-26)计算。

横断面上布药包位置确定后,即可由式(6-8)算出爆破安息角 θ 和由式(6-40)算出可见爆破漏斗深度 P,最后画出爆破后可见的爆破漏斗,以检验爆破效果和估算清方工程量。布置结果,见图 6-20 和图 6-21。

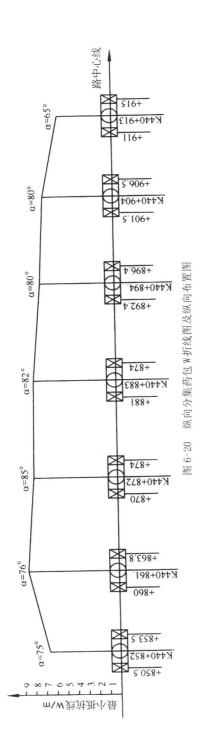

图 6-20 纵向分集药包 W 折线图及纵向布置图

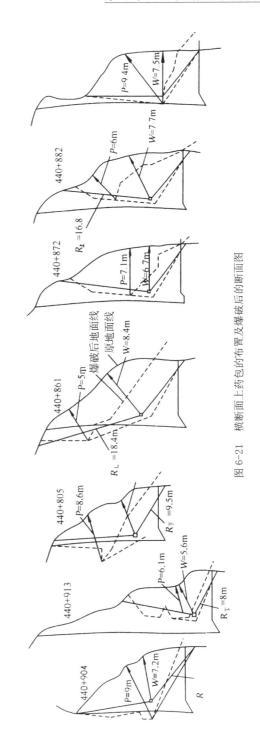

图 6-21 横断面上药包的布置及爆破后的断面图

表 6-5　纵向分集药包群爆破设计资料及效果分析表

药包编号	药包桩号		抵抗线	药包中心至地表面的垂直高度		自然地面坡度	抛坍系数	设计抛坍率 $E_坍$	岩石单位耗药量	药包重量 Q		分集药包间距		子药包间距	
	分集药包桩号	子药包桩号	W/m	H/m	H/W	α/(°)	(a)	/%	K/(kg·m⁻³)	设计/kg	实际/kg	$a_分$/m	$a_分$/$W_{平均}$	c/m	C/W
1	K440	K400+850.5	6.7	13.4	2.0	75	0.28	78	1.9	159	70			3.0	0.45
	+852	+853.5									89	9.9	1.30		
2	+186.9	+860	8.4	14.0	1.7	76	0.25	78	2	297	130			3.8	0.45
		+863.8									167	10.1	13.4		
3	+872	+870	6.7	18.4	2.7	85	0.24	90	2	145	73			4	0.5
		+874									72	11.0	1.53		
4	+883	+881.5	7.7	16.5	2.1	82	0.22	83	2	201	101			3	0.39
		+884.5									100	11.4	1.50		
5	+894.4	+982.4	7.6	10.2	1.3	80	0.23	83	1.9	192	96			4	0.53
		+896.4									96	9.6	1.3		
6	+904	+901.5	7.2	10.2	1.4	80	0.23	83	1.9	162	81			5	0.7
		+906.5									81	9.0	1.41		
7	+913	+911	5.6	13.6	2.4	65	0.34	65	1.9	113	57			4	0.75
		+915									56				
合计										1 269	1 269				

药包编号	下破坏作用半径 $R_下$		上破坏作用半径 $R_上$		压缩圈半径 $R_压$		最大可见漏斗深度 P		爆破后岩堆自然安息角 θ/(°)	爆破方量及效果					单位耗药量	
	设计/m	实际/m	设计/m	实际/m	设计/m	实际/m	设计/m	实际/m		断面内总方量/m³	爆破方量/m³	其中抛坍方数/m³	抛坍率/m³	清方方数/m³	爆破单位耗药量/(kg·m⁻³)	抛坍单位耗药量/(kg·m⁻³)
1	9.5		15.4	15.3	1.07	0.5	5.35	7.4	39	1 139	984	782	79	202	0.161	0.203
2	12.0	12.0	18.4	18.1	1.34	0.5	6.7	5	35	1 603	1 399	1 076	77	323	0.222	0.276
3	9.6	9.4	15.4	13.4	1.07	0.7	5.6	7.2	47	1 367	1 177	937	79	240	0.124	0.155
4	11.0		16.8	12.3	1.23	0.6	6.4	4.2	49	1 232	1 002	858	85	144	0.128	0.234
5	10.9		16.5	12.8	1.22	1.1	6.2	9.2	25	1 187	987	930	94	57	0.197	0.207
6	10.0		15.8	11.8	1.15	2.1	5.9	8.2	20	961	853	846	99	7	0.190	0.192
7	8.0		12.0	11.6	0.91	0.5	4.3	6.1	30	695	695	605	87.1	90	0.163	0.171
合计										8 184	7 097	6 034	85(平均)	1 063	0.179	0.210

4)沿路线方向布置药包

①根据横断面上的药包布置绘制"最小抵抗线折线图",并标明自然地面坡度角 α 值,如图

6-20 所示。

②在挖方最大的断面上布设主药包,其里程为 K440+861.5,$W=8.4$m。以此为准向左右两侧布置其他药包。

③确定子药包间距。按式(6-34)或 $c=(0.5\sim0.65)W$ 计算。施工时实际采用 $c=(0.4\sim0.757)W$。

分集药包间距离按式(6-35)或 $a_分=(1.2\sim1.5)W_{平均}$ 计算。计算结果列于表 6-5 中。首先根据 $a_分$ 给出分集药包的中心位置,再从此位置按 $\frac{c}{2}$ 将两子药包位置分别绘于两侧,如图 6-20所示。设计资料及爆后效果分析,列于表 6-5 及图6-21中。

由上述资料看出,7 个分集药包共炸下岩石 7 097m³,爆破的单位耗药量为 0.719kg/m³,其中抛坍出路基 6 034m³,抛坍率高达 85%,抛坍单位耗药量为 0.21kg/m³。经施工时工料消耗的设计统计资料分析,开挖每米导洞共需炸药 5~10kg,用工 10~15 个。总单位耗药量(包括导洞掘进和爆破炸药)为 0.2~0.3kg,每工日产量(不计在爆破漏斗中的松动方量)为 6~11m³。单位耗药量略低于或接近钢钎炮定额,而工效却提高 5~9 倍。通过实地检验,各药包是均未留埂,边坡顺直,爆破后基本形成路基雏形,其中 K440+872~K440+882 一段形成反坡,因石质坚硬完整,边坡顶上未发现裂缝,故属于稳定的边坡。

6.5.2 大爆破施工

(1)爆破网路

①爆破网路的形式一般有以下几种:一条电爆网路;两条独立电爆网路并联,每条网路具有同样的电阻;一条电爆网路、一条传爆线网路同时使用等。

②电爆网路的连接方式,可分为串联、并联和混合联 3 种。

串联的设计和敷设比较简单,所需总电流少,电线消耗量少。但在网路中有一个电雷管失效,就会使整个网路中断,产生拒爆。为克服这一缺点,在生产中往往采用成对串联的串联线路,如图 6-22a)所示。

并联线路如图 6-22b)所示,每个电雷管有两根端线,并分别集中联在两根主导线上,此时各个雷管的作用互不相干,即使有个别雷管失效,亦不影响其他雷管的正常起爆。但所需总电流大,丢掉一个雷管不易发现。

混合联是串联和并联的混合使用,它可以是成组的电雷管之间的并联,而组与组之间采用串联,或者与此相反。混合联可以采用较小的电源,有一定的可靠性。在生产中常采用成对的并串联线路,如图 6-22c)所示。该线路接线简单,计算和检查容易,导线消耗较少,电源较少时亦适于采用,因此一般认为是一种比较合理的形式。但也应注意并联的两个电雷管中若有一个失效,则通过另一个雷管的电流要比正常电流大一倍,该雷管点燃时间就会减少而提前起爆,这就容易使其他药包发生拒爆。为确保炮群各药包准爆,最好采用两条独立的成对串联的线路并联,或采用电爆网路传爆线网路混合使用。

(2)导洞药室的测量定位

导洞药室的定位对于爆破效果的影响很大,如果偏差大,将达不到预期目的。按照设计图纸的要求,准确到将导洞进口位置具体确定在工地的桩位上。

在公路爆破中,导洞药室一般成"L"或"T"形,由导洞、横拐洞和药室三部分组成。导洞有

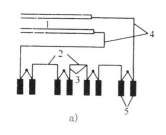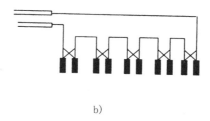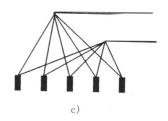

图 6-22　引爆网路的连接示意图
a)成对的单一串联;b)并联;c)并串联
1—主导线;2—区域线;3—脚线;4—连接线;5—雷管

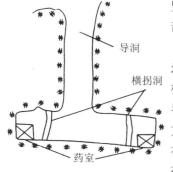

图 6-23　导洞、横拐洞、药室

竖直导洞(竖井)和水平导洞(平洞)两种,药室设在横拐洞的端部,如图 6-23 所示。

在进行导洞药室定位时,应以路基设计中心线为基准线,以地面现有中心桩为基准桩。首先确定导洞进口桩位,并打中心桩。对于水平导洞,除确定进洞桩位外,还必须依设计要求找出导洞方向和基准线的夹角,并在适当的地方打下方向桩。为避免方向桩、中心桩等丢失,应相应地打上护桩。进行定位测量后,应在洞口钉立指示牌,用示意图标明导洞断面、长度、横拐洞长度、药室尺寸及水平标准等。在开挖过程中应及时检查校正,以保证导洞药室的开挖符合设计要求。

(3)导洞药室开挖

1)炮眼的布置

导洞药室的开挖,一般是用眼法掘进。导洞的断面尺寸,视地质情况和导洞深度而变化,一般为 $1.0 \times 1.2 \sim 1.5 \times 1.8 m^2$。对于风化严重、岩石较破碎的洞口地段,尺寸还要大些。导洞开挖时,炮眼的布置数量视石质情况而有增减,坚石一般布置 7～9 个,次坚石一般布置 5～6 个,松石一般布置 3～4 个。炮眼深度 0.6～0.8m,断面大的可以深到 1～1.2m,或者更深,炮眼依其作用和位置分为掏槽眼、边眼。

掏槽眼布置在导洞断面的中央部分,眼口距离一般为 40cm,炮眼与开挖面倾斜角在 70°～80°,使炮眼向断面中心会聚。一般炮眼相距 10cm 左右,掏槽眼的作用是为边眼爆破创造临空面。

边眼布置在导洞断面四周,深度一致,爆破顺序是掏槽眼在先,边眼在后,见图 6-24。

2)炮眼装药和堵塞

炮眼内的装药量,应视炮眼深度和石质情况及炮眼的作用而定。施工中一般是根据炮眼深度确定装药量,当深度为 0.8～1.0m 时,装药长度为眼深的 2/5～1/2,当眼深为 0.6～0.7m 时,装药和度为眼深的 1/2～2/3。由于掏槽眼的作用是创造临空面,故药量应多一些,但装药长度不得过长,应当留出不少于眼深 1/2 的堵塞长度,否则容易发生冲天炮。

装药前应清除炮眼内的石粉和泥浆等物,对于积水,亦应掏干。为防止炸药受潮,还应垫上油纸,药卷放入后应用炮棍轻轻挤压,起爆药卷应最后放入,并要特别小心,不能撞击,也不能挤压。起爆方式,如导洞不深于 3m,可用火花起爆;再深时,宜用电力起爆,或用飞火点火法。

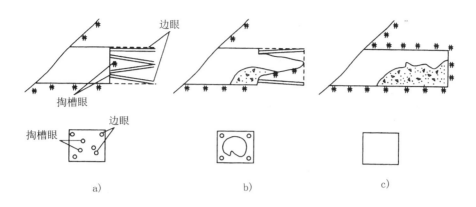

图 6-24　导洞开挖导眼布置

a)在纵剖面和开挖面上的炮眼布置;b)掏槽眼爆破后的临空面示意;c)边角爆破后导洞全断面挖成

炮眼的堵塞材料,一般为干细砂土、砂、粘土等,最好以一份粘土、三份砂(粗砂)在最佳含水量下混合而成的堵塞料。堵塞时对紧贴起爆药卷的堵塞物不要捣压,以防振动雷管引起爆炸,其余的堵塞物要轻轻捣实,但要注意防止捣坏导火线或雷管脚线。

在导洞掘进过程中,每次爆破后,首先应检查有无瞎眼炮,并作相应处理。在导洞较深的情况下,应进行人工通风,以迅速排除烟尘和有毒气体,然后处理洞壁危石,出渣后就可继续掘进,直至达到设计要求。有经验的炮工在Ⅸ级以下的岩石掘挖导洞,也成功地采用了"单炮"掘进的方法(采用猫洞炮、药壶炮),工效较高。

(4)装药、堵塞和爆破

1)起爆体的制作

为了保证洞室炮中全部炸药能迅速准确地完成爆炸反应,应当用烈性药制作起爆体(起炮药包)。起炮体的药量多少,视洞室中总药量多少而不同,一般为 3~20kg 。根据经验,若以铵油药为基本炸药,则每 500kg 须配置 1~2 个 3kg 2 号硝铵炸药的起爆体。在生产中,每个洞室中配制的起爆体,一般不得超过 4 个。

对于药量不大的药室,起爆体可用纸包装制作,而药量较大的洞室炮,则应当用木盒制作起爆体。其制作过程是,在盒内装入松散的起爆药,并在其中央放入经测试符合要求的雷管束。为了防止可能拉动雷管脚线而带动雷管,或损坏雷管脚线,应把脚线绕在一根固定的起爆体外壳上的小木棍上,如图 6-25 所示。

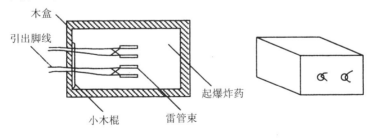

图 6-25　起爆体制作示意图

2)装药

装药前应最后一次检查导洞药室内有无残留瞎炮和丢失的雷管,并予以清除,确保装药过程的安全。以铵油炸药为基本炸药的装药过程为：

①在药室内垫上一层水泥纸袋。

②装入铵油炸药 1/2～2/3(堆成马蹄形)。

③装入 1/3～1/2 的起爆药(2 号硝铵炸药)。

④在上面放入起爆体。

⑤在起爆体上盖起爆炸药。

⑥把余下的铵油炸药全部放入。

装药的基本要求是：药室四周全是基本炸药，内层为起爆炸药，核心为起爆体，而不能把起爆炸药和基本炸药混起来堆放。炸药的密度应各处相同。装药形状应尽可能集中，避免平铺分散。当药室不规则时，可用石块码放规则后再装药。起爆体多时，应将药按圆形布置在药室中心。雷管脚线引出后，和外面电路接线要准确，并用竹片或其他材料予以包裹，以免损坏。

3)堵塞、接线和爆破

堵塞时，应先在离炸药堆外沿 10～20cm 外叠一堵石墙，封闭药堆构成药室；然后用土堵塞横拐洞(此时不能用力夯实，直至离洞 2m 才正式进行夯实)，以后可一层石块一层土分层回填。在回填土和夯实过程中应注意保护电爆线路。应设专人检查电路及量测电阻值，做到随堵塞、随量测、随保护。当堵塞完成后，应量测洞室的总电阻，然后把该洞室各导线接成回路(短路)，等待接洞室联线，以确保安全。

所有线路的主导线的连接，必须在最后进行。一切非有关人员必须撤离现场，才能接主导线。主导线连接完成后，应测定全线路的总电阻。总电阻应符合设计要求，否则就应检查原因并作相应处理。

起爆前，还应检查起爆电源的电压，如果符合要求，即可发出起爆讯号，通知警戒人员开始起爆。起爆后 15min，进行全面技术检查，无问题时再发出解除警报信号。如有瞎炮，必须小心谨慎，由专人负责指挥处理。洞室炮一般只能沿着导洞小心掏取堵塞物，找出电线重新起爆，否则应取出起爆体。对于硝铵炸药的中、小炮可灌水使炸药失效等较安全的方法处理。

主要参考文献

1. 方左英. 路基工程. 北京:人民交通出版社,1996 年 8 月

2. 交通部第二公路勘察设计院. 公路设计手册·路基(第二版). 北京:人民交通出版社,1996 年 5 月

3. 邓学钧. 路基路面工程. 北京:人民交通出版社,2000 年 2 月

4. 中华人民共和国行业标准.公路工程技术标准(JTJ001-97). 北京:人民交通出版社,1998 年 5 月

5. 中华人民共和国行业标准.公路路基设计规范(JTJ013-95). 北京:人民交通出版社,1996 年 10 月

6. 中华人民共和国行业标准.公路路基施工技术规范(JTJ034-93). 北京:人民交通出版社, 1993 年 12 月

7. 中华人民共和国行业标准.公路土工试验规程(JTJ051-93). 北京:人民交通出版社,1993 年 12 月

8. 华东水利学院土力学教研室. 土工原理与计算(上册). 北京:水利出版社,1980 年 2 月